“十二五”职业教育国家规划教材
经全国职业教育教材审定委员会审定

汽车电子电气设备检测与维修

左效波　主　编

電子工業出版社
Publishing House of Electronics Industry
北京·BEIJING

内 容 简 介

本书介绍了汽车常见电子和电气系统的检测与维修知识，突出汽车电子电气装置中最容易出现故障的设备，如汽车电子控制技术基础中的传感器、电子控制器、执行器；燃油喷射控制系统和电子点火控制系统的结构和故障诊断，介绍了蓄电池、发电机与调节器、点火系统、照明与信号系统、仪表及指示灯、报警灯、汽车其它电气装置以及汽车空调与空调控制系统的基本功能、组成、故障诊断及维修 。在教材中的每部分内容中都配上了任务单和相关的要求，便于学习和掌握技能。

图书在版编目（CIP）数据

汽车电子电气设备检测与维修 / 左效波主编. —北京：电子工业出版社，2016.3

ISBN 978-7-121-26970-7

Ⅰ. ①汽… Ⅱ. ①左… Ⅲ. ①汽车—电子设备—故障检测—中等专业学校—教材②汽车—电子设备—车辆修理—中等专业学校—教材③汽车—电气设备—故障检测—中等专业学校—教材④汽车—电气设备—车辆修理—中等专业学校—教材 Ⅳ. ①U472.41

中国版本图书馆 CIP 数据核字（2015）第 193218 号

策划编辑：杨宏利
责任编辑：杨宏利　　特约编辑：李淑寒
印　　刷：北京京师印务有限公司
装　　订：北京京师印务有限公司
出版发行：电子工业出版社
　　　　　北京市海淀区万寿路 173 信箱　邮编　100036
开　　本：787×1 092　1/16　印张：13.75　字数：352 千字
版　　次：2016 年 3 月第 1 版
印　　次：2016 年 3 月第 1 次印刷
定　　价：30.00 元

凡所购买电子工业出版社图书有缺损问题，请向购买书店调换。若书店售缺，请与本社发行部联系，联系及邮购电话：（010）88254888。

质量投诉请发邮件至 zlts@phei.com.cn，盗版侵权举报请发邮件至 dbqq@phei.com.cn。

服务热线：（010）88258888。

前言

PREFACE

在电子信息技术日益发展的今天，先进的电子技术在汽车上得以广泛应用。我国汽车保有量持续增长，带动相关职业需求。为了适应市场上对于汽车电子电气检测与维修的工种和技能的需求，对于电子信息技术专业的学生开设该专业领域的课程十分必要和必需。本课程围绕汽车电控和电气设备两大模块，充分考虑电子与信息技术专业学生在电子信息领域的专业强势，系统而全面地讲述了汽车电控系统这一复杂的综合控制系统，对于汽车电控系统来说，其故障原因与形成远比机械系统复杂得多。汽车电控系统故障诊断是在不解体或仅卸下个别小件的情况下，确定汽车技术状况，查明故障部位及原因的检查和分析。随着汽车技术的发展，特别是电子技术、计算机技术在汽车上的应用，汽车故障诊断从传统的经验诊断方式，发展为以诊断设备为手段，以信息技术为依托的现代汽车故障诊断技术。从人工定性检查发展为利用设备、仪器的定量检测，使汽车诊断技术发生了质的飞跃。通过运用科学的故障诊断方法对系统故障现象进行综合分析、判断，确定故障的性质、原因与范围；制订合理的维修方案，从而排除故障，使汽车恢复应有的性能与技术指标。现在汽车电控系统故障诊断与维修已经成为汽车修理专业的必修课，在汽车修理中占有很重要的地位。同时，现代汽车技术的发展使得电气设备和电路系统在汽车上得以普遍应用。对于汽车电气设备这部分知识同样在汽车检测和维修方面占有重要的地位，因为当今汽车维修行业的趋势使得故障诊断和换件修理成为主流，本教材适用中等职业学校电子与信息技术专业的学生，通过系统学习本课程，能对汽车电子设备进行日常维护和专项检查，能熟练拆装与操作汽车电子设备，能运用相关仪器对汽车电子和电气设备进行故障检测和维修。

本书根据中等职业学校专业教学标准编写，教材结合当前职业教育课程改革的精神，在编写中努力做到理论联系实际，力求突出技能性和实操性，突出新、浅、强的特点，即知识新、理论浅、实用强；力求使教师有可讲性，学生有可自学性，实际操作有针对性；力求基础知识较全，为学生今后的继续提高奠定一定的基础；力求实操性、技能性较强，为学习者的实际应用提供技术支持。本教材结合当前职业教育课程改革的精神，体现工作过程导向和行为教学法，内容设置采用模块、课题引入的结构形式。编写体例新颖，从案例导入，设置知识目标、学习目标、友情提示以及实训任务工作单等。

本教材内容翔实，通俗易懂，实用性强。可作为中等职业学校电子与信息专业的教材和汽车修理企业的培训资料，也可以为汽车驾驶人员学习有关汽车电气、电路的故障诊断，以及基本维修提供相关的知识和技能。本书同样适用于汽车运用与维修、汽车制造与检修、汽车电子技术应用专业的师生；本教材每部分内容中都配上了任务单和相关的要求，也适合高职高专汽车检测技术专业的师生作为实训类课程使用；本教材同时也适合汽车修理企业作为培训教材和相关专业技术人员、修理工学习参考。

本教材由左效波任主编，参加编写的有张匡闽、黄彤、胡国启、邓启新。教材在编写中还得到了汽修行业的有关技术人员的大力支持，在此一并表示感谢。

由于时间有限，本教材如有不足之处还请读者提出宝贵意见，以在今后做出修改。

编　者

2016年1月

目录
CONTENTS

模块一

汽车电子控制技术基础

课题一 传 感 器

学习目标

1. 掌握传感器的结构及工作原理；
2. 掌握传感器的分类；
3. 能作电路分析，进行知识迁移。

知识结构

本课题的知识结构如表 1-1 所示。

表 1-1 传感器知识结构

传 感 器	基本原理	按照传感器信号发生原理对各传感器进行分析
	分 类	空气流量计、进气压力传感器、氧传感器、曲轴位置传感器、凸轮轴位置传感器、节气门位置传感器、冷却液温度传感器

案例导入

小王的捷达车最近怠速时发动机抖动，车辆行驶起来冒黑烟，有时换挡熄火。他赶忙到了 4S 店进行修理。维修技师使用专用的解码器进行了诊断，发现发动机电脑内故障存储为空气流量计故障，但具体检测空气流量计电路时情况正常，更换空气流量计故障依旧，更换电脑后冷车正常，热车后故障依旧。这时（用 V.A.G1551 故障诊断仪）再检测全车数据块，发现 08 数据组第 7 组第 2 区氧传感器电压变化频率慢，正常变化每分钟 20～30 次。为什么一个小小的传感器能制造出这么大的麻烦？车上到底还有哪些传感器呢？

一、空气流量传感器

空气流量传感器用于流量型汽油喷射系统，其直接测量发动机运转时吸入的空气流量。它的作用是将单位时间内吸入发动机汽缸的空气量转换成电信号送至 ECU，作为决定喷油量和点火正时的基本信号之一。按其结构形式和进气量的检测原理可以分为翼板式空气流量传感器、卡门涡旋式空气流量传感器、热线式空气流量传感器和热膜式空气流量传感器四种。

1. 翼板式空气流量传感器（见图 1-1）

在发动机起动后，吸入的空气把计量板从全闭位置推开，使其绕轴偏转。当气流推力与计量板复位弹簧张力平衡时，计量板便停留在某一位置上。进气量愈大，计量板开启的角度也愈大。通常，电脑给传感器一个 5V 的电源电压，接收传感器反馈电位计电压为 0～5V。当计量板转轴上的电位计滑臂绕轴转动时，电位计的输出电压也随之变化。这一信号输入到电控单元，电控单元再根据进气温度传感器的信号进行修正，即可测出实际的进气流量。缓冲室及缓冲板用于衰减加速时或减速时引起的计量板的摆振，使电位计得以实时地检测进气流量，防止进气管内气流脉动。旁通气道上的 CO 调整螺钉用于调整怠速混合气的浓度。空气流量计上还设有电动汽油泵开关。

这类空气流量计在早期电控车上使用较多，比如 BMW525i 型车。

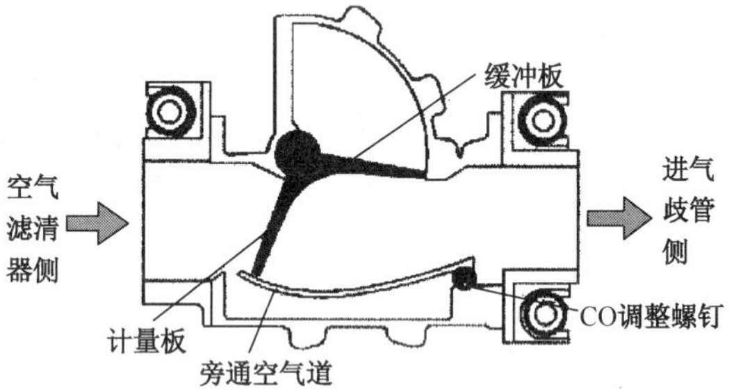

图 1-1　翼板式空气流量传感器工作原理示意

如图 1-2 所示是丰田 PREVIA（大霸王）车 2TZ—FE 发动机用叶片式空气流量传感器电路原理示意图。其检测方法有就车检测和单件检测两种。

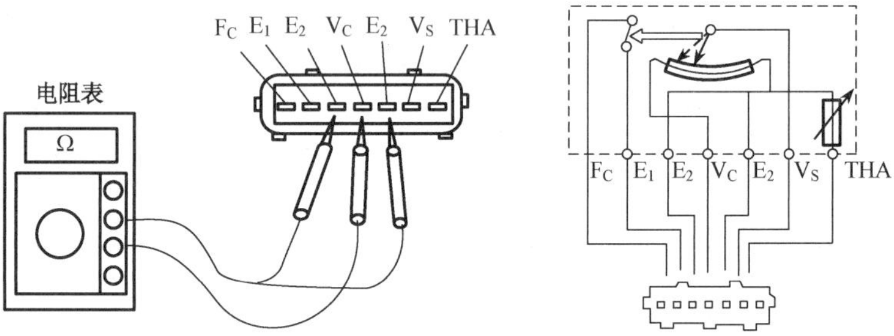

图 1-2　叶片式空气流量传感器电路原理示意

（1）就车检测。点火开关置“OFF”，拔下该流量传感器导线连接器，用万用表电阻挡测量连接器内各端子间的电阻。其电阻值应符合如表 1-2 所示；如不符，则应更换空气流量传感器。

表 1-2　叶片式空气流量传感器各端子间的电阻（丰田 PREVIA 车）

端　　子	标准电阻/kΩ	温度/°C
V_S-E_2	0.2～0.60	—
V_C-E_2	0.20～0.60	—
	10.00～20.00	–20
	4.00～7.00	0
THA-E_2	2.00～3.00	20
	0.90～1.30	20
	0.40～0.70	60
F_C-E_1	不定	—

（2）单件检测。点火开关置“OFF”，拔下空气流量传感器的导线连接器，拆下与空气流量传感器进气口连接的空气滤清器，拆开空气流量传感器出口处空气软管卡箍，拆除固定螺栓，取下空气流量传感器。

首先检查电动汽油泵开关，用万用表电阻挡测量 E_1 与 F_C 端子间电阻：在测量片全关闭时，E_1 与 F_C 间不应导通，电阻为∞；在测量片开启后的任一开度上，E_1 与 F_C 端子间均应导通，电阻为 0。

然后用起子推动测量片，同时用万用表电阻挡测量电位计滑动触点 V_s 与 E_2 端子间的电阻。在测量片由全闭至全开的过程中，电阻值应逐渐变小，且符合如表 1-3 所示；如不符，则须更换空气流量传感器。丰田 CROWN 2.8 小轿车 5M—E 发动机的叶片式空气流量传感器各端子间电阻标准值如表 1-4 所示。

表 1-3　叶片式空气流量传感器各端子间的电阻（丰田 PREVIA 车）

端　子	标准电阻/Ω	测量片位置
F_C-E_1	∞	测量片全关闭
	0	测量片开启
V_S-E_2	20～600	全关闭
	20～1200	从全关到全开

表 1-4　叶片式空气流量传感器各端子间的电阻（丰田 CROWN2.8 小轿车 5M—E 发动机）

端　子	温度/℃	测量片位置	标准电阻/kΩ
E_2-V_S	—	完全关闭	0.02
	—	从关闭到全开	0.02～1.00
E_1-F_C	—	完全关闭	∞
	—	任何开度	0
E_2-THA	0	—	4.00～7.00
	20	—	2.00～3.00
	40	—	0.90～1.30
	60	—	0.40～0.70
E_2-V_C	—	—	0.10～0.30
E_2-V_B	—	—	0.20～0.40
E_2-F_C	—	—	∞

2．卡门涡旋式空气流量传感器（见图 1-3）

卡门涡旋式空气流量传感器通常与空气滤清器外壳安装成一体。它同样是接收 5V 的电压，反馈 0～5V 的电位计电压。在进气管道中间设有流线形或三角形的涡流发生器，当空气流经涡流发生器时，在其后部的气流中会不断产生不对称却十分规则的被称为卡门涡流的空气涡流。根据卡门涡流理论，这个旋涡行列是紊乱的依次沿气流流动方向移动，其移动的速度与空气流速成正比，即在单位时间内通过涡流发生器后方某点的涡流数量与空气流速成正比。因此，通过测量单位时间内涡流

图 1-3　卡门涡旋式空气流量传感器

的数量就可计算出空气流速，再将空气通道的有效截面与空气流速相乘，就可以知道吸入空气的量。如凌志 L400 就采用此类传感器。

以丰田凌志 LS400 轿车 1UZ—FE 发动机用反光镜检出式空气流量传感器为例。该传感器与 ECU 的连接电路如图 1-4 所示。

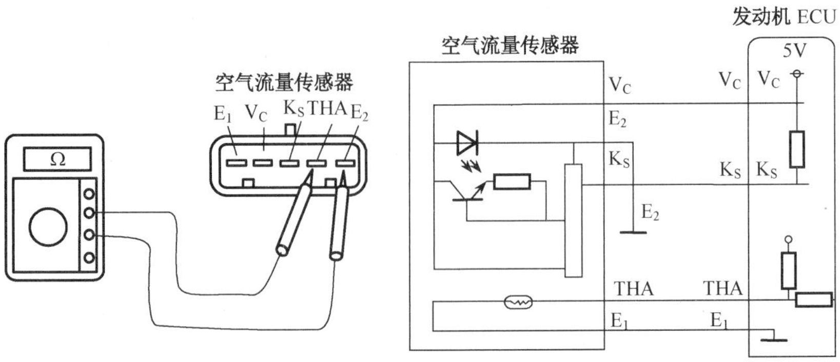

图 1-4　卡门涡旋式空气流量传感器电路连接示意

（1）电阻检测。点火开关置“OFF”，拔下空气流量传感器的导线连接器，用万用表电阻挡（见图 1-4）测量传感器上“THA”与“E_1”端子间的电阻，其标准值应符合如表 1-5 所示；如果电阻值不符合，则更换空气流量传感器。

表 1-5　涡旋式空气流量传感器 THA-E1 端子间的电阻（丰田凌志 LS400 轿车）

端　子	标准电阻/kΩ	温度/℃
THA-E_1	10.0	–20
	4.0～7.0	0
	2.0～3.0	20
	0.9～1.3	40
	0.4～0.7	60

（2）空气流量传感器的电压检测。插好此空气流量传感器的导线连接器，用万用表电压挡检测发动机 ECU 端子 THA-E_2、V_C-E_1、K_S-E_1 间的电压，其标准电压值如表 1-6 所示。

表 1-6　田凌志 LS400 轿车 1UZ—FE 发动机 ECU THA-E_2、V_C-E_1、004B_S-E_1 端子电压

端　子	电压/V	条　件
THA-E_2	0.5～3.4	怠速、进气温度 20℃
	4.5～5.5	点火开关 ON
K_S-E_1	2.0～4.0（脉冲发生）	怠速
V_C-E_1	4.5～5.5	点火开关 ON

3．热线式空气流量传感器（见图 1-5）

热线式空气流量传感器的基本结构由感知空气流量的白金热线（铂金属线）、根据进气温度进行修正的温度补偿电阻（冷线）、控制热线电流并产生输出信号的控制线路板以及空气流量传感器的壳体等元件组成。

它的两端有金属防护网，取样管置于主空气通道中央，取样管由两个塑料护套和一个热

线支承环构成。热线线径为白金热线，布置在支承环内，其阻值随温度变化，是惠斯顿电桥电路的一个臂。热线支承环前端的塑料护套内安装一个白金薄膜电阻器，其阻值随进气温度变化，称为温度补偿电阻，是惠斯顿电桥电路的另一个臂。热线支承环后端的塑料护套上黏结着一只精密电阻。此电阻能用激光修整，也是惠斯顿电桥的一个臂。该电阻上的电压降即为热线式空气流量传感器的输出信号电压。惠斯顿电桥还有一个臂的电阻安装在控制线路板上。如日产 MAXIMA 轿车 VG30E 发动机热线式空气流量传感器就采用此类传感器。

图 1-5　热线式空气流量传感器

日产 MAXIMA 轿车 VG30E 发动机热线式空气流量传感器的检测电路示意如图 1-6 所示。

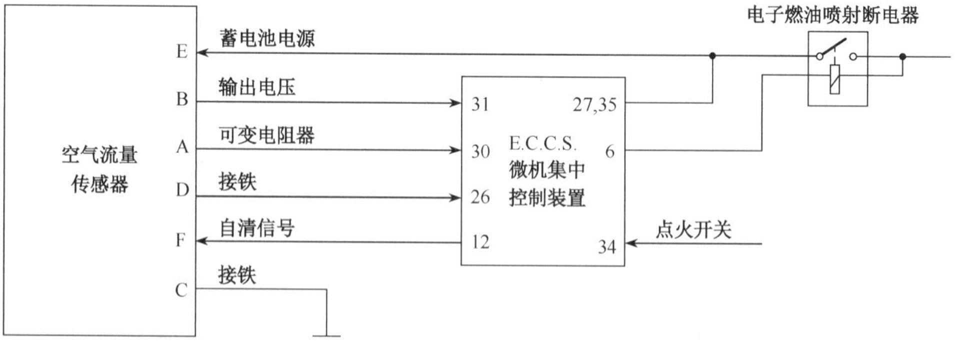

图 1-6　热线式空气流量传感器的检测电路示意

（1）检查空气流量传感器输出信号。拔下此空气流量传感器的导线连接器，拆下空气流量传感器；如图 1-7（a）所示，将蓄电池的电压施加于空气流量传感器的端子 D 和 E 之间（电源极性应正确），然后用万用表电压挡测量端子 B 和 D 之间的电压，其标准电压为（1.6±0.5）V；如其电压值不符，则须更换空气流量传感器。在进行上述检查之后，给空气流量传感器的进气口吹风，同时测量端子 B 和 D 之间的电压如图 1-7（b）所示。在吹风时，电压应上升至 2～4V；如电压值不符，则须更换空气流量传感器。

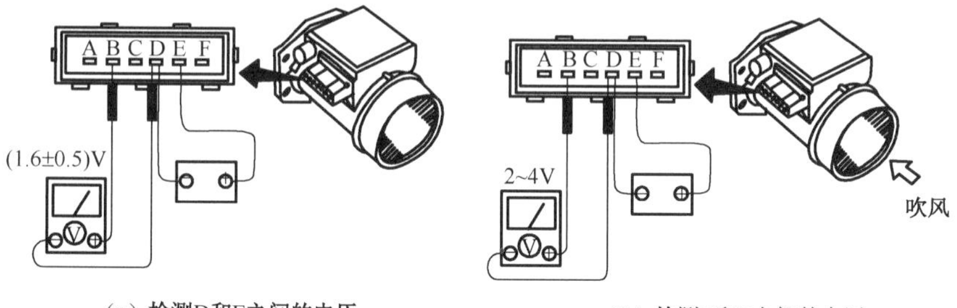

（a）检测D和E之间的电压　　（b）检测B和D之间的电压

图 1-7　检查空气流量传感器输出信号

（2）检查自清洁功能。装好热线式空气流量传感器及其导线连接器，拆下此空气流量传感器的防尘网，起动发动机并加速到 2500 r/min 以上。当发动机停转 5s 后，在空气流量传感器进气口处可以看到热线自动加热烧红（约 1000℃）约 1s；如无此现象发生，则须检查自清信号或更换空气流量传感器。

4．热膜式空气流量传感器（见图 1-8）

热膜式空气流量传感器的结构和工作原理与热线式空气流量传感器基本相同。与热线式相比，热膜式发热体的响应性稍差；但其电阻值较高，消耗的电流较小。此外因其发热元件是平面型的，从上游观察时，可设法使其投影面做得很小，这样可以减少计量通道内的附着物，从而有效提高空气流量传感器的可靠性。桑塔纳 3000 型超越者轿车使用的空气流量计如图 1-8 所示，属“L”形热膜式空气流量计（Air Flow Meter），安装在空气滤清器壳体与进气软管之间。电路连接如图 1-9 所示，其核心部件是流量传感元件和热电阻（均为铂膜式电阻）组合在一起构成热膜电阻。在传感器内部的进气通道上设有一个矩形护套，相当于取样管，热膜电阻就设在护套中。

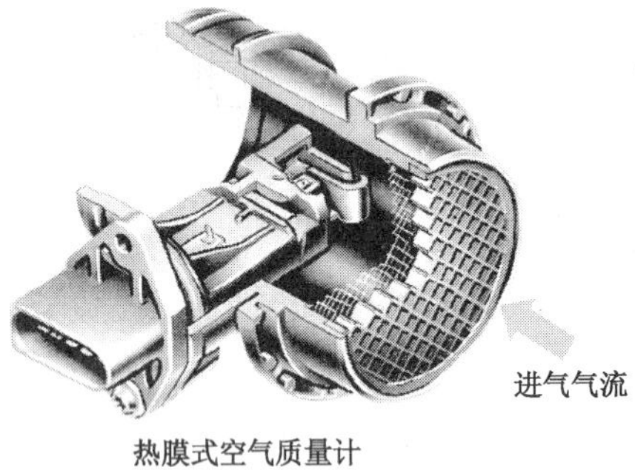

图 1-8　热膜式空气流量传感器

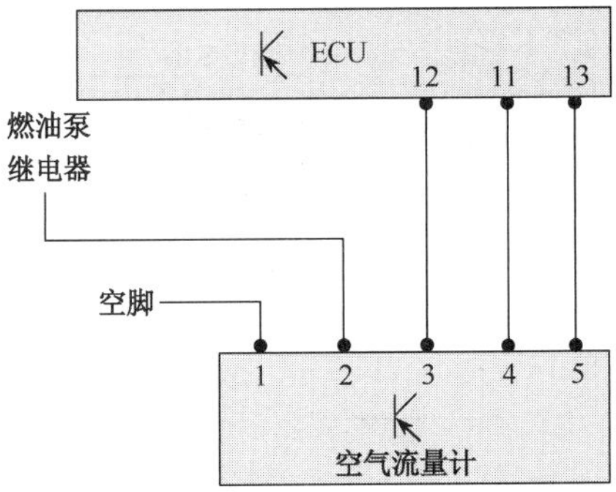

图 1-9　桑塔纳 3000 型超越者轿车使用的空气流量计电路连接示意

二、进气压力传感器

在 D 型喷射系统中，取消了空气流量传感器，但在系统中设置了用来检测进气歧管绝对压力的进气管绝对压力传感器，它主要测量进气管内的压力，并将压力信号转变成电信号传给发动机控制模块，作为决定喷油器基本喷油量和基本点火提前角的重要依据。

进气管绝对压力传感器根据信号产生的原理可分为可变电感式、膜盒传动式、电容式和半导体压敏电阻式。现在应用最广泛的是半导体压敏电阻式和电容式。

1．半导体压敏电阻式进气歧管绝对压力传感器

（1）基本原理：半导体压敏电阻式进气歧管绝对压力传感器由压力转换元件（硅膜片）和把转换元件输出信号进行放大的混合集成电路组成。是利用半导体压阻效应原理，使用硅膜片，并把硅膜片的一面抽成真空，另一面导入进气歧管的气体压力。硅膜片受到的压力不同，产生的电阻就不同，把它与惠灵顿电桥相连，就可以把电阻信号转变成电压信号输出，原理如图 1-10 所示。

（2）基本检测：皇冠 3.0 轿车 2JZ—GE 发动机用半导体压敏电阻式进气歧管绝对压力传感器与 ECU 的连接电路示意如图 1-11 所示。

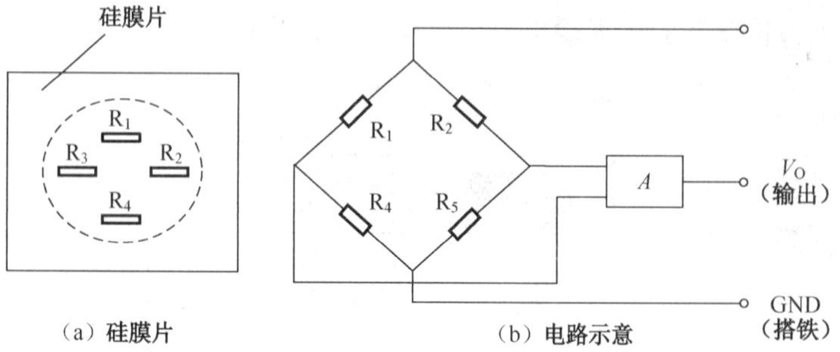

图 1-10　半导体压敏电阻式进气歧管绝对压力传感器工作原理示意

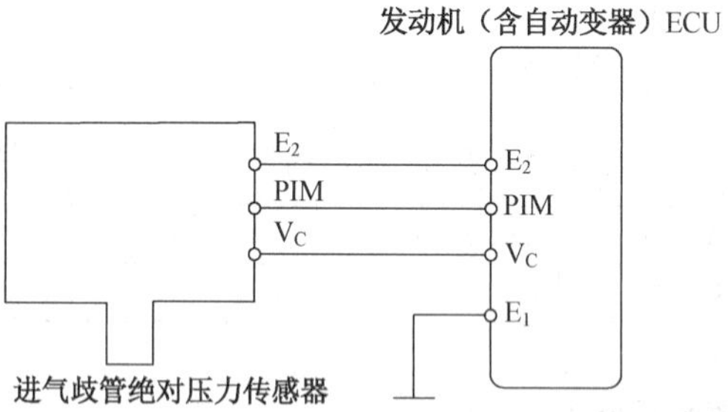

图 1-11　半导体压敏电阻式进气歧管绝对压力传感器与 ECU 的连接电路示意（皇冠 3.0）

① 传感器电源电压的检测。点火开关置于“OFF”位置，拔下进气歧管绝对压力传感器的导线连接器，然后将点火开关置于“ON”位置（不起动发动机），用万用表电压挡测量导线连接器中电源端 V_C 和接地端 E_2 之间的电压，如图 1-12 所示，其电压值应为 4.5～5.5V。如有异常，应检查进气歧管绝对压力传感器与 ECU 之间的线路是否导通。若断路，应更换或修理线束。

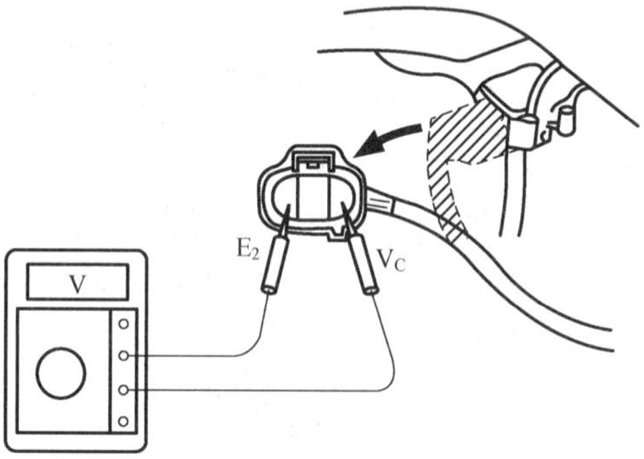

图 1-12　传感器电源电压的检测

② 传感器输出电压的检测。将点火开关置于“ON”位置（不起动发动机），拆下连接进气歧管绝对压力传感器与进气歧管的真空软管。在 ECU 导线连接器侧用万用表电压挡测量进气歧管绝对压力传感器 PIM 与 E_2 端子间在大气压力状态下的输出电压，如图 1-13 所示，并记下这一电压值；然后用真空泵向进气歧管绝对压力传感器内施加真空，从 13.3 kPa（100 mmHg）起，每次递增 13.3 kPa（100 mmHg），一直增加到 66.7 kPa（500 mmHg）为止，然后测量在不同真空度下进气歧管压力传感器（PIM 与 E_2 端子间）的输出电压。该电压应能随真空度的增大而不断下降。将不同真空度下的输出电压下降量与标准值相比较，如不符，应更换进气歧管压力传感器。皇冠 3.0 轿车 2JZ—GE 发动机和丰田 HIACE 小客车 2RZ—E

发动机进气歧管压力传感器的标准输出电压值如表 1-7 所示。

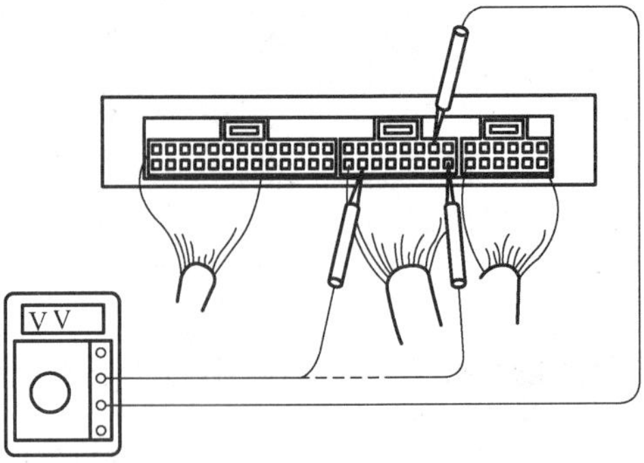

图 1-13　测量传感器的输出信号

表 1-7　进气歧管绝对压力传感器的真空度与输出电压的关系

真空度/kPa（mmHg）	13.3（100）	26.7（200）	40.0（300）	53.5（400）	66.7（500）
电压值/V	0.3～0.5	0.7～0.9	1.1～1.3	1.5～1.7	1.9～2

2. 电容式进气歧管绝对压力传感器

如图 1-14 所示，传感器使用氧化铝材料，将氧化铝和底板制成电容，如果把进气歧管压力引到电容的一面，那么进气歧管压力的变化就会导致电容值的变化。电容连接在混合集成电路的振荡电路中，利用电容和电感的相互作用形成电磁震荡电路，当电容发生变化时就会产生频率信号。进气歧管的压力越大，传感器的信号频率越高。在不是真空的情况下，信号的频率大约为 160 Hz；而在怠速，即进气歧管压力为 483 mmHg 时，其信号频率大约为 105 Hz。如福特系和林肯系轿车就用此类型传感器。

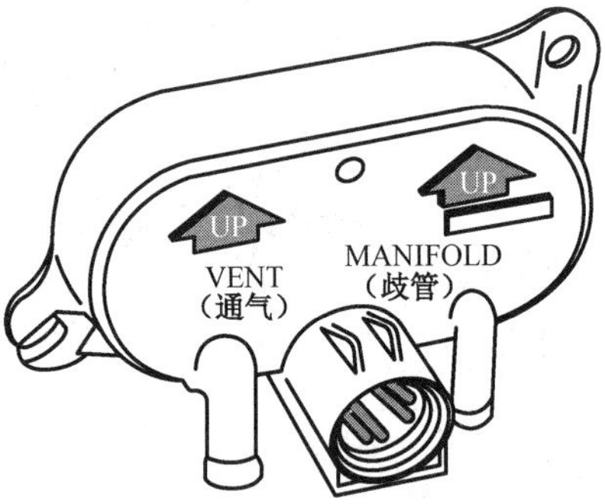

图 1-14　电容式进气歧管绝对压力传感器

三、氧传感器

在使用三元催化转换器来降低排放污染的发动机上，氧传感器是必不可少的。一旦空燃比偏离理论数值，那么催化剂对 CO、HC、NO_x 的净化能力就会急剧下降。故在排气管中插入氧传感器，根据排气中的氧气浓度来计算汽缸内混合气的浓度，进而向发动机控制模块发出反馈信号，以控制喷油器的喷油量，使其收敛于理论空燃比附近。目前实际中主要应用的氧传感器包括氧化锆式和氧化钛式两种。

1. 氧化锆式传感器

氧化锆式氧传感器内部的敏感元件是二氧化锆固体电解质，如图 1-15 所示。在二氧化锆固体电解质粉末中添加少量的添加剂并烧制成管状，便称为锆管。紧贴锆管内、外表面的上一作为锆管内、外电动机的铂膜，内、外电动机通过电极引线与传感器的线束插接器相连。锆管内电极与外界大气相通，外电极与排气管内的排气相通。

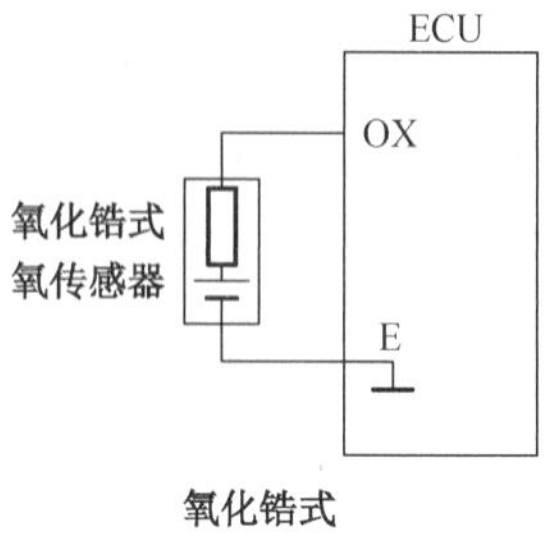

图 1-15　氧化锆式氧传感器

发动机运转时，排气管内废气从锆管外电极表面的陶瓷层渗入，与外电极接触，内电极与大气接触。锆管内、外侧存在氧浓度差，使氧化锆电解质内部的氧离子开始向外电极扩散，扩散的结果是在内、外电极之间产生电位差，形成一个微电池。其外电极为锆管负极，内电极为锆管正极，如图 1-16 所示。

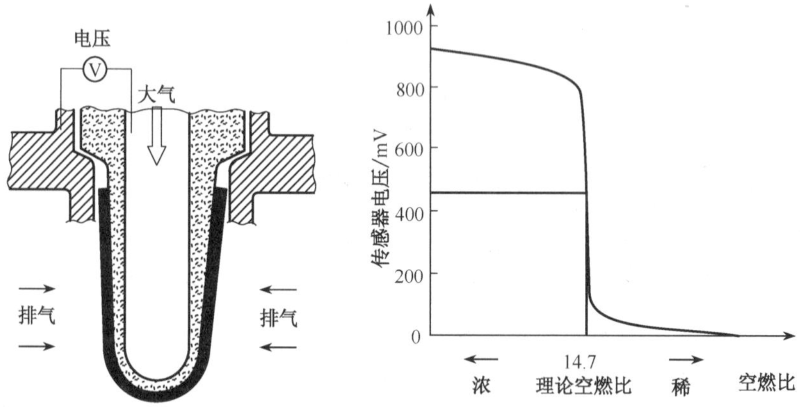

图 1-16　氧化锆式氧传感器的输出电压特性

氧化锆式氧传感器的输出电压特性是：当汽缸内混合器较浓时，排气中氧含量较低，锆管内、外表面氧浓度相差很大，因此在内、外电极之间产生了较大的电压信号（0.8～1.0V）；反之，当混合气较稀时，产生较小的电压信号（0.1V）。氧传感器的输出电压在理论空燃比为 14.7 的附近发生突变。

在氧化锆式传感器的使用过程中，氧传感器的外侧铂电极会因汽油和润滑油硫化产生的物质附着在其表面上而逐渐失效，内侧铂电极也会被传感器内部端子处用于防水的橡胶逐渐污染，因此氧化锆式传感器应定期更换。

氧化锆式氧传感器的工作状态与工作温度有密切的关系。氧化锆式在温度低于 300℃时无信号输出，而在 300～800℃的温度范围内最敏感，输出信号最强。虽然可利用排气热量对其进行加热，但其工作温度不稳定，而且发动机启动后数分钟内才能达到正常工作温度，因此，大部分传感器都加了电热元件。加热式氧传感器的线束插接器一般有 4 个端子（也有 3 个的），其中两个是传感器信号输出端子，另外两个是加热元件的电源输入端子。如 LS400 就用此类传感器。

2. 氧化钛式氧传感器

氧化钛式氧传感器的材料是二氧化钛。它在常温下的电阻值是稳定的，但当其表面缺氧时，其内部晶格就会出现缺陷，电阻会大大降低。当二氧化钛表面氧浓度发生变化时，其电阻值也随着变化，电脑根据此变化来确定混合气的浓度变化；另外，排气温度的变化也会影响到二氧化钛的电阻值。为了消除温度的影响，在氧化钛式传感器内部都设有电加热元件，使其在稳定的温度下工作。因此，氧化钛式传感器大多数是 4 线的。如北京现代伊兰特轿车就采用了氧化钛式氧传感器。

二氧化钛式氧传感器的输出信号为 0～5V 的可变电压信号，它的工作原理与发动机冷却液温度传感器和进气温度传感器相似，如图 1-17 所示。

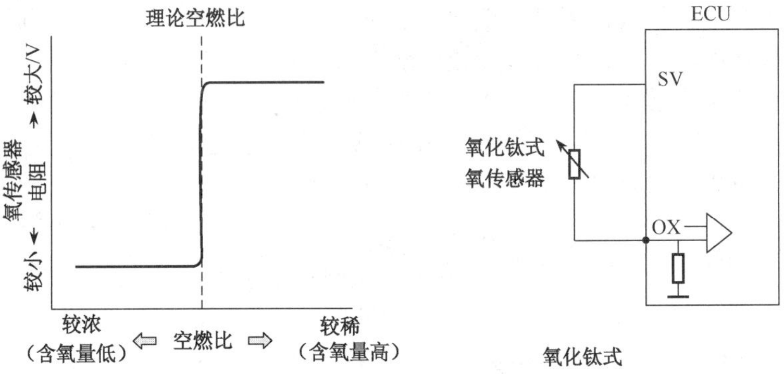

图 1-17　氧化钛式氧传感器的输出电压特性

3．电控汽油喷射系统的闭环控制

电脑根据氧传感器信号对喷油量进行修正。混合气较浓时，氧传感器电压接近 5V，电脑发出指令，减少喷油量，使混合气浓度降低；反之，电脑使喷油量增加。如此循环，使混合气始终保持在理论空燃比附近，从而使三元催化转换装置的转换效率最高，这样既降低了排气污染，同时也提高了燃料经济性。这种电脑根据氧传感器输入信号对喷油量进行修正的控制方式称为闭环控制，如图 1-18 所示；反之，电脑不接受氧传感器信号的控制方式则称为开环控制。

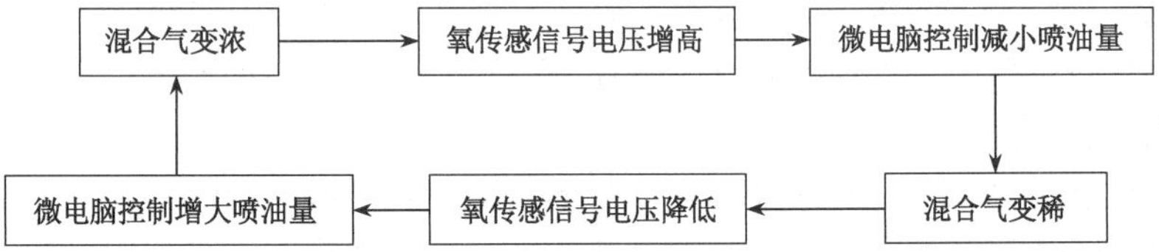

图 1-18　电控汽油喷射系统的闭环控制示意

四、曲轴位置传感器

曲轴位置传感器是发动机控制系统中最主要的传感器之一，是确认曲轴转角位置和发动机转速不可缺少的信号之一，发动机控制模块用此信号控制燃油喷射量、喷油正时、点火时刻（点火提前角）、点火线圈充电闭合角、怠速转速和电动汽油泵的运行。

根据信号形成的原理分类，曲轴位置传感器又可分为电磁式、光电式和霍尔效应式三大类；就其安装部位而言，有在曲轴前端、凸轮轴前端、飞轮上和分电气内的。车辆不同，所采用的曲轴位置传感器的结构形式也不完全一样。

1．电磁式曲轴位置传感器

（1）电磁式曲轴位置传感器的基本原理，如图 1-19 所示，电磁式曲轴位置传感器的核心元件是一个电磁线圈，该线圈缠绕在一个永久性磁铁上，用螺栓固定在传感器安装支架上。绕组的两端与电气引线相连接。在电磁线圈的对面，安装着一个用作信号发生器的磁阻轮，该磁阻轮随发动机曲轴的转动而转动。对应特定的曲轴转角，磁阻轮上都有相应的一个凸齿与之相对应，磁阻轮转动时，这些凸齿以很小的间隙扫过传感器线圈。由于传感器线圈用螺栓固定在传感器安装支架上，因而磁阻轮凸齿与传感器之间的间隙通常是可调的。

当磁阻轮凸齿靠近传感器线圈不对中时，凸齿和感应线圈之间的空气间隙比较大，因而磁场比较弱；当磁阻轮的凸齿接近与传感器线圈对中时，空气间隙比较小，因而围绕传感器的磁场强度增大。当磁阻轮凸齿远离传感器线圈时，凸齿和感应线圈之间的空气间隙变大，因而磁场又变弱。这种交替变化的磁场使传感器线圈内感应出交流电压信号[见图 1-19（c）]。

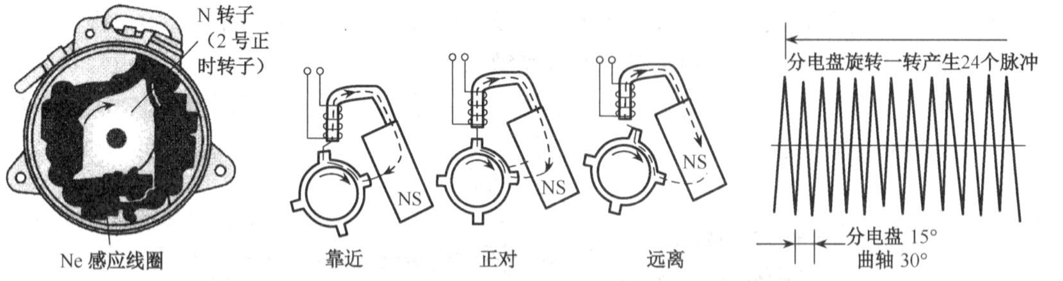

（a）由磁式曲轴位置传感器　（b）工作原理　（c）脉冲信号

图 1-19　电磁式曲轴位置传感器及其工作原理

（2）电磁式曲轴位置传感器的基本检测。以皇冠 3.0 轿车 2JZ—GE 型发动机电子控制系统中使用的磁脉冲式曲轴位置传感器为例，说明其检测方法，曲轴位置传感器电路如图 1-20 所示。

① 曲轴位置传感器的电阻检查。将点火开关置于“OFF”位置，拔开曲轴位置传感器的导线连接器，用万用表的电阻挡测量曲轴位置传感器上各端子间的电阻值，其标准值如表 1-8 所示；如电阻值不在规定的范围内，则必须更换曲轴位置传感器。

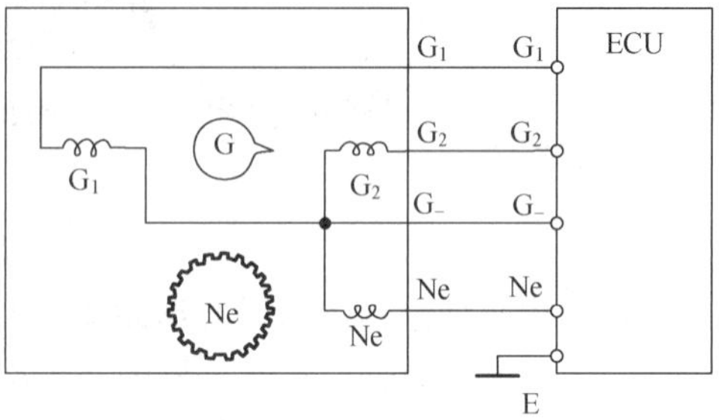

图 1-20　曲轴位置传感器电路

表 1-8　曲轴位置传感器的电阻标准值

端　　子	条　　件	电阻值/Ω
G_1-G_-	冷态	125～200
	热态	160～235
G_2-G_-	冷态	125～200
	热态	160～235
Ne-G_-	冷态	155～250
	热态	190～290

② B 曲轴位置传感器输出信号的检测。将点火开关置于“ON”位置，拔下曲轴位置传感器的导线连接器，当发动机转动时，用万用表的电压挡检测曲轴位置传感器上 G_1-G_-、G_2-G_-、

Ne-G_端子间是否有脉冲电压信号输出。如没有脉冲电压信号输出，则须更换曲轴位置传感器。

（3）感应线圈与正时转子的间隙检查。用厚薄规测量正时转子与感应线圈凸出部分的空气间隙，其间隙应为 0.2～0.4 mm。若间隙不合要求，则须更换分电气壳体总成。

2. 光电式曲轴位置传感器

（1）光电式曲轴位置传感器的基本原理。日产公司光电式曲轴位置传感器设置在分电气内，它由信号发生器和带光孔的信号盘组成，信号盘安装在分电气轴上，外围有 360 条缝隙（光栅），相邻缝隙产生 1°曲轴转角信号；外围稍靠内间隔 60°曲轴转角分布着六个光孔（六缸），产生 120° 曲轴转角信号，其中有一个较宽的光孔是产生一缸上止点对应的 120°曲轴转角信号的，如图 1-21 所示。

脉冲信号发生器固装在分电气壳体上，主要由两只发光二极管、两只光敏二极管和电子电路组成。两只发光二极管分别正对着两只光敏二极管，发光二极管以光敏二极管为照射目标。信号盘位于发光二极管和光敏二极管之间，当信号盘随发动机曲轴运转时，因信号盘上有光孔，则产生透光和遮光的交替变化，使得信号发生器输出表征曲轴位置和转角的脉冲信号。

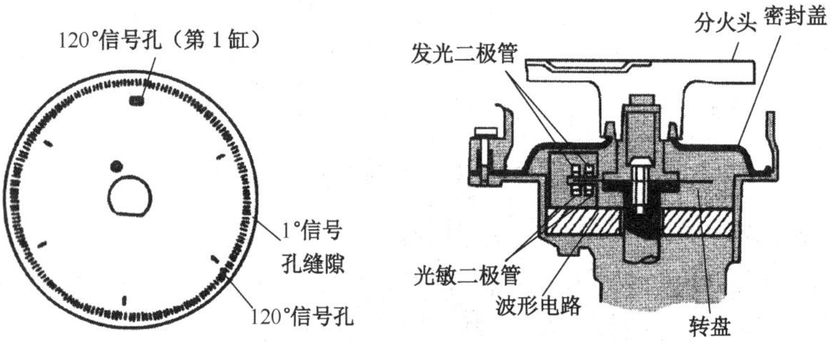

图 1-21 光电式曲轴位置传感器

光电式曲轴位置传感器波形如图 1-22 所示。如尼桑 300ZX 车就用此类传感器。

（2）光电式曲轴位置传感器的基本检测。韩国“现代 SONATA”汽车光电式曲轴位置传感器连接器（插头）的端子位置。检查时，脱开曲轴位置传感器的导线连接器，把点火开关置于“ON”位置，用万用表的电压挡测量线束侧 4 号端子与地间的电压应为 12 V，线束侧 2 号端子和 3 号端子与地间电压应为 4.8～5.2V，用万用表的电阻挡测量线束侧 1 号端子与地间应为 0Ω（导通），如图 1-23 所示。

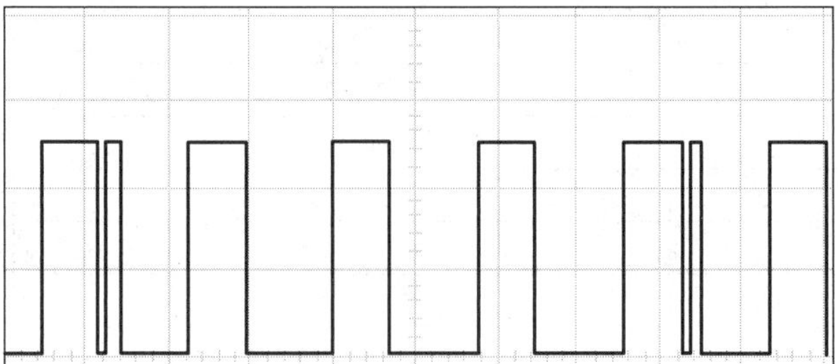

图 1-22 光电式曲轴位置传感器波形图

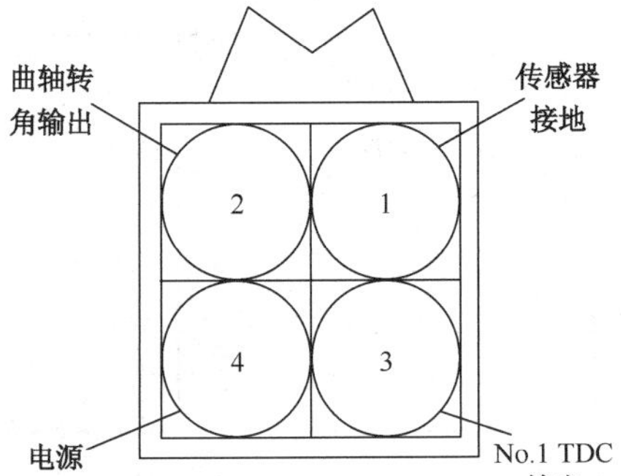

图 1-23 光电式曲轴位置传感器接头

光电式曲轴位置传感器输出信号检测，用万用表电压挡接在传感器侧 3 号端子和 1 号端子上，在起动发动机时，电压应为 0.2～1.2V。在起动发动机后的怠速运转期间，用万用表电压挡检测 2 号端子和 1 号端子的电压应为 1.8～2.5V，否则应更换曲轴位置传感器。

3. 霍尔式曲轴位置传感器

（1）霍尔式曲轴位置传感器的基本原理。霍尔式曲轴位置传感器利用霍尔效应原理产生相对应的电压脉冲信号。在磁场中，运动电荷的偏移称为霍尔效应。霍尔式曲轴位置传感器安装在曲轴前端的扭转减震器背面，采用触发叶片的结构形式，如图 1-24 所示。

霍尔信号发生器由永久磁铁、导磁板和霍尔集成电路等组成。内外信号轮侧面各设置一个霍尔信号发生器，信号轮转动且当叶片进入永久磁铁与霍尔元件之间的空气隙中时，霍尔集成电路中的磁场即被触发叶片所旁路（或称隔磁），这时不产生霍尔电压。当触发叶片离开空气隙中时，永久磁铁 1 的磁通便通过导磁板 2 穿过霍尔元件，这时产生霍尔电压。将霍尔元件间歇产生的霍尔电压信号经霍尔集成电路放大整形后，即向微机控制装置输送电压脉冲信号，如图 1-25 所示。如北京现代车系就用此类传感器。

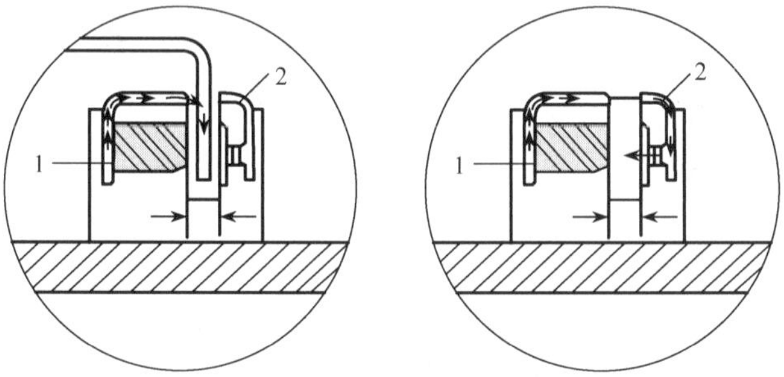

图 1-24　霍尔式曲轴位置传感器的基本原理

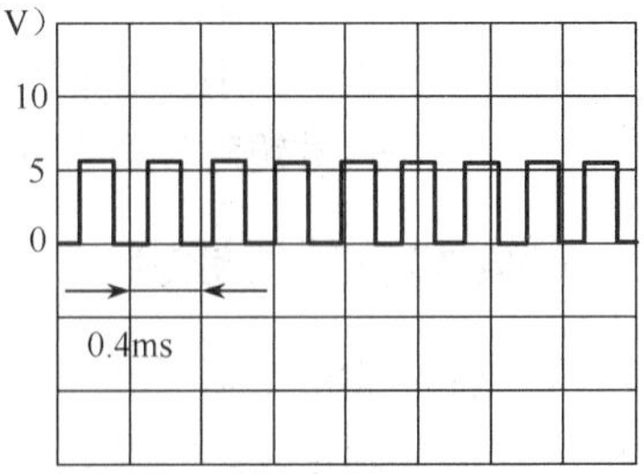

（a）怠速波形

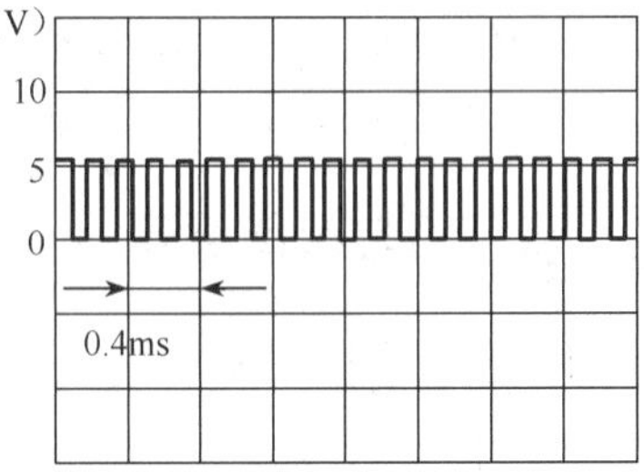

（b）经济转速波形

图 1-25　霍尔传感器输出波形

（2）霍尔式曲轴位置传感器的检测。以北京切诺基的霍尔式曲轴位置传感器为例来说明其检测方法。

曲轴位置传感器与 ECU 有三条引线相连，如图 1-26 所示，其中一条是 ECU 向传感器加电压的电源线，输入传感器的电压为 8V；第二条是传感器的输出信号线，当飞轮齿槽通过传感器时，霍尔传感器输出脉冲信号，高电位为 5V，低电位为 0.3V；第三条是通往传感器的接地线。曲轴位置传感器连接插头如图 1-27 所示。

① 传感器电源、电压的测试。点火开关置于“ON”，用万用表电压挡测量 ECU 侧 7 号端子的电压应为 8V，在传感器导线连接器“A”端子处测量电压也应为 8V，否则为电源线断路或接头接触不良。

② 端子间电压的检测。将点火开关置于“ON”位置，用万用表的电压挡对传感器的 ABC

三个端子间进行测试。A-C 端子间的电压值约为 8 V；B-C 端子间的电压值在发动机转动时，电压在 0.3～5V 变化，且数值显示呈脉冲性变化，最高电压 5 V，最低电压 0.3 V；如不符合以上结果，应更换曲轴位置传感器。

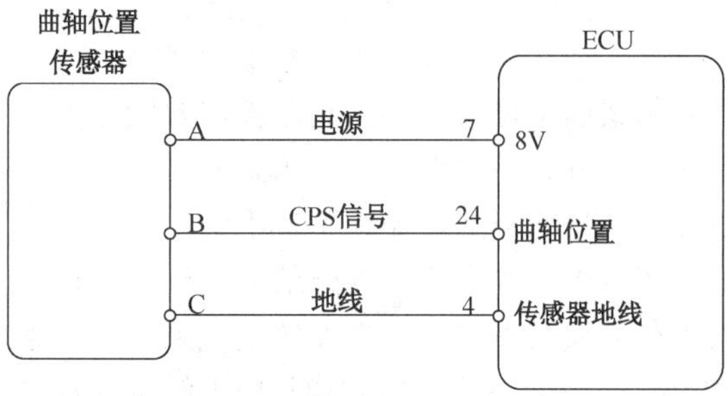

图 1-26　电脑连接图

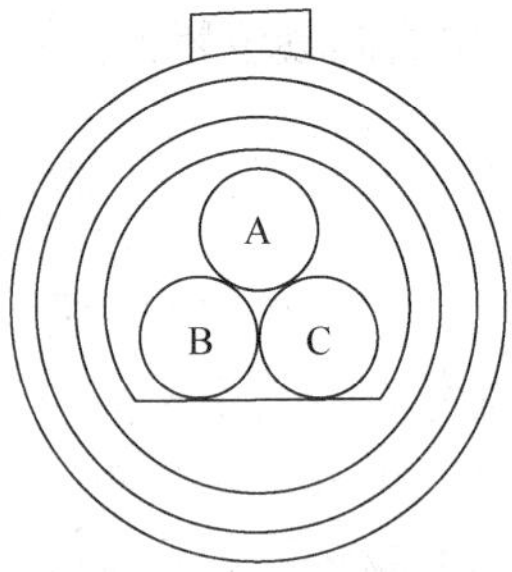

图 1-27　传感器连接插头

（3）电阻检测。点火开关置于“OFF”位置，拔下曲轴位置传感器导线连接器，用万用表电阻挡跨接在传感器侧的端子 A 与 B 或端子 A 与 C 间，此时万用表显示读数为∞（开路），如果指示有电阻，则应更换曲轴位置传感器。

GM（通用）公司触发叶片式霍尔传感器的测试方法与上述相似，只是端子为 4 个，上止点信号（内信号轮触发）输出端与接地端为脉冲电压显示。

五、凸轮轴位置传感器

凸轮轴位置传感器又称同步信号传感器，主要用来检测凸轮轴的转角位置，发动机控制模块用此信号确定发动机某汽缸（如一缸）上止点的位置，以修正点火时间和喷油量。凸轮轴位置传感器的结构、工作原理及检修过程与曲轴位置传感器基本相同。

根据信号形成的原理分类，凸轮轴位置传感器又可分为电磁式、光电式和霍尔效应式三大类。就其安装部位而言，有在凸轮轴前端、凸轮轴后端、飞轮上和分电气内的。

六、节气门位置传感器

1. 节气门位置传感器的作用

节气门位置传感器装在节气门体上，随节气门轴同步转动，主要用来检测节气门的开度和节气门开闭的速率，并将其转换成电信号送到发动机控制模块。该信号用于：

（1）控制怠速阀的动作。发动机怠速运转时，节气门位置传感器产生对应于节气门最小开度的电信号并输入电脑，电脑根据此信号判定发动机处于怠速工况，控制怠速控制阀动作，稳定、调节怠速转速。

（2）修正点火提前角。发动机怠速运转时，电脑会根据节气门位置传感器信号来调整点火提前角，以稳定怠速转速。

（3）修正喷油量。对于线性可变电阻型节气门位置传感器来说，当节气门开度变化（发动机负荷变化）时，其输出信号电压也变化。电脑根据此来修正喷油量，以适应不同工况对混合气浓度的要求。当节气门急速开、闭时，节气门位置传感器电压也急速变化，电脑根据此信号判断加速、减速工况，以控制喷油器在加速时多喷油，在急减速时少喷油。

（4）影响废气再循环系统的工作。当节气门位于怠速开度时，电脑根据节气门位置传感器输出的信号控制废气再循环系统停止工作，断开排气管至进气系统之间的通道，以稳定怠速。

（5）控制自动变速器的工作。在电子控制自动变速器上，电脑根据节气门位置传感器输入的节气门位置开度信号、车速信号等控制变速器的换挡时刻以及锁止离合器的锁止时刻。

2. 节气门位置传感器的结构分类

据其输出信号的特点，节气门位置传感器有线性输出和开关量输出两种形式。多数车型使用线性信号输出的节气门位置传感器；而开关量输出型节气门位置传感器在当前车辆中应用较少。

（1）线性输出节气门位置传感器。

（2）开关量输出型节气门位置传感器又称为节气门开关。它有两对触点，分别为怠速触点（IDL）和全负荷触点（PSW）。当节气门关闭时，活动触点与怠速触点闭合；节气门打开后，活动触点与怠速触点分开；节气门接近全开时，活动触点与全开触点闭合，如图 1-28 所示。

① 线性输出型节气门位置传感器的基本原理。线性输出型节气门位置传感器有一个三线的连接器，其中一根线是向传感器提供一个 5 V 的参考电压；第二根线是连接到传感器滑动电阻的另一端，为传感器提供搭铁；第三根线是与传感器的滑动触点相连接，从而向发动机控制模块提供电压信号。滑动电阻上任何一点的电压值都与节气门开启的角度成比例，该电压就是节气门位置传感器的输出信号。相对三线式线性输出型节气门位置传感器而言，四线式线性输出型节气门位置传感器多了一个怠速触点的闭合信号。

② 线性输出节气门位置传感器的检测。测量线性电位计的电阻，点火开关置于“OFF”位置，拔下节气门位置传感器的导线连接器，用万用表的电阻挡测量线性电位计的电阻（如图 1-29 所示中 E_2 和 V_{TA} 之间的电阻），该电阻应能随节气门开度的增大而呈线性增大。

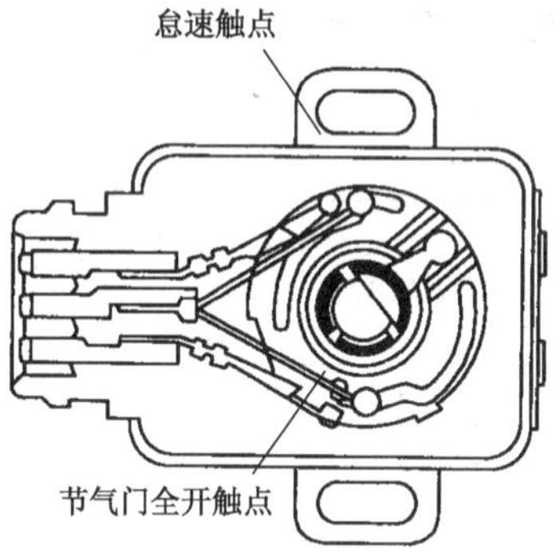

图 1-28　开关量输出型节气门位置传感器

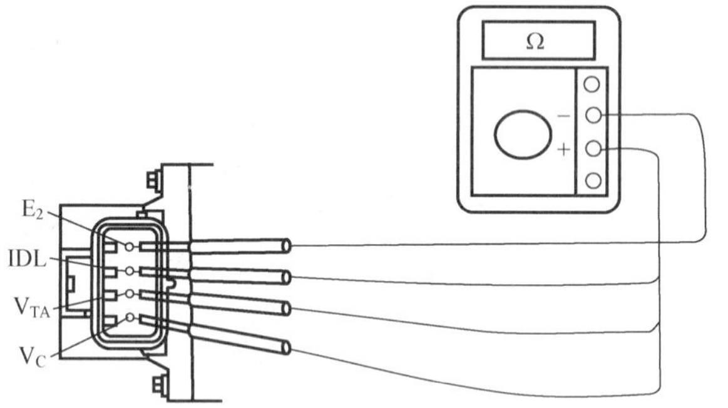

图 1-29　线性输出型节气门传感器的检测

在节气门限位螺钉和限位杆之间插入适当厚度的厚薄规，用万用表电阻栏测量此传感器导线连接器上各端子间的电阻，其应符合如表 1-9 所示的电阻值。

表 1-9　线性可变电阻型节气门位置传感器各端子间的电阻标准值（皇冠 3.0 车）

限位螺钉与限位杆间隙（或节气门开度）/mm	端 子 名 称	电阻值/ kΩ
0	V_{TA}-E_2	0.34～6.30
0.45	IDL-E_2	0.50 或更小
0.55	IDL-E_2	∞
节气门全开	V_{TA}-E_2	2.40～11.20
—	V_C-E_2	3.10～7.20

电压检查，插好节气门位置传感器的导线连接器，当点火开关置“ON”位置时，发动机ECU连接器上IDL、V_C、三个端子处应有电压；用万用表电压挡检测IDL-E_2、V_C-E_2、V_{TA}-E_2间的电压值应符合如表1-10所示的标准值。

表1-10　节气门位置传感器各端子电压的标准值

端　子	条　件	标准电压/V
IDL-E_2	节气门全开	9～14
V_C-E_2	—	4.0～5.5
V_{TA}-E_2	节气门全闭	0.3～0.8
	节气门全开	3.2～4.9

七、温度传感器

温度传感器的种类很多，常见的温度传感器有热敏电阻式、双金属片式和蜡式等。热敏电阻的电阻值随温度的变化而变化。根据特性不同，热敏电阻可分为正温度系数、负温度系数和临界温度三类。正温度系数热敏电阻就是指在允许的工作范围内，其电阻值随着温度的升高而增加；而负温度系数热敏电阻的电阻值随温度的升高而减小；临界温度热敏电阻就是以某一临界温度为界，高于临界温度时的电阻为某一水平，低于临界温度时的电阻为另一水平。热敏电阻的温度特性如图1-30所示。

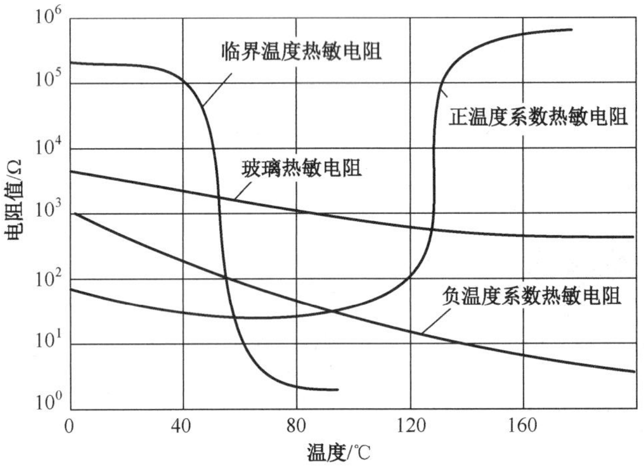

图1-30　热敏电阻的温度特性

电脑控制汽油喷射系统中有两个温度传感器，即水温传感器和进气温度传感器，它们均采用负温度系数热敏电阻。这两个温度传感器在电脑汽油喷射系统的喷油量控制、点火提前角控制、排放控制等诸多功能中起着非常重要的作用。

1．水温传感器的作用

发动机冷却液温度传感器又称水温传感器，它用来检测发动机冷却液的温度，并将温度信号转变成电信号输送给发动机控制模块，作为汽油喷射、点火正时、怠速和尾气排放控制的主要修正信号。

2．水温传感器的结构分类

水温传感器按结构分类可分为绕线电阻式、扩散电阻式、半导体晶体管式、金属芯式、热电偶式和热敏电阻式。

热敏电阻式因其良好的输出特性和灵敏度高等优点，被现代车辆所广泛应用。该传感器有 NTC（负温度系数）和 PTC（正温度系数）两种，其中负温度系数的水温传感器应用最多。

3. 冷却水温度传感器的电阻检测

（1）就车检查。点火开关置于“OFF”位置，拆卸冷却水温度传感器导线连接器，用数字式高阻抗万用表电阻挡，按如图 1-31 所示测试传感器两端子（丰田皇冠 3.0 为 THW 和 E_2 北京切诺基为 B 和 A）间的电阻值。其电阻值与温度的高低成反比，在热机时应小于 1 kΩ。

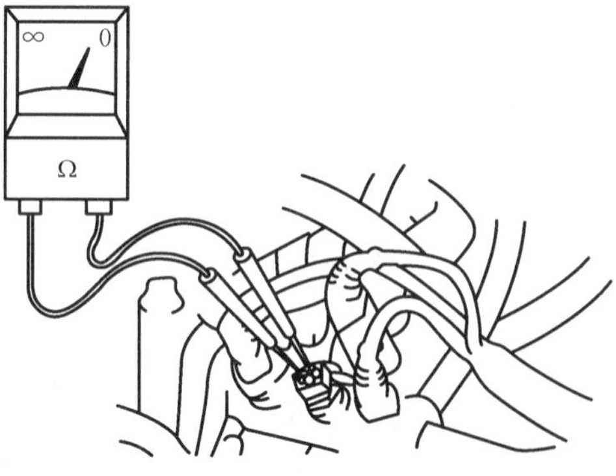

图 1-31　就车检测水温传感器的电阻

（2）单件检查。拔下冷却水温度传感器导线连接器，然后从发动机上拆下传感器；将该传感器置于烧杯内的水中，加热杯中的水，同时用万用表电阻挡测量在不同水温条件下水温传感器两接线端子间的电阻值，如图 1-32 所示。将测得的值与标准值相比较，如果不符合标准，则应更换水温传感器。

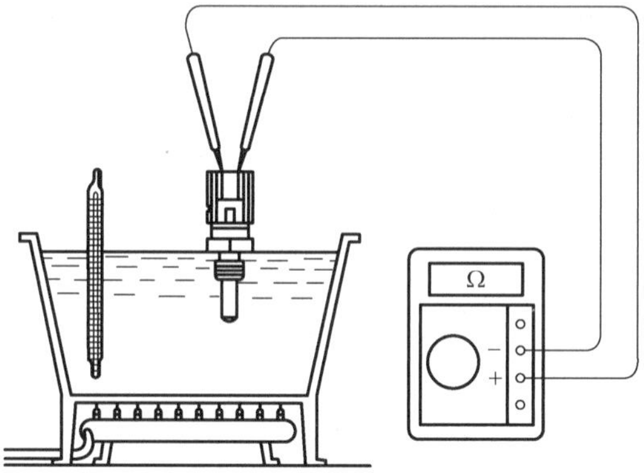

图 1-32　水温传感器单件检测

（3）冷却水温度传感器输出信号电压的检测。装好冷却水温度传感器，将此传感器的导线连接器插好，当点火开关置于“ON”位置时，从水温传感器导线连接器“THW”端子（丰田车）或从 ECU 连接器“THW”端子与 E_2 间测试传感器输出电压信号（对北京切诺基是从传感器导线连接器“B”端子或从 ECU 导线连接器“2”端子上测量与接地端子间电压）。丰田车 THW 与 E_2 端子间电压在 80℃时应为 0.25～1.0V。所测得的电压值应随冷却水温成比变化。当冷却水温度传感器线束断开时，从 ECU 导线连接器端子“2”（北京切诺基）上测试的电压值应为 5V 左右。

思考练习题

1. 汽车上常用的传感器有哪些？
2. 论述空气流量传感器的种类，以及各个传感器的基本原理。
3. 论述进气压力传感器的种类。
4. 论述曲轴位置传感器的主要作用。
5. 如何对水温传感器进行检测？

思考题答案

1. 汽车上常用的传感器有哪些？

答：空气流量计、进气压力传感器、氧传感器、曲轴位置传感器、凸轮轴位置传感器、节气门位置传感器、冷却液温度传感器。

2. 论述空气流量传感器的种类，以及各个传感器的基本原理？

答：（1）翼板式空气流量传感器。

在发动机起动后，吸入的空气把计量板从全闭位置推开，使其绕轴偏转。当气流推力与计量板复位弹簧张力平衡时，计量板便停留在某一位置上。进气量愈大，计量板开启的角度也愈大。通常，电脑给传感器一个 5V 的电源电压，接收传感器反馈电位计电压为 0～5V。当计量板转轴上的电位计滑臂绕轴转动时，电位计的输出电压也随之变化。这一信号输入到电控单元，电控单元再根据进气温度传感器的信号进行修正，即可测出实际的进气流量。

（2）卡门涡旋式空气流量传感器。

卡门涡旋式空气流量传感器通常与空气滤清器外壳安装成一体。它同样是接收 5V 的电源电压，反馈 0～5V 的电位计电压。在进气管道中间设有流线形或三角形的涡流发生器，当空气流经涡流发生器时，在其后部的气流中会不断产生不对称却十分规则的被称为卡门涡流的空气涡流。根据卡门涡流理论，这个旋涡行列是紊乱地依次沿气流流动方向移动，其移动的速度与空气流速成正比，即在单位时间内通过涡流发生器后方某点的涡流数量与空气流速成正比。因此，通过测量单位时间内涡流的数量就可计算出空气流速，再将空气通道的有效截面与空气流速相乘，就可以知道吸入空气的量。

（3）热线式空气流量传感器。

它的两端有金属防护网，取样管置于主空气通道中央，取样管由两个塑料护套和一个热线支承环构成。热线线径为白金热线，布置在支承环内，其阻值随温度变化，是惠斯顿电桥电路的一个臂。热线支承环前端的塑料护套内安装一个白金薄膜电阻器，其阻值随进气温度变化，称为温度补偿电阻，是惠斯顿电桥电路的另一个臂。热线支承环后端的塑料护套上黏结着一只精密电阻。此电阻能用激光修整，也是惠斯顿电桥的一个臂。该电阻上的电压降即为热线式空气流量传感器的输出信号电压。惠斯顿电桥还有一个臂的电阻安装在控制线路板上。

（4）热膜式空气流量传感器。

热膜式空气流量传感器的结构和工作原理与热线式空气流量传感器基本相同。

3. 论述进气压力传感器的种类？

答：（1）半导体压敏电阻式进气歧管绝对压力传感器；

（2）电容式进气歧管绝对压力传感器。

4. 论述曲轴位置传感器的主要作用？

答：曲轴位置传感器是发动机控制系统中最主要的传感器之一，是确认曲轴转角位置和发动机转速不可缺少的信号之一，发动机控制模块用此信号控制燃油喷射量、喷油正时、点火时刻（点火提前角）、点火线圈充电闭合角、怠速转速和电动汽油泵的运行。

5．如何对水温传感器进行检测？

（1）就车检查。

点火开关置于“OFF”位置，拆卸冷却水温度传感器导线连接器，用数字式高阻抗万用表电阻档测量其电阻，其电阻值与温度的高低成反比，在热机时应小于 1 kΩ。

（2）单件检查。

拔下冷却水温度传感器导线连接器，然后从发动机上拆下传感器；将该传感器置于烧杯内的水中，加热杯中的水，同时用万用表电阻挡测量在不同水温条件下水温传感器两接线端子间的电阻值，电阻值应随着温度的升高而降低。

实训任务工作单

在测量各传感器需要断开线插头时，首先要关闭点火开关，然后再断开插头进行测试。测量数据时，一定要注意万用表的挡位选择，避免选错挡位造成量具损坏和数据不准确的情况。

友情提示

实训任务　传感器测量

传 感 器	电 源 电 压	信　　号	接 地 情 况
空气流量计			
进气压力传感器			
氧传感器			
曲轴位置传感器			
凸轮轴位置传感器			
节气门位置传感器			
水温传感器			

课题二　电子控制单元

学习目标

1．了解电子控制单元的基本组成；
2．了解电子控制单元电源的检测；
3．了解电子控制单元的工作原理。

知识结构

本课题的知识结构见表 1-11。

表 1-11　电子控制单元的知识结构

电子控制单元	功　能	电子控制单元是一种电子综合控制装置，可以实现多功能的高精度集中控制
	组　成	由输入回路、A/D 转换器（模/数转换器）、微型计算机和输出回路四部分组成
	各部件简介	具体内容查看下面详细介绍

案例导入

小王的单位有一辆奥迪 A6 L3.0 排量的轿车，该车采用无级变速箱。一天小王陪领导外出办事，该返回时发现发动以后挡位杆在 P 挡拨不出来，故障发生前行驶过程中仪表上 EPC 故障灯亮。他赶忙联系了奥迪维修 4S 店的救援中心，救援人员通过仪器诊断确定是由于变速箱电脑故障引起的挡位不能动，为了让车辆暂时能够行驶，维修技师采取了应急措施，把排挡杆底座的机械锁扣人为接触了挡位锁功能后车辆就能开了，并跟小王确认这个故障要及时维修，预约两天后进厂。两天后小王开车去了 4S 店，工程师分析建议：奥迪这款车无级变速箱电脑板都有一个通病，有的 4 万千米就有了相同的故障，有的 10 万千米或 20 万千米就一定会有此故障出现，换个电脑板到了一定千米数同样也会出现这个故障，但修的电脑板是针对排挡开关短路、断路做电脑升级维修，永久解决了这个故障，以后再也不会出现类似的故障，所以说修比换还要好！最终小王客户选择了维修电脑板，汽车电脑的功用是什么呢？各部分结构及作用又是什么呢？下面我们就来学习一下。

一、电子控制单元的功能

电子控制单元（Engine Control Unit，ECU）是一种电子综合控制装置，它所具备的基本功能如下。

（1）接收传感器或其他装置输入的信息，给传感器提供参考（基准）电压：2V、5V、9V、12V；将输入的信息转变为微机所能接收的信号。

（2）存储、计算、分析处理信息；计算出输出值所用的程序；存储该车型的特点参数；存储运算中的数据（随存随取），存储故障信息。

（3）运算分析。根据信息参数求出执行命令数值；将输出的信息与标准值对比，查出故障。

（4）输出执行命令。把弱信号变为强的执行命令数值；输出故障信息。

（5）自我修正功能（自适应功能）。

在发动机控制系统中，ECU 不仅用来控制汽油喷射系统，同时还具有点火提前角控制、怠速控制、排放控制、进气控制、增压控制、自诊断、失效保护和备用控制系统等多项控制功用。

在发动机控制系统中，由于使用微机，与以往的模拟电路控制相比，信号处理的速度和容量大大提高，因此，可实现多功能的高精度集中控制。

二、ECU 的组成

发动机集中控制系统 ECU 的组成如图 1-33 所示。ECU 主要由输入回路、A/D 转换器（模/

数转换器)、微型计算机和输出回路四部分组成。

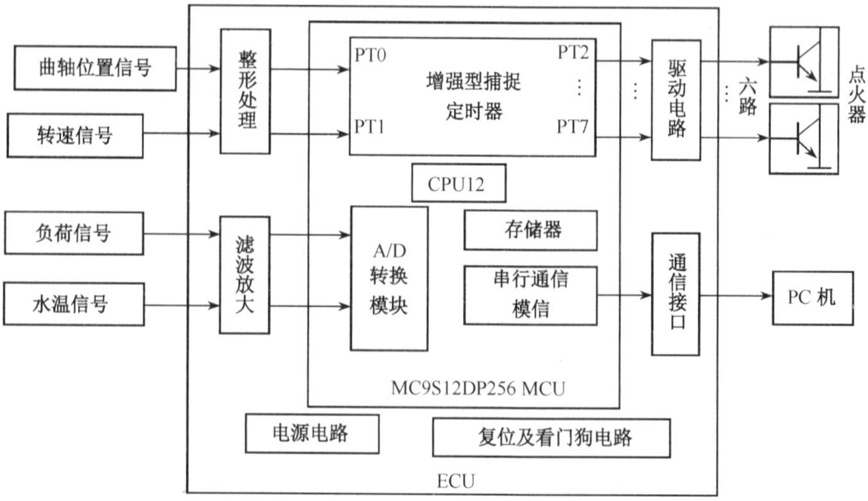

图 1-33　ECU 的组成

1. 输入回路

输入 ECU 的传感器信号有两种：一种是模拟信号［见图 1-34（a)］，如热线式空气流量计的输出信号和冷却液温度传感器的输出信号等；另一种是数字信号［见图 1-34（b)］，如卡门涡流式空气流量计的输出信号和转速传感器的输出信号等。信号的类型不同，输入 ECU 后的处理方法也不一样。

从传感器输出的信号输入 ECU 后，首先通过输入回路，其中数字信号直接输入微机，模拟信号则由 A/D 转换器转换成数字信号之后再输入微机。

输入回路的作用是将传感器输入的信号，在除去杂波和把正弦波转变为矩形波后，再转换成输入电平（见图 1-35)。

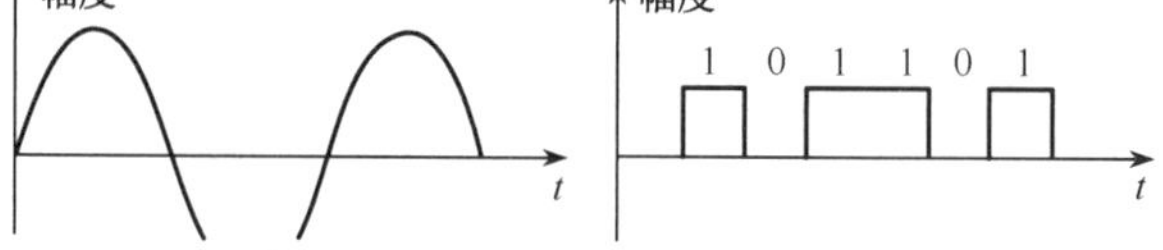

（a）模拟信号　（b）数字信号

图 1-34　输入 ECU 的传感器信号

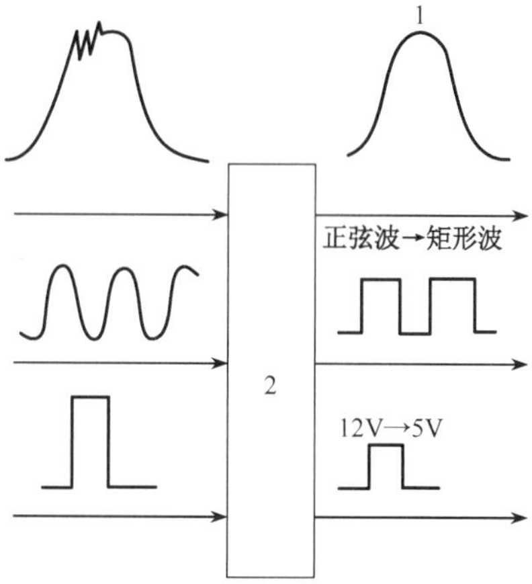

图 1-35　输入电路作用

2. A/D 转换器

由传感器输入的模拟信号，微机不能直接处理，故要用 A/D 转换器将模拟信号转换成数字信号，再输入微机。

3. 微型计算机

微机的功用是根据发动机工作的需要，把各种传感器送来的信号用内存的程序（微机处理的顺序）和数据进行运算处理，并把处理结果如汽油喷射控制信号、点火控制信号等送往输出回路。

微机的内部结构如图 1-36 所示，是由中央处理器（CPU）、存储器、输入/输出装置等组成。

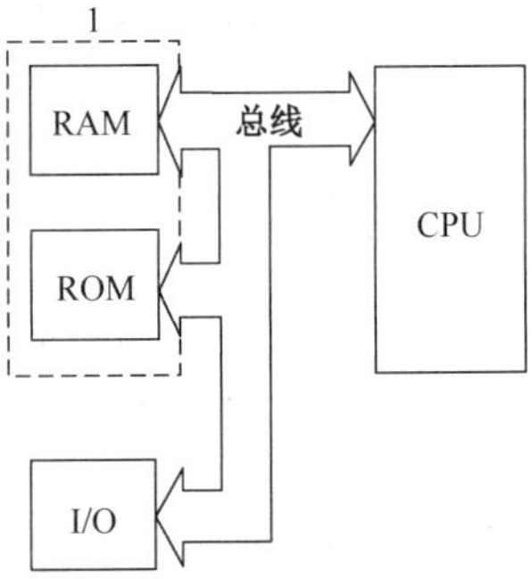

图 1-36　微机的内部结构

（1）中央处理器（CPU）。CPU 的功用是读出命令并执行数据处理任务。它是由进行数据算术运算和逻辑运算的运算器、暂时存储数据的寄存器、按照程序进行各装置之间信号传送及控制任务的控制器等组成。

（2）存储器。存储器的功用是记忆存储程序和数据，一般由几个只读存储器 ROM 和随机存取存储器 RAM 组成。

ROM 是读出专用存储器，存储内容一次写入后就不能改变，但可以调出使用。ROM 存储器存储的内容，即使切断电源，其记忆的内容也不丢失，故适用于对各种程序和数据的长期保留。近年可编程只读存储器（EP-ROM）已在汽车微机中得到应用，该存储器可由紫外线将其记忆内容消去，并可改写存储内容。

随机存储器 RAM 既能读出也能写入数据记忆在任意地址上。但是如果切断电源，存储的数据就丢失。所以 RAM 只适用于暂时保留过程中的处理数据。

（3）输入/输出装置。输入/输出装置的功用是根据 CPU 的命令，在外部传感器和执行器之间执行数据传送任务，一般称之为 I/O 接口。

4. 输出回路

由微机输出的是电压很低的数字信号，用这种信号一般是不能直接驱动执行元件的。输出回路的功用就是将微机输出的数字信号转换成可以驱动执行元件的输出信号。输出回路多采用大功率三极管，由微机输出的信号控制其导通和截止，从而控制执行元件的搭铁回路。

以上简单介绍了发动机 ECU 的基本组成和作用。目前的发动机 ECU 除上述基本装置外，还把电源装置、电磁干扰保护装置、自检装置、后备系统等组装在一起，装在一个盒子里，结构十分紧凑，使控制单元的工作相当可靠。随着发动机性能的不断提高，要求控制的对象不断增多，加之微机芯片的功能不断增强，发动机 ECU 的性能会更加先进，功能会越来越强。

课题三　执　行　器

学习目标

1. 掌握各执行器的工作原理；
2. 掌握各执行器的检测方法；
3. 掌握线路实际连接关系；
4. 能作电路分析，进行知识迁移。

知识结构

本课题的知识结构如表 1-12 所示。

表 1-12　执行器的知识结构

执　行　器	基本原理	按照执行器工作原理对各执行器进行分析
	分　　类	燃油泵、喷油器、怠速阀、点火线圈

案例导入

小李有一辆别克君威 2.0L 轿车，已行驶 15 万千米，最近该车在冷车时能够顺利起动，但有时候热车起动特别困难。维修技师分析由于故障现在与温度有关，而且混合气过浓也经常造成热车不易起动的原因。在此，首先检查冷却液温度传感器及控制线路，均正常。同时在检查中发现，该车在热车熄火后立即起动正常，但等 5～8min 后，再起动就难了。检查燃油系统，接好燃油压力表，起动发动机，压力正常。熄火后再看油压表，发现油压很快下降，断开回油管接头，无回油，说明漏油在油泵至喷油器之间。技师说这属于燃油系统执行器的问题，拆下 4 个喷油器检查实验，发现喷油器都有严重的漏油现象。全部更换新的喷油器后，无论冷车起动还是热车起动都很正常，故障排除。小李不明白什么是执行器，车上的执行器多吗？

燃油系统的作用是向汽缸内提供组成混合气所需的燃油量。燃油系统的部件主要有燃油箱、燃油泵、输油管（供油管和回油管）、燃油滤清器、燃油压力调节器、燃油导轨以及喷油器等。

燃油泵的功用是将汽油从燃油箱中吸上来，并使之具有一定的压力，克服燃油管路和滤清器的阻力，经过管路和燃油滤清器进入发动机。为满足发动机的工作要求，燃油泵要有充分供油能力，其最大供油量一般应超过发动机最大耗油量的 2.5～3.5 倍。燃油泵一般有机械式燃油泵和电动燃油泵两种形式，下面介绍电动燃油泵。

一、燃油泵

1．电动燃油泵的结构与原理

电动燃油泵按安装形式可分为油箱外置型和油箱内置型两种。油箱外置型电动燃油泵安装在油箱外，串联在输油管上，如奔驰 125 底盘的各种车型；油箱内置型电动燃油泵安装在油箱内部，浸泡在燃油里，将燃油泵放在小油箱中，这样可以防止在燃油不足而汽车转弯或倾斜时，燃油泵吸入空气而产生气阻。目前大多数电控燃油喷射系统均采用油箱内置型电动燃油泵，如红旗等。油箱外置式主要采用滚柱式燃油泵，油箱内置式主要采用涡轮式燃油泵（见图 1-37），但也有采用滚柱式燃油泵的（见图 1-38）。

如图 1-37 所示，电动机通电即带动泵体旋转，将燃油从进油口吸入，流经电动燃油泵内部，再从出油口压出，给燃油系统供油。燃油经电动燃油泵内部，对电动机的电枢起到冷却作用。电动燃油泵的电动机部分包括固定在外壳上的永久磁铁和产生电磁力矩以及安装在外壳上的电刷装置。电刷与电枢上的换向器相接触，其引线连接到外壳的接柱上，将控制电动燃油泵的电压引到电枢绕组上。电动燃油泵的外壳两端卷边铆紧，使各部件组装成一个不可拆卸的总成。

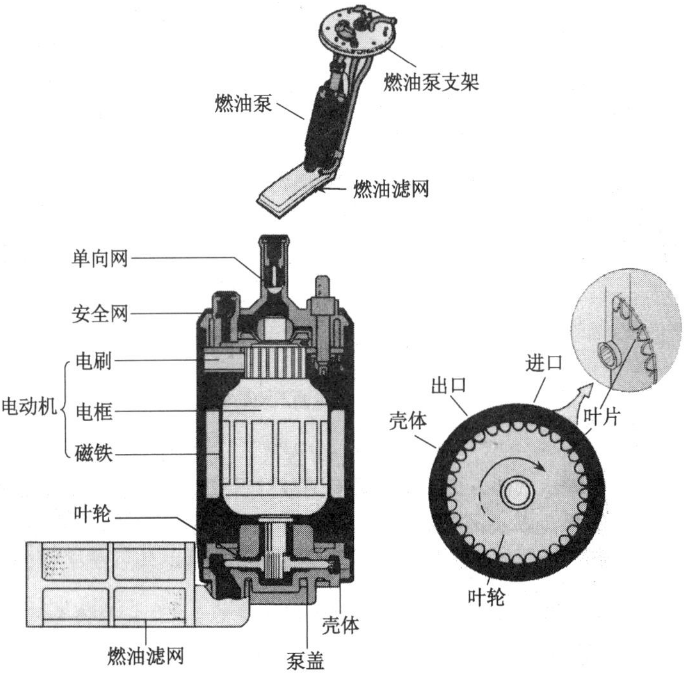

图 1-37　涡轮式燃油泵

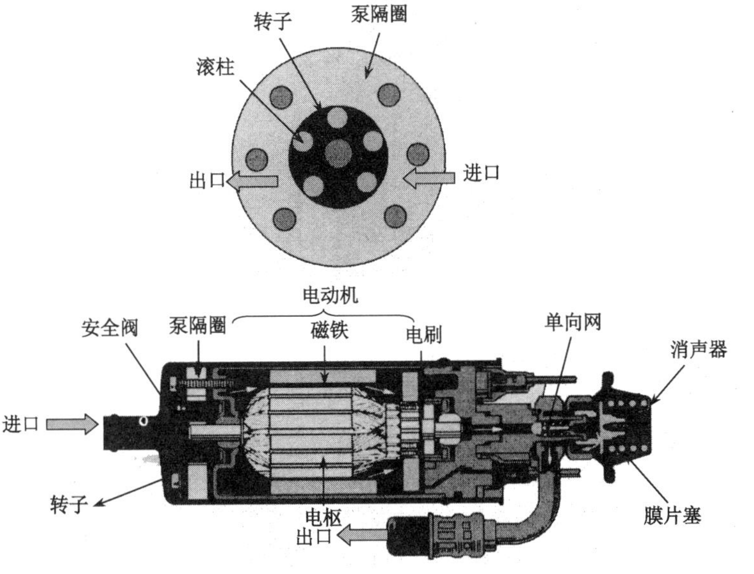

图 1-38　滚柱式燃油泵

燃油进入燃油泵前要先经过燃油滤网，以过滤燃油中的杂质。燃油滤网最好定期清洗，若滤网太脏就会使燃油系统压力降低，喷油器喷油量不足，导致汽车高速行驶或急加速时动力不足、加速困难。此外，如果燃油在滤网处堵塞，说明油箱中的沉淀物或水分过多，最好拆下整个油箱进行彻底的清洗。

安全阀可以避免燃油管路出现阻塞时压力过高而造成油管破裂或燃油泵损坏；止回阀的设置是为了发动机熄火后密封油路，使燃油管中保持一定的压力，以便发动机下次起动更加容易。

当检查燃油系统压力的稳定性时，可着重检查安全阀和单向阀。

泵体是电动燃油泵泵油的主体，根据其结构不同可分为滚柱式燃油泵、齿轮式燃油泵和涡轮式燃油泵。

2．电动燃油泵动作的控制

电动燃油泵只有在发动机起动和运转时才工作。在打开点火开关时，为建立系统油压，电动燃油泵往往会运行一段时间，以便发动机能顺利起动。而在其他情况下，即使点火开关接通，只要发动机没有转动，油泵就不工作。油泵工作的控制，通常是指对油泵电路开路继电气的控制。继电气触点闭合，油泵通电工作；继电气触点断开，油泵停止工作。

油泵控制系统按照触发油泵运转的信号来源，可分为油泵开关控制和发动机控制模块控制。

二、喷油器

喷油器是电控发动机燃油喷射系统中的重要执行器，主要有轴针式喷油器、球阀式喷油器和片阀式喷油器，它接收来自发动机控制模块的信号，并精确地喷射燃油量。电控喷油器是一种加工精度非常高的精密器件，要求其动态流量范围大、雾化性能好，抗堵塞、抗污染能力强。

1．轴针式喷油器

如图 1-39 所示为轴针式喷油器的结构示意。它主要由喷油器壳体、喷油针阀、套在针阀上的衔铁及根据喷油脉冲信号产生电磁吸力的电磁线圈组成。

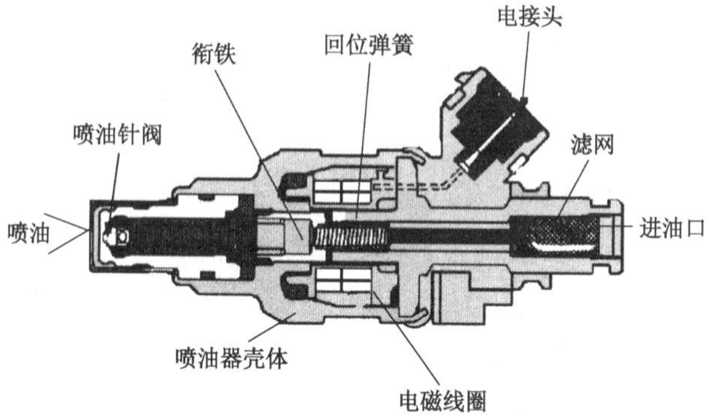

图 1-39　轴针式喷油器

2．球阀式喷油器

如图 1-40 所示为球阀式喷油器结构示意。它与轴针式喷油器的主要区别在于阀针的结构。

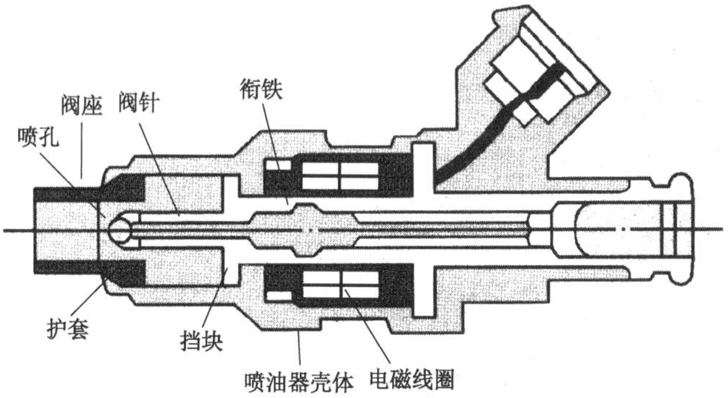

图 1-40　球阀式喷油器

3. 片阀式喷油器

片阀式喷油器采用质量较轻的阀片和孔式阀座，不仅具有较大的动态流量范围，而且抗堵塞能力较强。如图 1-41 所示为片阀式喷油器的纵向剖面图。

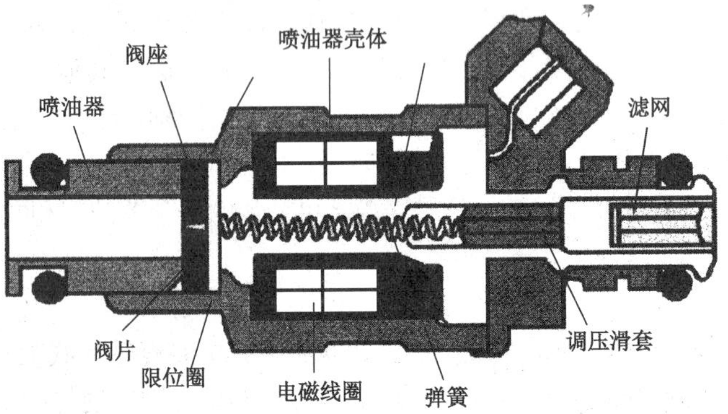

图 1-41　片阀式喷油器

三、怠速阀

所谓怠速，通常是指发动机在无负荷（对外无功率输出）情况下的稳定运转状态。如果怠速转速过高，会增加发动机的燃油消耗量；但怠速转速过低，又会增加有害物的排放。另外怠速还应根据冷车运转与电气负荷、空调装置、自动变速器、动力转向的接入等情况而变化。现在大多数电子控制发动机上，都已设有不同形式的怠速转速控制装置，控制发动机以最佳的怠速转速运转。

1. 石蜡式怠速旁通空气控制阀

石蜡式怠速空气旁通阀根据发动机的冷却液温度控制旁通空气道的截面积。控制力来自热敏石蜡的热胀冷缩，而热胀冷缩随周围温度而变化。采用这种形式的怠速旁通空气控制阀，必须导入发动机冷却液，为了简化结构，一般共用加热节气门体的冷却液管路。如图 1-42 所示的是石蜡式怠速旁通空气控制阀的结构示意。

发动机冷却液温度较低的时候，热敏石蜡收缩，提动阀在弹簧的作用下打开。随着温度的升高，热敏石蜡膨胀，推动连接杆使提动阀慢慢关闭，发动机怠速转速逐渐下降。当暖车后，提动阀将完全关闭空气通道，发动机恢复至正常怠速。

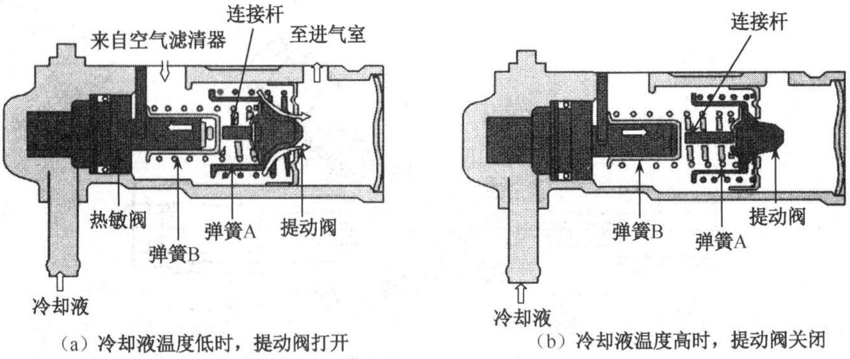

图 1-42　石蜡式怠速空气旁通阀

2．双金属片式旁通空气控制阀

双金属片式旁通空气控制阀是用来控制发动机在冷起动和暖机过程中的附加空气量，进而调整发动机的转速。发动机冷起动和起动后的暖机需要比较多的空气量以克服发动机较大的摩擦，同时也是为了使发动机能够快速升温，这部分额外的空气量就是通过双金属片式的空气旁通阀绕过节气门进入进气管的。双金属片式旁通空气控制阀由绕有电热线的双金属片和旁通空气道等组成，如图 1-43 所示。

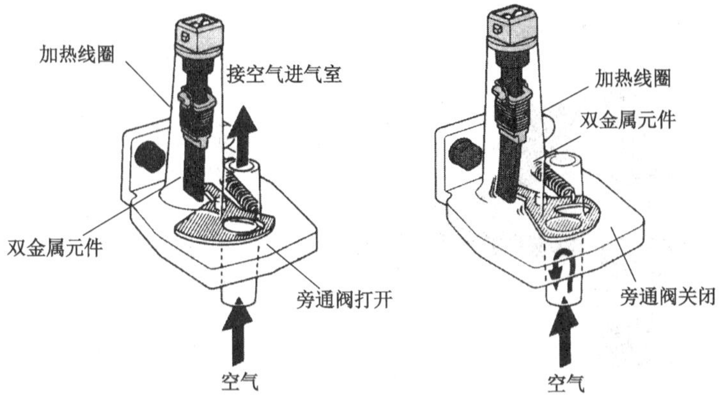

图 1-43　双金属片式旁通空气控制阀

3．步进电动机式怠速空气控制阀

如图 1-44 所示为步进电动机怠速空气控制阀的结构图，步进电动机式怠速空气控制阀安装在发动机进气总管内，从而使电动机转子顺转或反转，使阀心做轴向移动，改变阀心与阀座之间的间隙，就可调节流过旁通空气道的空气量。间隙小，进气量少，怠速低；间隙大，进气量多，怠速高。

步进电动机的控制电路如图 1-44 所示。发动机控制模块依一定顺序，使功率管 VT_1—VT_2—VT_3—VT_4 适时导通，分别给步进电动机定子线圈供电，驱动步进电动机转子旋转，使前端的阀门移动，改变阀门与阀座之间的距离，调节旁通空气道的空气流量，使发动机怠速转速达到所要求的目标转速。

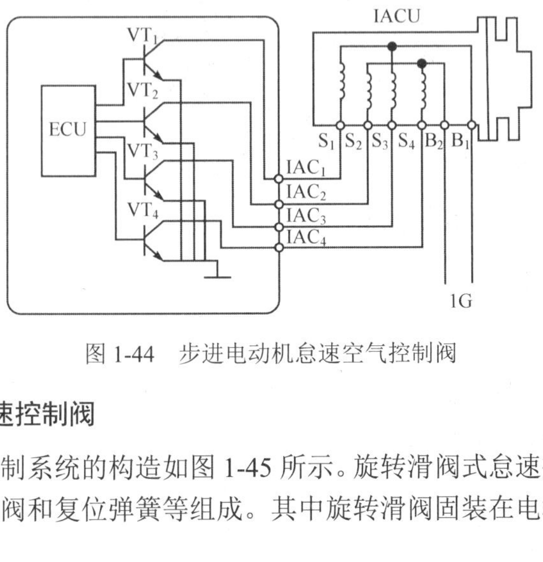

图 1-44　步进电动机怠速空气控制阀

4．旋转滑阀式怠速控制阀

旋转滑阀式怠速控制系统的构造如图 1-45 所示。旋转滑阀式怠速控制系统主要由永久磁铁、气旁通道、旋转滑阀和复位弹簧等组成。其中旋转滑阀固装在电枢轴上，与电枢轴一起转动，用以控制通过旁通空气道的空气量；永久磁铁固装在外壳上，形成永磁磁场；复位弹簧的作用是在发动机熄火后使怠速阀旁通道完全打开。

5．占空比控制怠速控制系统

占空比是指发动机控制模块的控制信号在一个周期内通电时间与通电周期之比，如图 1-46 所示。占空比怠速控制阀安装在进气歧管上，利用来自发动机控制模块的占空比信号控制经过节气门旁通气道的进气量。

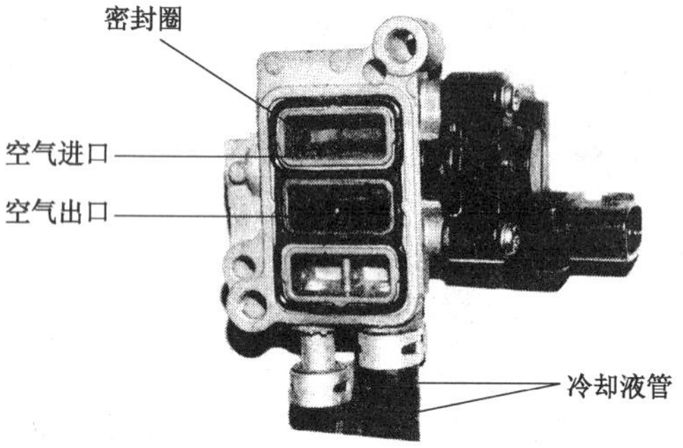

图 1-45　旋转滑阀式怠速控制阀

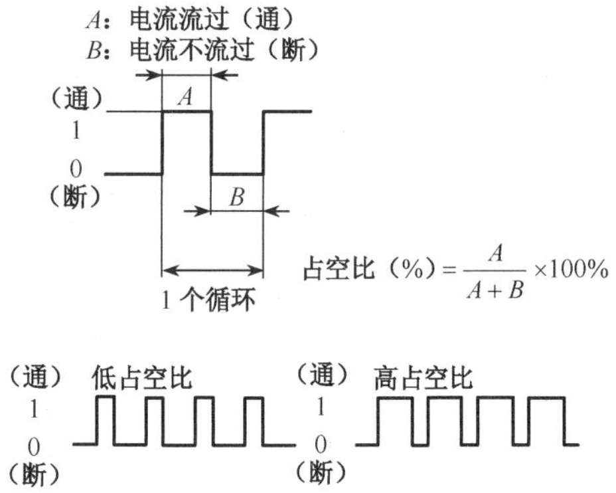

图 1-46　占空比

6．节气门直动式怠速控制系统

节气门直动式怠速控制系统取消了旁通通道，而是通过控制节气门的开启角度，调节空气通路的截面来控制充气量，实现对怠速的控制，如图 1-47 所示。

节气门直动式怠速控制系统主要由节气门位置传感器、怠速节气门位置传感器、怠速开关和执行器（怠速直流电动机）以及一套齿轮驱动机构组成。

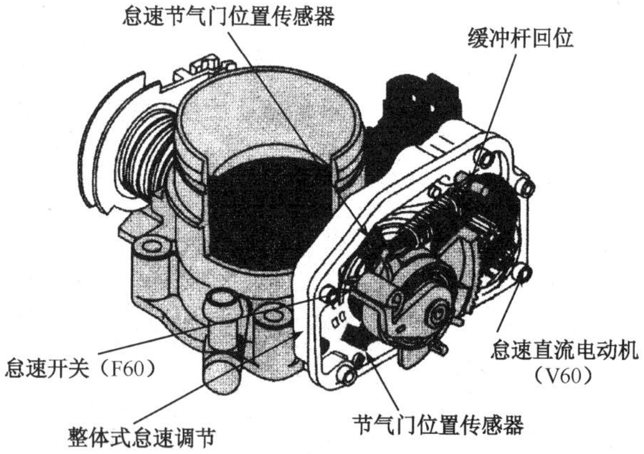

图 1-47　节气门直动式怠速控制系统

四、点火线圈

点火线圈是产生点火所需高压电的一种变压器。一般发动机点火系所采用的点火线圈依磁路区分，可分为开磁路式及闭磁路式两种。

1. 开磁路式点火线圈

开磁路式点火线圈一般为罐状结构，如图 1-48 所示。它以数片硅钢片叠合而成棒状铁芯，次级线圈和初级线圈分别绕在铁芯的外侧。次级线圈为线径为 0.05～1 mm 的漆包线，匝数为 2 万～3 万的圈匝。初级线圈的线径为 0.5～1.0 mm，较次级线圈粗，且匝数仅 150～300 圈而已。初级线圈绕在次级线圈的外侧，故次级线圈所产生的磁通变化与初级线圈完全相同。初级线圈和次级线圈的绕线方向相同，次级线圈的始端连接高压输出接头，其末端则连接于初级线圈的始端，并连接于外壳的“+”接柱，初级线圈的末端连接于外壳的“–”接柱，并接于点火器内功率晶体管的集电极上，由点火器控制其初级线圈电流的通断。

2. 闭磁路式点火线圈

闭磁路点火线圈的铁芯是封闭的，如图 1-49 所示，磁通全部经过铁芯内部，铁芯的导磁能力约为空气的一万倍，故开磁路点火线圈欲获得与闭磁路点火线圈相同的磁通，则其初级线圈非有较大的磁动势（安培匝数）不可。因此，必须采用匝数较多，线径较大的初级线圈；初级线圈的匝数多，如欲获得同样匝数比，则次级线圈的匝数也需增加。因此，开磁路点火线圈的小型化是办不到的。反之，闭磁路点火线圈，由于磁阻小，可有效降低线圈的磁动势，将点火线圈小型化。目前，闭磁路点火线圈已相当小型化，可与点火器合而为一，甚至可与火花塞连体化。

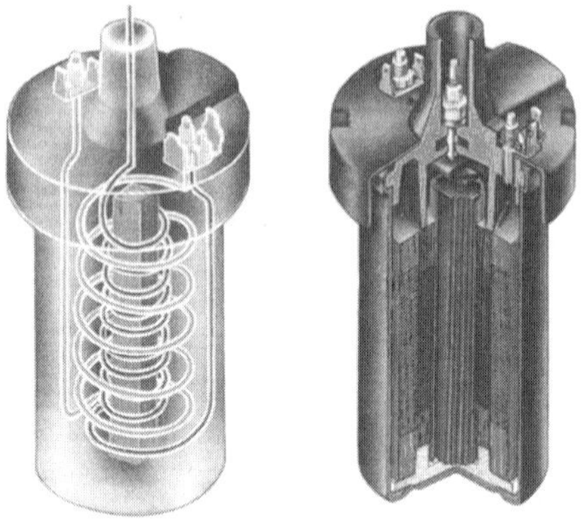

图 1-48　开磁路式点火线圈

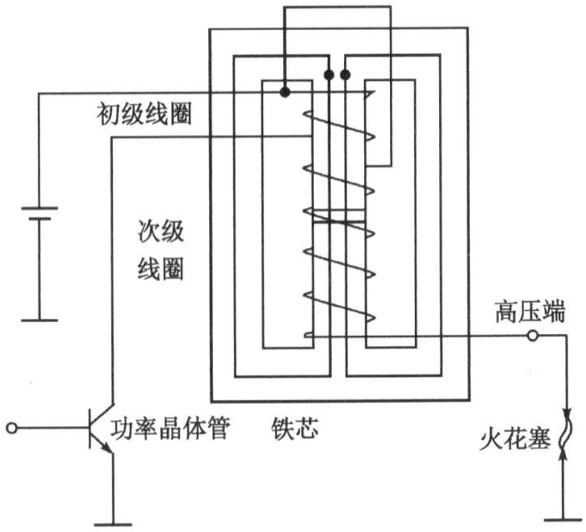

图 1-49　闭磁路点火线圈

3. 无分电气点火式闭磁路点火线圈

无分电气点火系统完全取消了分电气，它是将点火线圈产生的高压电直接通过高压线传递给火花塞，使其点火。

无分电气双缸同时点火系统用一个点火线圈对到达压缩和排气上止点的两个汽缸同时实施点火。压缩上止点的汽缸点火后，混合气被引燃而做功；排气上止点的汽缸点火后不产生功率，电火花浪费在废气中，但由于汽缸内压力比压缩上止点的压力低很多（仅稍高于 1 个大气压），而火花塞电阻值很小，因此只需消耗很小的放电能量就能使高压电流通过，且对火花塞无多大损伤。同时点火方式中每两缸合用一个点火线圈。排气行程的汽缸和压缩行程的汽缸同时点火，其放电电路如图 1-50 所示。采用无分电气双缸同时点火系统的车系如奔驰 111 和 104 发动机、国内桑塔纳 2000 GSI ARJ 发动机、捷达 AHP 发动机、奥迪 2.6L 发动机、宝来 AGN 发动机以及北京现代索纳塔 2.0 发动机等。

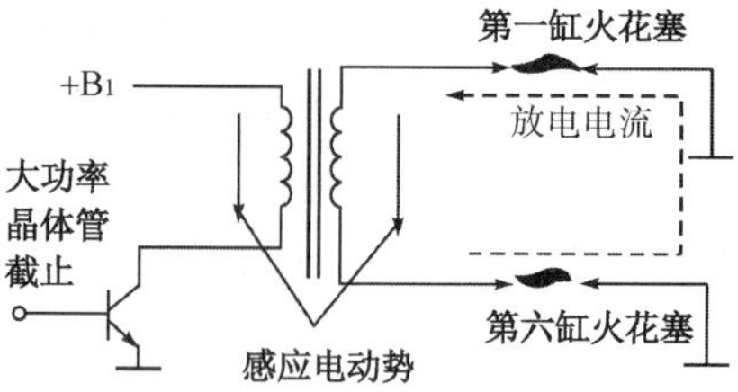

图 1-50　无分电气双缸同时点火系统

4．无分电气独立点火系统

无分电气独立点火系统的每个汽缸的火花塞配用一个点火线圈，单独地直接地对每个汽缸进行点火。这种点火方式非常适合在四气门（每缸两个进气门和两个排气门）发动机上使用。如图 1-49 所示，火花塞安装在两根凸轮轴的中间，每缸火花塞上直接压装一个点火线圈，很容易布置，如奔驰 119、120 发动机、沃尔沃 960 车型、宝来 AGU 发动机、帕萨特都采用这种点火方式。如图 1-51 所示为无分电路独立点火电控原理示意图。

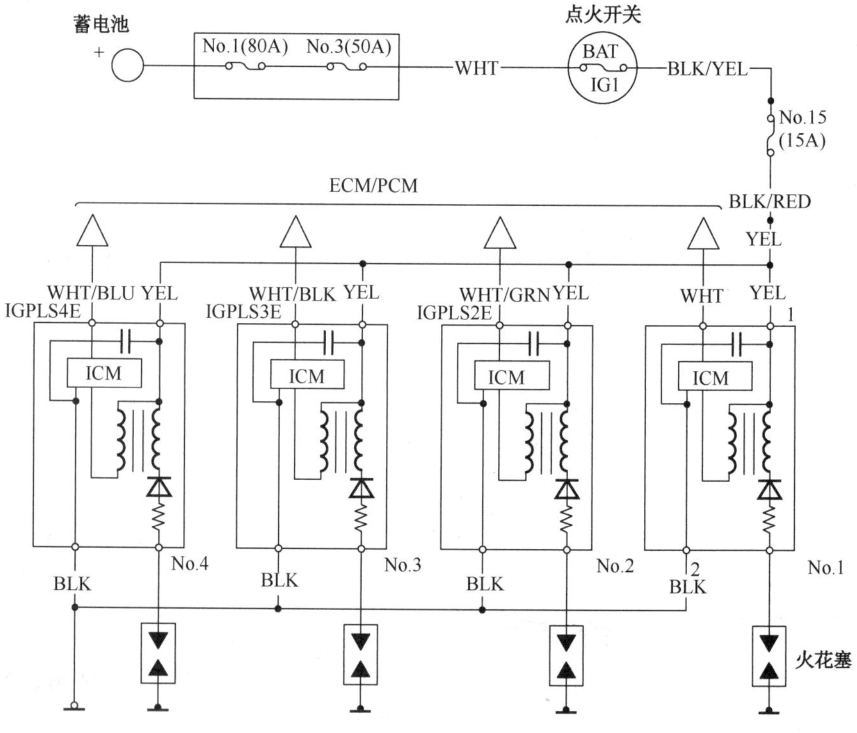

图 1-51　无分电气独立点火电控原理示意图

实训任务工作单

案例导入

在测量各执行器需要断开线插头时，首先要关闭点火开关，然后再断开插头进行测试。测量数据时，一定要注意万用表的挡位选择，避免选错挡位造成量具损坏和数据不准确的情况。

实训任务　执行器测量

油　泵		喷　油　器		点　火　线　圈		怠　速　阀	
电源电压		电源电压		电源电压		电源电压	
接地情况		接地情况		接地情况		接地情况	
油泵线圈电阻		喷油器线圈电阻		初级线圈电阻		线圈电阻	
—	—	—	—	次级线圈电阻		—	—

模块二

燃油喷射控制系统

课题　燃油喷射控制系统结构

学习目标

1. 掌握喷油正时控制的原理；
2. 掌握喷油量的控制原理。

知识结构

本课题的知识结构如表 2-1 所示。

表 2-1　燃油喷射控制系统知识结构表

燃油喷射控制	喷油正时控制	同时喷射、分组喷射和顺序喷射
	喷油量控制	喷油量控制即喷油持续时间的控制

案例导入

杨师傅的丰田佳美车，运行了大概 12 万千米，没有出现过故障，而最近开车的时候发现汽车在突然间熄火后再着车就很困难。进入 4S 店进行维修发现燃油系统的残油油压不能正常维持，换了燃油泵后故障消除。残余油压不能维持与燃油泵有什么关系呢？

燃油喷射的控制主要是指喷油正时控制和喷油量控制。发动机对喷油量的控制主要是根据空气流量计检测的进气量和转速确定基本量，再根据冷却液温度、进气温度、节气门开度、蓄电池电压等参数加以修正，最后计算出喷油时间，再根据曲轴位置传感器的信号确定的喷油时刻加以控制，从而获得该工况下的最佳空燃比。

一、喷油正时的控制与喷油方式

喷油正时控制，在间歇式电控燃油喷射系统中，当采用顺序喷射时，主电脑不仅要控制喷油量，还要根据发动机各缸的点火顺序，通过空气流量计、歧管绝对压力传感器或节气门位置传感器来检测发动机进气量，电子控制单元根据各种传感器的信号进行判断、计算、修正控制喷油器喷油的持续时间，使发动机获得该工况下运行所需的最佳可燃混合气浓度。将喷射时间（喷油时间：喷油器持续打开喷油所用时间）控制在一个最佳时刻。正是这一喷油时间决定了喷油量的多少，决定了可燃混合气的浓度。

不同的喷油方式将配以不同的喷油正时控制方式，在多点间歇喷射的发动机同步喷射中，分为同时喷射、分组喷射和顺序喷射三种类型，每种类型对喷油正时的要求各不相同。

1. 同时喷射

同时喷射即各组喷油时刻相同（见图 2-1）。

微机根据曲轴位置传感器的信号，控制三极管的导通与截止，因其电路中所有喷油器并联且共用一个驱动回路，从而控制各喷油器电磁线圈电路同时接通与切断，使各喷油器同时喷油。曲轴转一圈，各缸喷油一次，即每循环喷油两次。

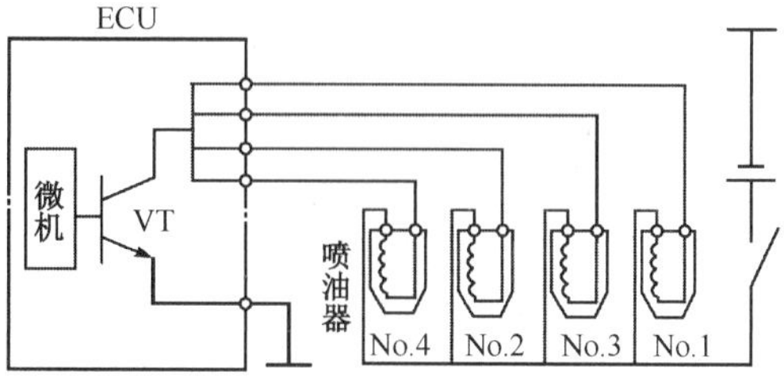

图 2-1　同时喷射

同时喷射的特点：控制电路、控制软件简单，成本低；但各缸喷油时刻据进气行程开始的时间间隔差别大，喷油时刻不能达到最佳，造成各缸混合气品质不均匀。

2. 分组喷射

分组喷射即多缸发动机分为 2—4 组进行喷射（见图 2-2）。同一组各缸同时喷射，不同组之间顺序喷射。曲轴转一圈，一组喷油器喷射一次；一个工作循环为两组喷油器各喷油一次。

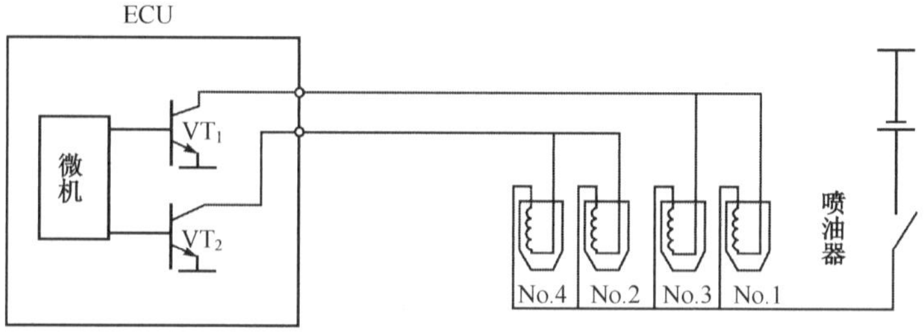

图 2-2　分组喷射

分组喷射的特点：其电路比同时喷射复杂，但各缸喷油时刻比同时喷射要精确，使得混合气品质好于同时喷射。

3. 顺序喷射

顺序喷射即按点火顺序要求，在一个工作循环内各缸喷油一次（见图 2-3）。微机接收曲轴位置传感器提供的转角和汽缸位置判定信号，在各缸排气行程上止点前 70°左右驱动相应的喷油器线圈，使喷油器开始喷油。

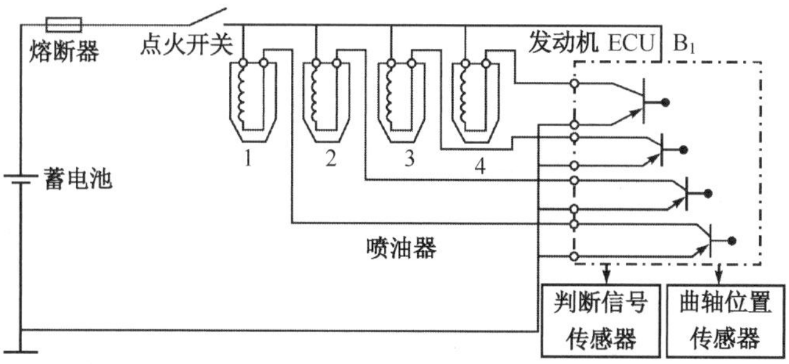

图 2-3　顺序喷射

二、喷油量控制

发动机在不同工况下运转，对混合气浓度的要求也不同。特别是在一些特殊工况下（如起动、急加速、急减速等），对混合气浓度有特殊的要求。电脑要根据有关传感器测得的运转工况，按不同的方式控制喷油量。喷油量的控制方式可分为起动喷油量控制、运转喷油量控制、断油量控制和反馈喷油量控制。

1．起动喷油量控制

起动时，发动机由起动电动机带动运转。由于转速很低，转速的波动很大，因此空气流量传感器所测得的进气量信号有很大的误差。基于这个原因，在发动机起动时，电脑不以空气流量传感器的信号作为喷油量的计算依据，而是按预先给定的起动程序来进行喷油控制。电脑根据起动开关及转速传感器的信号，判定发动机是否处于起动状态，以决定是否按起动程序控制喷油。当起动开关接通，且发动机转速低于 300 r/min 时，电脑判定发动机处于起动状态，从而按起动程序控制喷油。

在起动喷油控制程序中，电脑按发动机水温、进气温度、起动转速计算出一个固定的喷油量。这一喷油量能使发动机获得顺利起动所需的浓混合气。冷车起动时，发动机温度很低，喷入进气道的燃油不易蒸发。为了能产生足够的燃油蒸气，形成足够浓度的可燃混合气，保证发动机在低温下也能正常起动，就必须进一步增大喷油量。由电脑控制，通过增加各缸喷油器的喷油持续时间或喷油次数来增加喷油量。所增加的喷油量及加浓持续时间完全由电脑根据进气温度传感器和发动机水温传感器测得的温度高低来决定。发动机水温或进气温度愈低，喷油量就愈大，加浓的持续时间也就取长。这种冷起动控制方式不设冷起动喷油器和冷起动温度开关。

2．运转喷油量控制

在发动机运转中，电脑主要根据进气量和发动机转速来计算喷油量。此外，电脑还要参考节气门开度、发动机水温、进气温度、海拔高度及怠速工况、加速工况、全负荷工况等运转参数来修正喷油量，以提高控制精度。

由于电脑要考虑的运转参数很多，为了简化电脑的计算程序，通常将喷油量分成基本喷油量、修正量和增量三个部分，并分别计算出结果。然后再将这三个部分叠加在一起，作为总喷油量来控制喷油器喷油。

（1）基本喷油量：基本喷油量是根据发动机每个工作循环的进气量，按理论混合比（空燃比 14.7∶1）计算出的喷油量。

（2）修正量：修正量是根据进气温度、大气压力等实际运转情况，对基本喷油量进行适当修正，使发动机在不同运转条件下都能获得最佳浓度的混合气。修正量的内容包括进气温度修正、大气压力修正和蓄电池电压修正（电压变化时，自动对喷油脉冲宽度加以修正）。

（3）增量：增量是在一些特殊工况下（如暖机、加速等），为加浓混合气而增加的喷油量。加浓的目的是为了使发动机获得良好的使用性能（如动力性、加速性、平顺性等）。

① 起动后增量：发动机冷车起动后，由于低温下混合气形成不良及部分燃油在进气管上沉积，造成混合气变稀。为此，在起动后的短时间内，必须增加喷油量，以加浓混合气，保证发动机稳定运转而不熄火。起动后增量比的大小取决于起动时发动机的温度，并随发动机的运转时间增长而逐渐减小为零。

② 暖机增量：在冷车起动结束后的暖机运转过程中，发动机的温度一般不高。在这样较低的温度下，喷入进气歧管的燃油与空气的混合较差，不易立即汽化，容易使一部分较大的燃油液滴凝结在冷的进气管道及汽缸壁面上，结果造成汽缸内的混合气变稀。因此，在暖机过程中必须增加喷油量。暖机增量比的大小取决于水温传感器所测得的发动机温度，并随着发动机温度的升高而逐渐减小，直至温度升高至 80℃时，暖机加浓结束。

③ 加速增量：在加速工况时，电脑能自动按一定的增量比适当增加喷油量，使发动机能发出最大扭矩，改善加速性能。电脑是根据节气门位置传感器测得的节气门开启的速率鉴别出发动机是否处于加速工况的。

④ 大负荷增量：部分负荷工况是汽车发动机的主要运行工况。在这种工况下的喷油量应能保证供给发动机的混合气具有最经济的成分，通常应稀于理论混合比。在大负荷及满负荷工况下，要求发动机能发出最大功率，因而喷油量应比部分负荷工况大，以提供稍浓于理论混合比的功率混合气。大负荷信号由节气门开关内的全负荷开关提供，或由电脑根据节气门位置传感器测得的节气门开度来决定。当节气门开度大于 70°时，电脑按功率混合比计算喷油量。

3. 断油量控制

断油量控制是电脑在一些特殊工况下，暂时中断燃油喷射，以满足发动机运转中的特殊要求。它包括以下几种断油控制方式。

（1）超速断油控制。超速断油是在发动机转速超过允许的最高转速时，由电脑自动中断喷油，以防止发动机超速运转，造成机件损坏，也有利于减小燃油消耗量，减少有害排放物。超速断油控制过程是由电脑将转速传感器测得的发动机实际转速与控制程序中设定的发动机最高极限转速［一般为（6000～7000）r/min］相比较。当实际转速超过此极限转速时，电脑就切断送给喷油器的喷油脉冲，使喷油器停止喷油，从而限制发动机转速进一步升高；当断油后发动机转速下降至低于极限转速约 100 r/min 时，断油控制结束，恢复喷油。

（2）减速断油控制。汽车在高速行驶中突然松开节气门踏板减速时，发动机仍在汽车惯性的带动下高速旋转。由于节气门已关闭，进入汽缸的混合气数量很少，在高速运转下燃烧不完全，使废气中的有害排放物增多。减速断油控制就是当发动机在高转速运转中突然减速时，由电脑自动中断燃油喷射，直至发动机转速下降到设定的低转速时再恢复喷油。其目的是为了控制急减速时有害物的排放，减少燃油消耗量，促使发动机转速尽快下降，有利于汽车减速。

减速断油控制过程是由电脑根据节气门位置、发动机转速、水温等运转参数，作出综合判断，并在满足一定条件时，执行减速断油控制的。这些条件如下。

① 节气门位置传感器中的怠速开关接通；

② 发动机转速高于某一数值，该转速称为减速断油转速，其数值由电脑根据发动机水温、负荷等参数确定。通常水温愈低，发动机负荷愈大（如使用空调时），该转速愈高。当上述三个条件都满足时，电脑就执行减速断油控制，切断喷油脉冲。上述条件只要有一个不满足（如发动机转速已下降至低于减速断油转速），电脑就立即停止执行减速断油，恢复喷油。

（3）溢油消除。起动时汽油喷射系统向发动机提供很浓的混合气。若多次转动起动电动机后发动机仍末起动，淤积在汽缸内的浓混合气可能会浸湿火花塞，使之不能跳火。这种情况称为溢油或淹缸。此时驾驶员可将节气门踏板踩到底，并转动点火开关，起动发动机。电脑在这种情况下会自动中断燃油喷射，以排除汽缸中多余的燃油，使火花塞干燥。电脑只有在点火开关、发动机转速及节气门位置同时满足以下条件时，才能进入溢油消除状态。

① 点火开关处于起动位置；

② 发动机转速低于 500 r/min；

③ 节气门全开。

因此，电子控制汽油喷射式发动机在起动时，不必踩下节气门踏板，否则有可能因进入溢油消除状态而使发动机无法起动。

（4）减扭矩断油控制。装有电子控制自动变速器的汽车在行驶中自动升挡时，控制变速器的电脑会向汽油喷射系统的电脑发出减扭矩信号。汽油喷射系统的电脑在收到这一减扭矩信号时，会暂时中断个别汽缸（如 2、3 缸）的喷油，以降低发动机转速，从而减轻换挡冲击。

4．反馈控制

汽油喷射系统进行反馈控制的传感器是氧传感器，使用氧传感器的发动机必须使用无铅汽油。反馈控制（闭环控制）是在排气管上加装氧传感器，根据排气中氧含量的变化，测定出进入发动机燃烧室混合气的空燃比值，把它输入计算机与设定的目标空燃比值进行比较，将误差信号经放大器控制电磁喷油器喷油量，使空燃比保持在设定目标值附近。因此，闭环控制可达到较高的空燃比控制精度，并可消除因产品差异和磨损等引起的性能变化，工作稳定性好，抗干扰能力强。但是，为了使三元催化装置对排气净化处理达到最佳效果，闭环控制的汽油喷射系统只能运行在理论空燃比 14∶7 附近很窄的范围内。因此对特殊的运行工况，如起动、暖机、怠速、加速、满负荷等需加浓混合气的工况，仍需采用开环控制，使电磁喷油器按预先设定的加浓混合气配比工作，充分发挥发动机的动力性能，所以电控燃油喷射系统采用开环控制和闭环控制相结合的控制方式。

三、汽油压力检测

汽油压力检测的工作流程与规范如下

（1）卸压：先拔下燃油泵熔断器、继电气或油泵插头，再起动发动机，直至发动机自行熄火后，再次起动发动机 2～3 次，然后拆下蓄电池负极。

（2）安装燃油压力表：将燃油压力表串接在进油管中，带测压口的车辆将燃油压力表连接到测压口上，在拆卸油管时要用一块毛巾或棉布垫在油管接口下，防止燃油泄露在地上。

（3）检测油压（见表 2-2）：静态油压、怠速油压、最大油压和剩余油压。

表 2-2　油压检测表

检测油压	检 测 方 法
静态油压	不起动发动机，用跨接线连接油泵诊断接头上的两个端子（丰田车系的“+B”与“FB”端子），并将点火开关转至“ON”位置，令油泵工作，静态油压一般在 300 kPa 左右
怠速油压	先拔下燃油泵熔断器或继电气，起动发动机，使燃油泵在怠速下运转，此时油压表读数为怠速工作油压，丰田车系正常值应为 200～300kPa
最大油压	用包有软布的钳子夹住回油管，此时油压表读数为油泵最大供油压力，一般为正常工作油压的 2～3 倍
剩余油压	松开油管夹钳，发动机熄火，燃油泵停止运转 10 min 后，油管保持压力应大于 150 kPa。如果此油压在保持 5min 后开始下降，可能是喷油器关闭不严或燃油泵出油单向阀损坏

注意单位换算：1MPa=1000 kPa；1bar=1kg · cm^2=14.2psi=100 kPa

（4）油压分析：油压表读数不外乎油压为零、油压正常、油压过高和油压过低四种情况。

若油压为零，先检查油箱存油量，及油道是否严重外泄，燃油滤清器是否完全堵塞。排除可能性后，油压依然为零，则需检查燃油系统的控制电路，如熔断器是否烧断、继电气是否不工作、油泵电路线束有否开路、油泵是否损坏等。

若油压过高，主要检查压力调节器顶部的真空管是否松脱或破裂漏气，或油压调节器回油管是否堵塞等。

当燃油压力过低，或油泵停止工作 2～5min 内油压迅速下降，在排除油路向外泄漏的前提下，则喷油器之中有泄漏现象、燃油压力调节器故障、燃油滤清器堵塞、油泵故障。

（5）拆卸燃油压力表：先卸压，再拆去燃油压力表，将进油管重新连接好，起动发动机，检查油管是否渗漏如压力不在规定之内，按如表 2-3 所示的检查可能原因，并作必要的修理。

表 2-3　燃油压力故障分析表

现　　象	可 能 原 因	措　　施
燃油压力过低	燃油滤清器堵塞； 燃油压力调节器不良	更换燃油滤清器 更换燃油压力调节器
	燃油泵油压过低	更换燃油泵
燃油压力过高	燃油压力调节器不良； 回油管堵塞弯曲	更换燃油压力调节器； 更换油管
真空变化时燃油压力没有变化	真空管或接头损坏； 燃油压力调节器阀门粘住	更换 更换燃油压力调节器

实训任务工作单

进行燃油压力测试的注意事项：（1）注意通风，防止火源，准备好消防设施；（2）在拆卸燃油管之前一定要先卸压；（3）油管不得有老化渗漏现象；（4）密封件、卡扣为一次性零件，维修时应更换；（5）在起动发动机时注意安全。

友情提示

实训任务　燃油压力测试

一、工作准备

（1）器材：电控系统汽油发动机实训台架 4 台；

（2）耗材：汽油、碎布；

（3）资料：标准油压数值；

（4）工量具：燃油压力表、一字螺丝刀。

二、工作流程与规范

按照前述的汽油压力检测的所讲工作流程进行操作。

三、实验结果分析

测量油压	标准数值（根据所用车型填写）	测量油压数值	是否正常	原因分析
静态油压				
怠速油压				
最大油压				
剩余油压				

模块三

电子点火控制系统

课题一　电子点火控制系统的结构与原理

1. 掌握电子点火控制系统的组成及作用；
2. 掌握电子点火控制系统的工作原理及过程；
3. 理解点火提前角的确定过程；
4. 理解点火高压的分配方式及其特征。

知识结构

本课题的知识结构如表 3-1 所示。

表 3-1　电子点火控制系统知识结构

电子点火控制系统	优　点	（1）在各种工况及环境条件下，均可自动获得最佳的点火提前角，从而使发动机的动力性、经济性、排放性及工作稳定性等方面均处于最佳； （2）在整个工作过程中，均可对点火线圈初级电路的通电时间和电流进行控制，从而使点火线圈中存储的点火能量保持恒定，不仅提高了点火的可靠性，而且可有效地减少电能消耗，防止点火线圈烧损； （3）采用爆燃控制功能后，可使点火提前角控制在爆燃的临界状态，以此获得最佳的燃烧过程，有利于发动机各种性能的提高
	控制内容	点火提前控制、闭合角（点火线圈通电时间）控制、爆震控制
	类　型	有分电气式、无分电气式

案例导入

小张最近总是觉得自己的车有些不正常，特别是在急加速的时候总是震几下才能将速度提上去，感觉很是不舒服。他决定去修理厂修理一下这个问题，修理厂的师傅实际试车后发现车辆确实如小张描述的现象一样，他告诉小张车的故障是急加速闯车。维修技师接着检测喷油压力、喷嘴、线束，均未见异常。根据经验判断，故障可能发生在点火系统。检查火花塞正常，检查高压线电阻，有两根阻值偏高，判断为高压线故障。更换阻值偏高的两根高压线，路试加速良好。小张没想到感觉很麻烦的故障更换了两根高压线就解决了，看来点火系统对于汽车性能的影响还真不小，那汽车的电控点火系统结构与原理到底是什么呢？

一、电子点火控制系统的基本组成及其作用

电子点火控制系统部件在车上的实际位置如图 3-1 所示，虽然各大车系不同车型电子点火系部件有所不同，但基本是由传感器、控制器、执行器三大部分组成，具体组成及作用如表 3-2 所示。

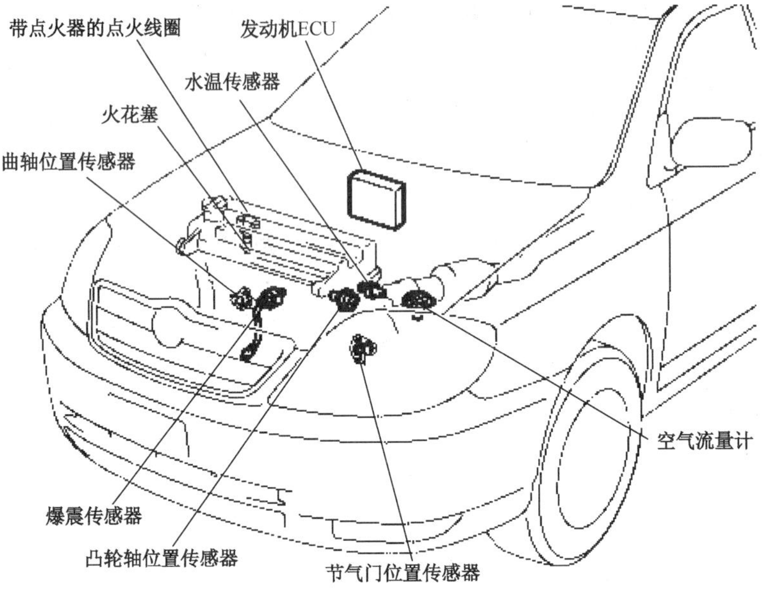

图 3-1　电子点火控制系统部件在车上的实际位置

表 3-2　电子点火控制系统组成

传　感　器	控　制　器	执　行　器
组成：凸轮轴位置传感器、曲轴位置传感器、进气管绝对压力传感器（或空气流量计、爆燃传感器）、节气门位置传感器和冷却液温度传感器等	组成：ECU	组成：点火器、点火线圈、分电气、火花塞
作用：主要用于检测发动机各种运行参数的变化，为 ECU 提供点火控制所需的信号	作用：不断地接收各传感器的信息，按内存的程序计算出最佳点火提前角，并向点火器发出指令	作用：执行 ECU 指令驱动点火线圈产生高压电点燃混合气

二、电子点火控制系统的控制内容

（一）点火提前控制

1. 点火提前角的影响因素及对应的调整装置（见表 3-3）

表 3-3　点火提前角的影响因素及对应的调整装置

影响点火提前角因素	传统点火系	电子点火系	备　注
转速	采用离心式调节器	采用转速传感器信号	
负荷	真空提前调节器	采用负荷传感器信号	
燃油品质	辛烷值提前器	ECU 内存储	有的 ECU 存有两张点火正时图，实际使用可根据燃料选择
其他因素：如空燃比、大气压力、冷却水温度等	无法调整	根据相应传感器进行调整	

2．最佳点火提前角的确定

在电子控制的点火提前（Electronic-Spark Advance，ESA）中（ESA 也称为可编程点火和数字点火），对于各种发动机运行工况，基本点火定时作为一个三维图储存在点火 ECU 微处理器的内存中，然后考虑特殊的驾驶环境进行某些修正。这对点火定时控制的精度有很大改善。

ESA 控制器的基本输入参数是发动机转速和一个与发动机负荷有关的信号（进气歧管压力、进气流量或喷油的质量），根据这些信息从三维图中得到精确的基本点火提前角。三维图中的数据是从发动机台架试验中获得的，一般由 16 个数值的转速和 16 个数值的负荷的典型工况得到 16×16 个点火提前角数值。与喷油控制相同，对于节点中间的工况可用双插值的处理方法，以改善系统的性能。有的发动机根据燃油辛烷值、EGR 率不同，在存储器中存放多张基本点火提前角的数据表格，通过燃油选择开关或插头进行选择。

电控点火系统的点火提前角控制，因制造厂家开发的控制程序和数字模型各不相同，其控制方式也各具特点，如表 3-4 所示为点火提前角控制的一般方式和考虑的主要因素。

表 3-4　点火提前角控制的一般方式和考虑的主要因素

工　况	点火提前角构成	主 控 信 号		备　注
起动时	初始点火提前角	转速、起动开关、冷却水温等		点火提前角为 ECU 内预存储值（一般为固定值，也有发动机随水温或转速而变化）
起动后	初始点火提前角			
	基本点火提前角	怠速工况	转速、空调开关、转向助力开关等	
		非怠速工况	转速、空气流量（进气歧管压力）	
	修正点火提前角	转速、水温、空燃比、爆震等		包括以下修正：暖机修正、怠速稳定修正、空燃比反馈修正、过热修正、爆震修正、最大提前角/推迟角控制等

友情提示

在日产 ECCS 系统中：
实际点火提前角＝基本点火提前角×点火提前角修正系数

3．点火提前角的控制过程

实现点火时刻的正时，首先要在发动机运转中确定活塞到达上止点的时刻和曲轴转动中的角度变化。另外，对无分电气点火系统，还要为汽缸的点火排定顺序。因此，为了达到上述三个目的，就需要以下三种传感器（见表 3-5）。

表 3-5　点火提前角控制所需传感器

名　称	作　用	备　注
上止点位置（TDC）传感器	确定上止点	信号产生一般是在上止点之前的某一度数(某些车型为 70°)，作为点火基准信号
曲轴转角（CKP）传感器	确定曲轴运转角度	信号被 ECU 整形转变为 1° 或 0.5° 信号，作为具体计数信号
凸轮轴（CMP）传感器	确定点火顺序	用于无分电气点火系统当中

上述三种传感器可以分别安装在汽缸盖、曲轴皮带盘、飞轮和凸轮轴附近，或者安装在分电气内，还可以将上述三类传感器集合成一体，安装在曲轴皮带盘或飞轮、凸轮轴、分电气的某一位置上。虽然这三种传感器在各种不同的汽车上大小不同，形态各异，但它们可以归纳为如下三种形式，即磁电式、霍尔效应式和光电式。

下面以分电气式电控点火系统实例具体说明点火提前角的控制过程（见表3-6）：分电气式电控点火系统的控制方法虽然判断上止点的曲轴位置参照基准信号的设定和曲轴转角的分度方法会因车型而异，但是点火正时和初级线圈通电时间的控制原理和基本方法是相同的。例如，某六缸发动机在某种工况时，发动机转速为2000 r/min，ECU计算出的最佳点火提前角为上止点前30°曲轴转角，初级线圈所需通电时间为5 ms，相当于曲轴转角为60°。

$$\frac{360^\circ \times 2000}{60} \times \frac{5}{1000} = 60^\circ$$

表3-6 点火提前角的控制过程

控制过程	传感器	ECU	点火线圈
1	上止点位置（TDC）传感器产生识别上止点的参照信号（设定在压缩上止点前70°）	ECU是在接收到该信号后，产生4°点火控制基准信号（上止点前66°）	初级线圈保持充电
	曲轴转角（CKP）传感器产生曲轴转角信号	将曲轴转角信号度为1°信号	
2	曲轴转角（CKP）传感器产生曲轴转角信号	ECU 从点火控制基准信号计数到第36个1°，(压缩上止点前30°）控制功率三极管截止	初级线圈电路被切断感应高压电实现点火
3	曲轴转角（CKP）传感器产生曲轴转角信号	ECU 从功率三极管截止（点火）时开始计数至第61个1°，使功率三极管又开始导通	从第36个1°到第60个1°之间；初级线圈电路保持切断
			从第61个1°开始；初级线圈开始充电，准备下一个汽缸的点火

（二）闭合角控制（通电时间控制）

在传统点火系中，闭合角是指初级电路接通的时间。因为当点火线圈的初级电路接通后，初级电流按指数曲线规律增长。只有当通电时间到达一定值时，初级电流才可能达到饱和，点火线圈的次级电压和初级电路断开时的初级电流成正比，次级才会产生足够的能量点燃可燃混合气。在计算机控制的点火系统中沿用了传统点火系统的概念，为了保证点火的可靠性，故采用初级线圈电阻很小的高能点火线圈，其饱和电流可达30A以上。但通电时间过长，会使点火线圈发热，甚至烧坏，还会使能耗增大。因此要控制一个最佳通电时间，既能得到较大的初级电流，获得较高的点火能量和次级电压，同时又不会损坏点火线圈。通常规定在任何转速下电路断开时初级电流都能达到某一值（例如7A）。要做到这一点可采用两种办法：一种是在点火控制电路中增加恒流控制电路；另一种是精确地控制通电时间，增加信号触发盘的齿数，提高转速信号分辨率。

蓄电池的电压变化，会影响初级电流的大小。蓄电池电压下降时，达到同样的初级电流所需的时间长。因此必须对通电时间进行修正。

ECU 对于点火线圈通电时间的控制模型如图 3-2 所示。

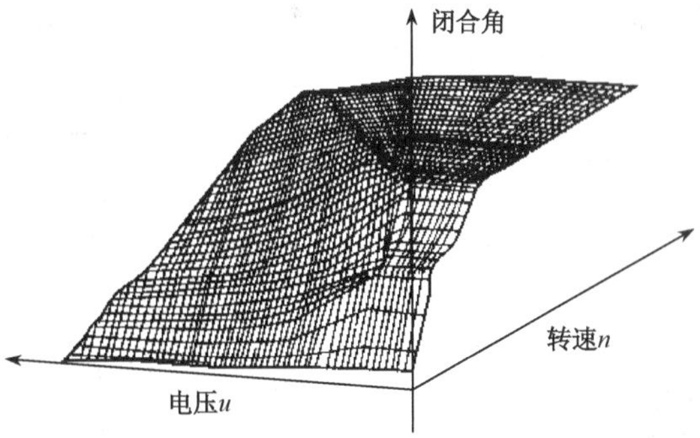

图 3-2　ECU 对于点火线圈通电时间的控制模型

（三）爆震控制

1．爆震控制概述

电火花将混合气点燃后，以火焰传播方式使混合气燃烧。如果在传播过程中，火焰还未到达时，局部地区混合气就自行着火燃烧，使气流运动速度加快，缸内压力、温度迅速增加，造成瞬时爆燃，这种现象称为爆震。爆震产生的压力会使气体强烈震荡，产生噪声；也会使火花塞、燃烧室、活塞等机件过热，严重情况下会使发动机损坏。因此就要对爆震进行控制，具体内容如表 3-7 所示。

表 3-7　爆震控制概述

项　目	内　容
目的	把点火时刻控制在接近爆震极限的位置，以便更有效地得到发动机的输出功率
方法	控制点火提前角（发动机结构参数已定的条件下最有效最简单的措施之一）
控制方式	开环控制　闭环控制

2．爆震控制系统组成及控制过程

爆震控制系统的组成如图 3-3 所示。

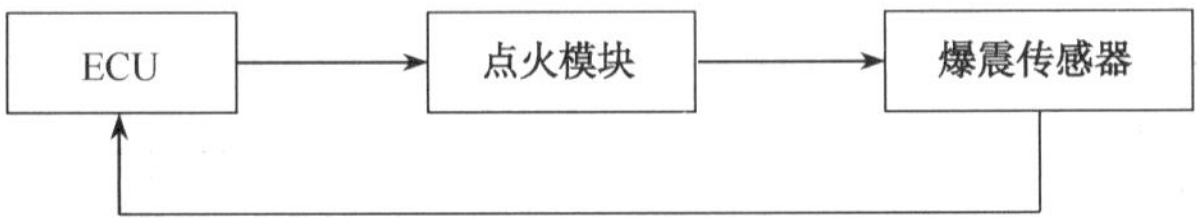

图 3-3　爆震控制系统的组成

爆震传感器将检测到的电压信号传送给 ECU，由 ECU 中爆震信号处理器判断是否有爆震存在，并根据信号的强弱和频度决定爆震的等级，算出要推迟的点火提前角数值，将此点火时刻经点火模块放大后，通过点火线圈和火花塞，控制发动机内混合气的点燃。然后爆震传感器检测下一工作循环的爆震信号，若爆震仍存在，继续推迟提前角。当爆震消失后，为了使发动机性能得到恢复，应不断增加点火提前角，直至爆震再次出现。如此不断地循环进行，控制过程如图 3-4 所示。

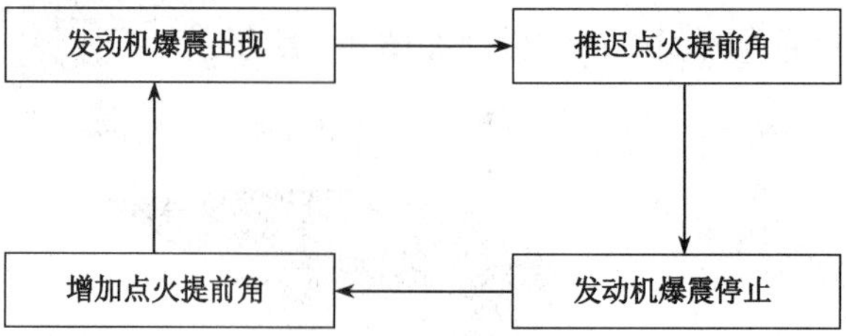

图 3-4 爆震控制系统控制过程

3. 爆震控制策略

爆震控制策略如表 3-8 所示。

表 3-8 爆震控制策略

项　目	控 制 策 略
控制方式	负荷低于一定值，采用开环控制通常不易发生爆震； 大负荷区域，采用闭环控制对爆震进行控制
爆震传感器信号采集	爆震通常出现在做功行程上止点至上止点后 70°～90°范围内，为防止误判爆震，在爆震控制系统中设立爆震窗口，只有对在窗口范围内爆震传感器检测的信号才进行爆震控制
点火提前角调整	推迟：爆震程度小，点火提前角推迟角度小；爆震程度大，点火提前角推迟角度大，并且先快（5°CA）后慢（1°CA），直到爆震停止； 增加：爆震消失后点火提前角逐步加大，增加的速率也分为快慢两种； 为保护发动机，点火提前角的推迟速率要大于增加的速率
爆震的分缸控制	采用分缸控制，只对爆震的汽缸进行爆震控制
最佳点火提前角与爆震限制的点火提前角的关系	当最佳点火提前角小于爆震控制限制的点火提前角时，将最佳点火提前角作为控制的基本点火提前角； 有的发动机在一些工况下的最佳点火提前角大于爆震控制限制的点火提前角，此时爆震控制限制的点火提前角作为控制的基本点火提前角

三、电子点火控制系统类型及点火高压的分配方式

电子点火控制系统类型及点火高压的分配形式有分电气式和无分电气式两种，具体分配方式及特征如表 3-9 所示。

表 3-9 点火高压分配方式

类　型	点火高压分配方式	外 部 特 征	点火线圈数量
有分电气式	分电气分配	有分电气，各缸共有一个点火线圈	一个
无分电气式	双缸同时点火	两缸共用一个点火线圈	汽缸数的一半
	独立点火	每缸一个点火线圈	点火线圈的数量与汽缸数相同
	二极管配电	四个汽缸共用一个点火线圈，点火线圈内部为双初级绕组、双输出次级绕组。发动机的汽缸数必须是数字 4 的整倍数才可应用	一个（四缸）

现在汽车点火高压的分配形式主要采用双缸点火（也称双头点火）和独立点火两种，下面将对它们进行详尽的介绍。

1. 双缸同时点火

双缸同时点火系统次级电路中，每一个点火线圈都对应着两个火花塞。由于是一个点火线圈对两个火花塞点火，因而这两个火花塞的点火极性是相反的。如图 3-5 所示中处于同样位置的两个汽缸的火花塞（1 和 4 或者 2 和 3），分别被同一个点火线圈的两个输出端点火，由图可见，1 缸和 3 缸是负极点火，而 2 缸和 4 缸则是正极点火。虽然每个汽缸的火花塞的点火分别发生在压缩行程和排气行程，但某一确定汽缸的火花塞的点火极性却是不变的。也就是说，2 缸和 4 缸永远都是正极点火，而 1 缸和 3 缸则总是负极点火。

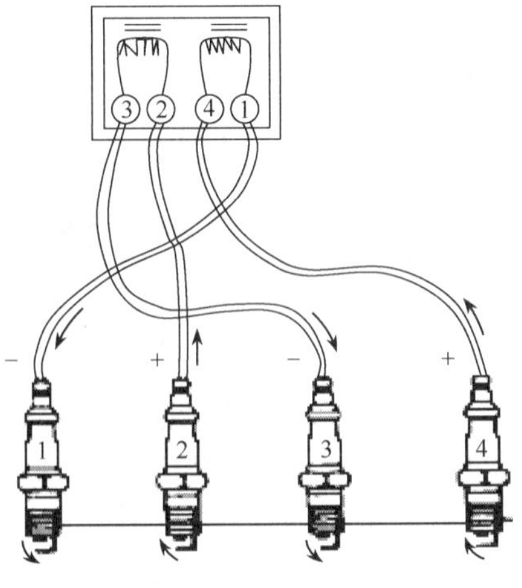

图 3-5　双缸同时点火系

点火模块提供的初级电流流过点火线圈，这个电流在点火次级线圈中建立磁场。当初级点火线圈断电时磁场消失，产生对两个火花塞同时点火的次级点火电压。在点火次级线圈对两个火花塞跳火时，由于两个火花塞的跳火极性相反（见图 3-6），因而在点火次级线圈的一侧（包括高压线、火花塞以及火花塞空气间隙）会产生过量电子，而另一侧电子相应缺乏。因为这两个火花塞同时装在一个汽缸盖上，这就造成汽缸盖变成了一个正负电子的聚集器。

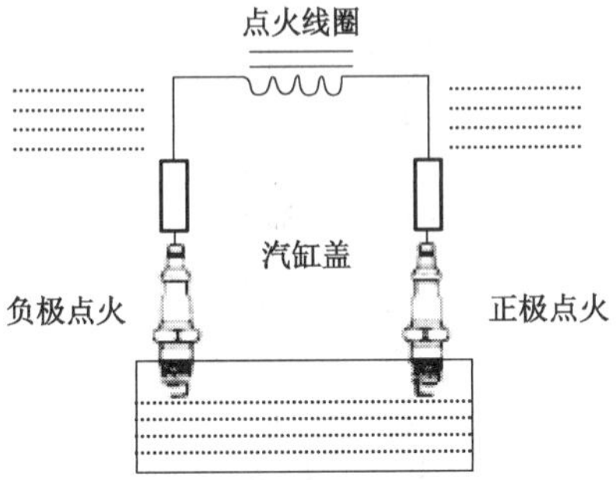

图 3-6　双缸同时点火时火花塞的极性

汽缸盖的聚集器作用使得火花塞即使与发动机体分离后也能点火，甚至在次级点火电路一侧完全开路的情况下，另一侧仍然可以继续点火。之所以能这样，是因为次级电路在直流高电压下可以形成回路，此时点火火花的建立是因为在平衡地电极和正负充电中心电极之间存有大量异性电荷的缘故。在汽缸盖中充满大量的等量正负电荷形成了电量平衡或中性。次级点火线圈的一侧相对于汽缸盖和火花塞接地极来说是正极，而次级点火线圈的另一极相对于汽缸盖和火花塞接地极来讲是负极。因此，当高电压在点火线圈中建立时，在各个火花塞电极之间聚集的不同电荷开始增加，直到火花塞空气间隙被击穿。当高电压克服次级电路的电阻时，次级电路电容中充入的电场能就同时从火花塞间隙的一边向另一边释放出来。由于汽缸压力不同，在处于排气行程的汽缸中进行的无效点火只需很少的能量（低压），而剩下的能量则消耗在处于压缩行程汽缸的有效点火中（高压）。

点火电流的方向依据次级点火线圈的极性而定，从火花塞间隙的一侧指向另一侧。其中一个火花塞跳火是从接地极向中心极（正极跳火），而另一个则是从中心极向接地极（负极跳火）。

2. 独立点火

（1）独立点火主要组成部件及功用如表 3-10 所示；点火器结构如图 3-7 所示。

表 3-10　独立点火主要组成部件及功用

序　号	部　件	功　用
1	ECU	接收多个传感器发送来的信号
		计算出最佳点火正时
		按点火顺序（1—3—4—2）往整体式点火线圈体发送 IGT（点火正时）信号
2	点火器（结构如图 3-7）	切断流往点火线圈的初级电流；当初级电流超过预定值时，IGF（点火反馈）信号被反馈回发动机 ECU
3	点火线圈	产生高电压电流流往火塞，完成点火

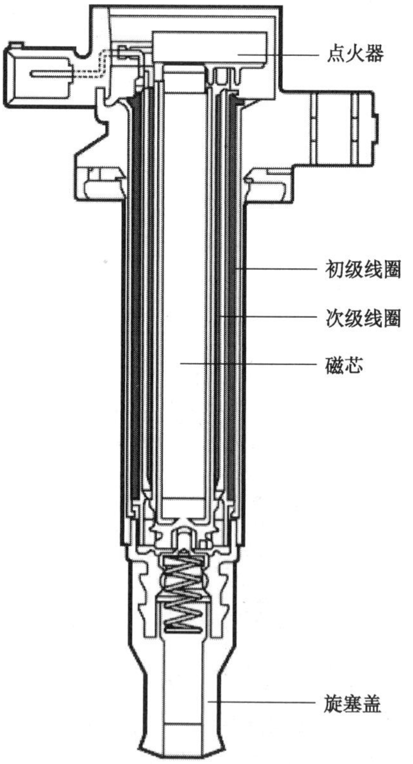

图 3-7　独立点火的点火器结构

（2）优点。过去，高压电流通过高压电线送往汽缸内；现在，高压电流则通过使用带有点火器的点火线圈，且点火线圈是直接连接在每个汽缸的火花塞上的。因点火线圈和火花塞直接连接，使高压电流通过的距离缩短，从而电压损失和电磁干扰也减少。这样点火系统的可靠性也得到提高。

实训任务工作单

实训任务　电子点火控制系统电路识图分析

一、图 3-8 为别克君威发动机 2.0L（L34）电子点火系统

请分析该点火系统的类型。

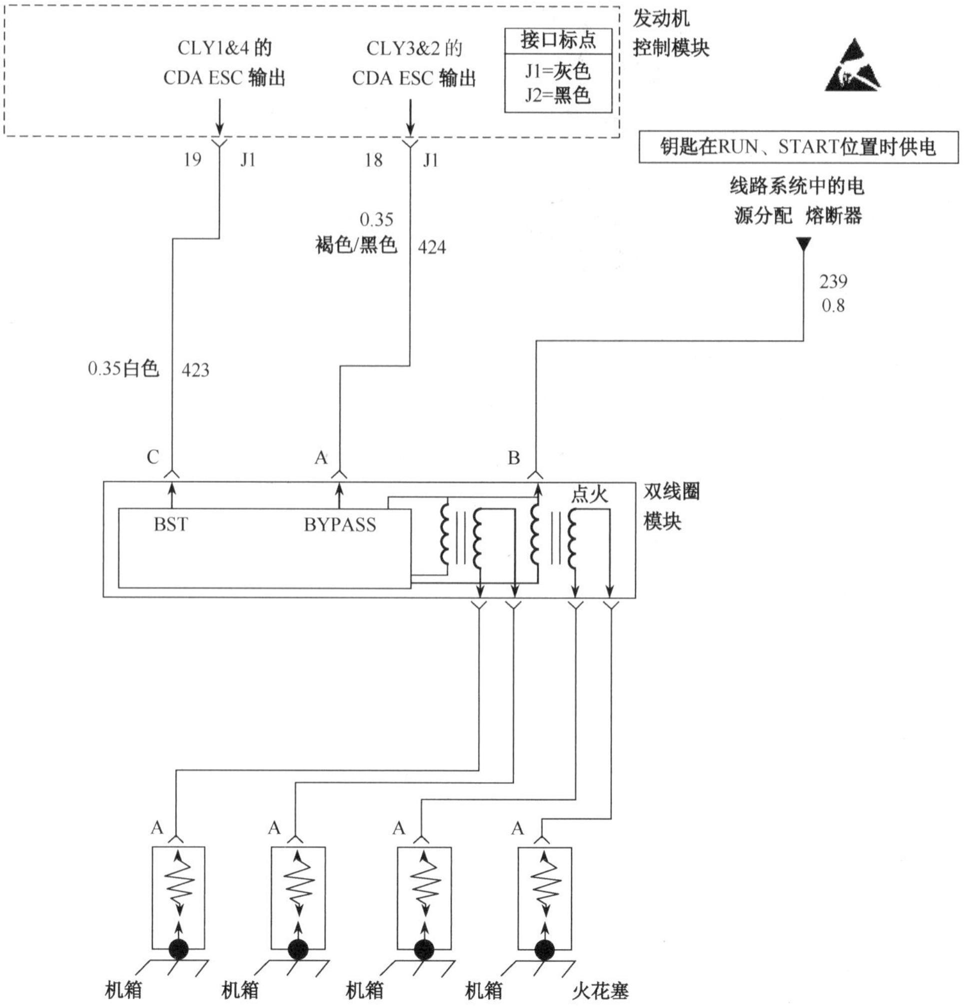

图 3-8　别克君威发动机 2.0L（L34）电子点火系统

二、图 3-9 是丰田 1ZR-FE 发动机 SFI 系统的零部件位置及电路示意，请按要求完成任务

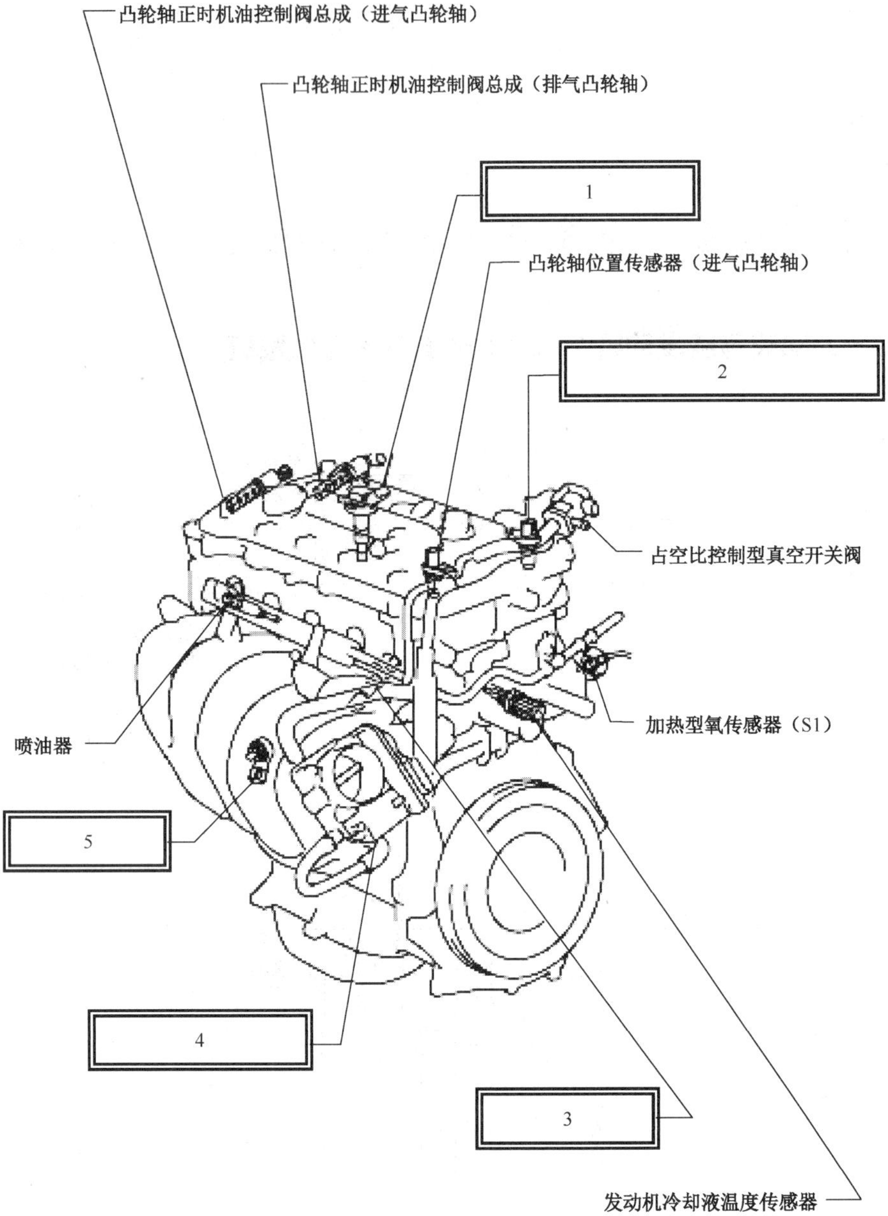

（a）零部件

图 3-9　丰田 1ZR-FE 发动机 SFI 系统

1．请补充空白处的零部件名称。

2．点火系统分析（见表 3-11）。

表 3-11　点火系统分析

点火系统类型		
汽缸数		
部件	插脚名称	作用
ECM	82、83、84、85	
	81	
	104	
B26（1 号点火线圈）	IGT1	
	IGF	
	+B	
	GND	

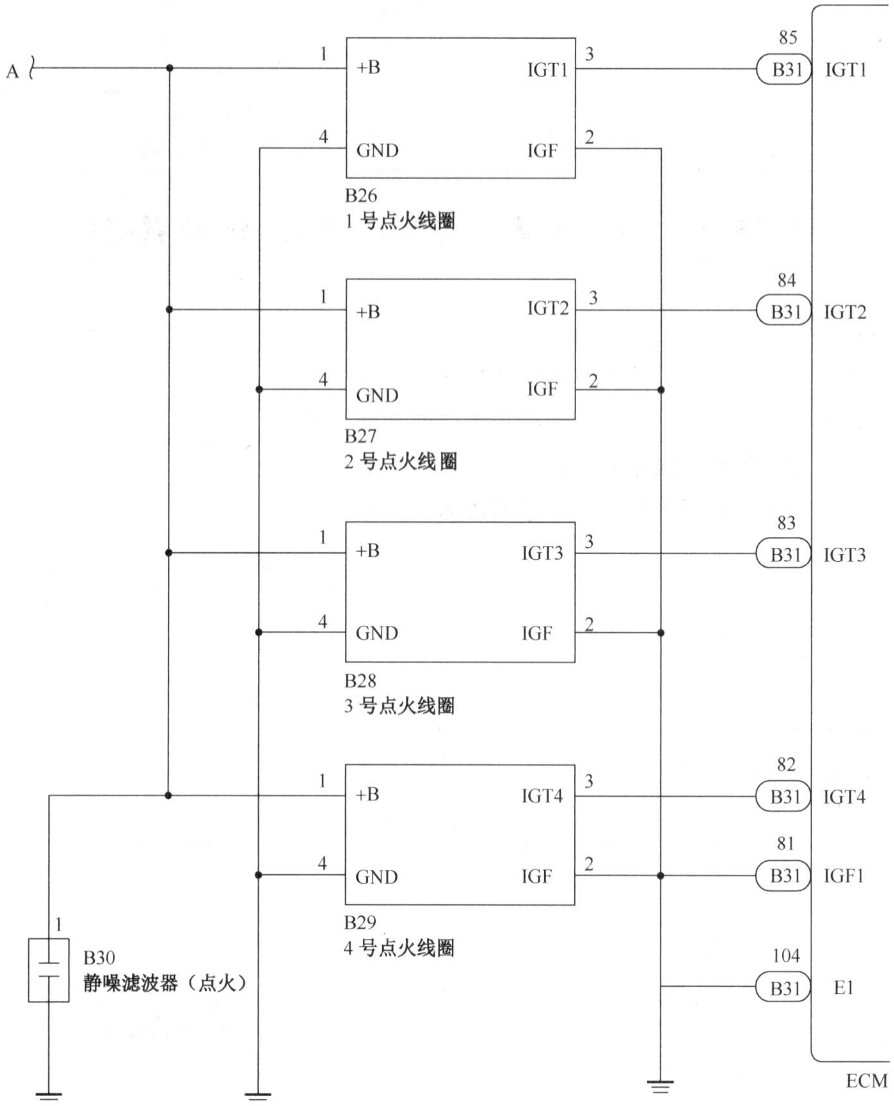

（b）电路示意

图 3-9　丰田 1ZR-FE 发动机 SFI 系统（续）

实训任务答案：

一、双缸同时点火系统

二、1—带点火器的点火线圈；2—凸轮轴位置传感器（排气凸轮轴）；3—曲轴位置传感器；4—节气门体；5—爆震传感器

表 3-11　点火系统分析

点火系统类型	直接点火系统	
汽缸数	4	
部件	插脚名称	作用
ECM	82、83、84、85	发出点火正时信号
	81	接收点火反馈信号
	104	搭铁
B26（1 号点火线圈）	IGT1	接收点火正时信号
	IGF	输出点火反馈信号
	+B	为点火线圈提供电源
	GND	为点火线圈提供搭铁

课题二　电子点火控制系统故障诊断

学习目标

1. 掌握电子点火控制系统故障的整体思路；
2. 掌握电子点火控制系统元件的检查方法及判断标准；
3. 理解点火波形的一般分析方法；
4. 理解电子点火控制系统控制信号的读取及判断方法。

知识结构

本课题的知识结构如表 3-12 所示。

表 3-12　电子点火控制系统故障诊断知识结构

电子点火控制系统故障诊断	系统整体性能检查	（1）直观试火检查 （2）示波器检查
	部件检查	点火线圈、点火控制组件、电控单元及其线路检查

案例导入

小张朋友的捷达车近来起动后怠速就抖动更别提加速了，根据上次修车的经验小张认定是点火系出了问题，于是与朋友一同去修车。朋友为了省钱就去了一家小的维修店，经过初步确认是 2、3 缸不工作，更换过发动机电脑、火花塞、高压线、发动机线束等均未好转。当更换点火线圈后，发动机反而不能起动，所以换回旧的点火线圈。

小张二人只得将车开到了一家正规的维修站，维修技师进行了详尽的问诊后，检查了起动发动机 2、3 缸无高压火花。测量点火放大器接地线与蓄电池负极之间的电压，打开点火开关时测量为 0 V，起动发动机后测量为 5 V。维修技师将点火放大器电源负极临时接上一根接

地线，换上新的点火线圈，发动机起动正常。由于此条接地线是在仪表线束中接地，又更换仪表线束，故障得到彻底排除。通过此次维修，小张感受到同一个故障由于维修技师认真的检测而不是盲目的换件，维修的结果却是如此的不同，看来电子点火控制系统的维修既要有正确的程序，也须掌握各部件的检测方法。

一、电子点火控制系统故障诊断的整体思路

电控发动机的点火系统都是采用电子点火提前角自动控制系统，其故障形式主要是无高压火花或火花弱。点火提前角是由电脑自动控制，使用中一般不会发生变化，极少出现故障。与传统的触点式点火系统相比，这种点火系统在结构和工作原理上都有很大的不同，因此电控发动机点火系统故障的诊断与排除方法也有其特殊性。

1. 故障现象

发动机不能起动或起动困难，起动后运转不稳，有断火现象，排气管放炮，汽车行驶无力。

检查高压火花为粉红色或暗红色，甚至无高压火花。

2. 故障原因诊断与排除

如表 3-13 所示的是点火系统故障的产生原因及诊断与排除的一般方法。

表 3-13　点火系统故障的产生原因及诊断与排除的一般方法

部件范畴	故障原因	诊断与排除
控制器	电脑内点火控制模块损坏	检查点火控制系统线路。用示波器测量在发动机转动时电脑有无脉冲信号送至点火器。如无信号，则说明电脑有故障；如果有信号，则说明点火器损坏，应更换点火器或电脑
	点火器损坏	
传感器	曲轴位置传感器损坏	检查曲轴位置传感器。测量传感器线圈电阻，检查信号转子与定子之间的气隙。如不符合标准值，应调整或更换曲轴位置传感器
执行器	点火线圈击穿、短路或断路	检查点火线圈。分别测量点火线圈初级绕组和次级绕组的电阻。如果是高压火花弱的故障，还应检查点火线圈在热态下的线圈电阻。点火线圈初级绕组的电阻一般为 0.35～0.65Ω，次级绕组的电阻一般为 9～18kΩ。如有异常，应更换点火线圈
高压电路	高压线电阻过大或漏电	测量各高压线电阻，每根高压线的电阻应小于 25kΩ。如电阻太大或表面有破损、龟裂老化，应更换
	火花塞型号不正确、间隙过大或过小、积炭过多	检测型号是否符合原厂维修手册的要求；检查火花塞间隙，是否不正确地进行调整或更换；检查并清除火花塞上的积炭
连接线路	点火线路接触不良	检查点火线圈、点火器、分电气（曲轴位置传感器）的线束插头是否连接可靠。如果插头内有水渍或松动、接触不良，应清除水渍，使之连接牢固

友情提示

如果无高压火花，注意检查发动机是否进入防盗状态。

二、电子点火控制系统故障诊断实例

上面通过表的形式我们了解了电子点火控制系统故障的一般原因及诊断排除方法，以下将结合桑塔纳 2000 GSi 轿车为例介绍电子点火控制系统故障诊断的一般流程。

（一）了解点火系统构造

1．点火系统组成

如图 3-10 所示为桑塔纳 2000GSi 轿车点火系统的组成示意。

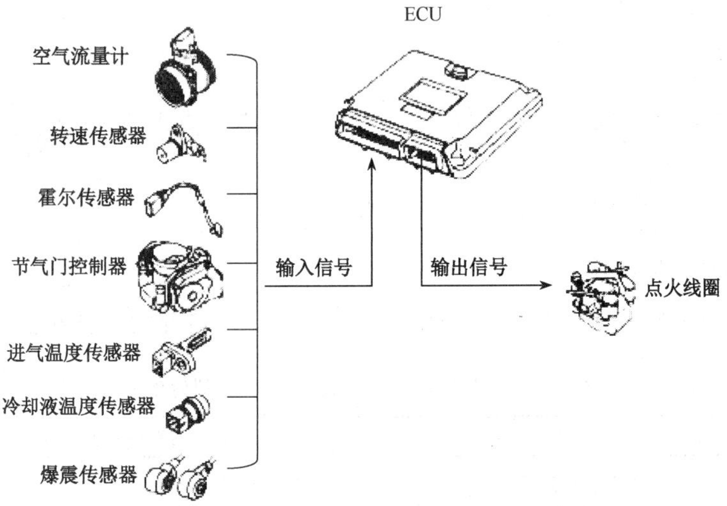

图 3-10　桑塔纳 2000GSi 轿车点火系统的组成示意

AJR 型发动机点火系统采用无电气双缸同时点火系统。在传感器中主要的控制信号为发动机转速传感器 G28 与空气流量计 G70；定位型号为霍尔传感器（凸轮轴位置传感器）G40；修正信号为节气门控制器中的节气门位置传感器 G69 和节气门怠速位置传感器 G88；冷却液温度传感器 G62；进气温度传感器 G72；爆震传感器 G61 与 G66。

2．点火系技术数据

桑塔纳 2000GSi 轿车点火系统的技术数据如表 3-14 所示。

表 3-14　桑塔纳 2000GSi 点火系技术数据表

发动机代号	AJR
点火系统形式	具有两个点火线圈的双火花点火系
火花塞扭紧力矩	30 N·m
火花塞电极间隙	0.9～1.1 mm
火花塞插头	电阻约 5 kΩ
点火次序	1—3—4—2
由控制单元切断的最高极限转速	6400 r/min
点火提前角	不能调整，由发动机控制单元决定

（二）点火系性能的检查

点火系性能最直观的表象是火花塞的点火情况，常见的检查方法主要有直观试火检查和示波器检查两种。

1. 直观试火检查

直观试火检查流程如表 3-15 所示。

表 3-15　直观试火检查流程

序　号	操 作 步 骤
1	脱开喷油器插接器（防止燃油从喷油器喷出）
2	将火花塞安装到高压线上
3	火花塞搭铁（见图 3-11）
4	使发动机运转（不要超过 2s），查看火花塞的跳火情况，火花应当为蓝白色，伴随有较强的“啪啪”声，如为粉红色或暗红色表明点火能量较低，且点火系统有故障

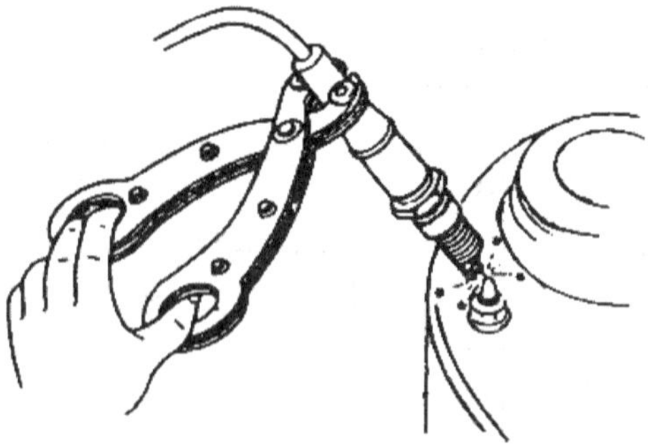

（a）有分电器式及双缸同时点火的试火

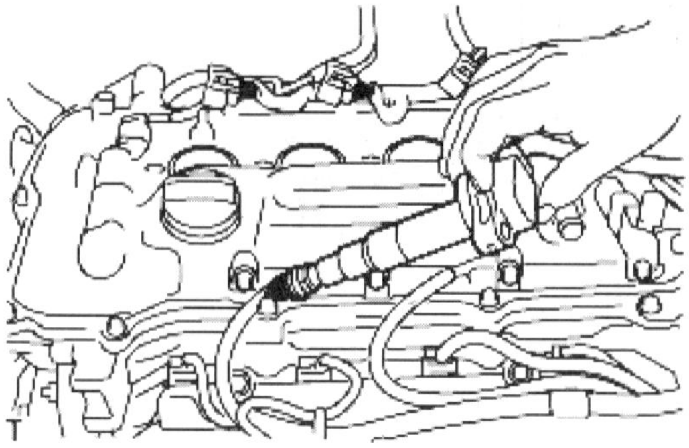

（b）独立点火试火

图 3-11　火花塞搭铁

友情提示

进行高压试火，应当用绝缘的橡胶夹子夹住高压线来进行试验，直接用手接触高压线容易造成电击。更为推崇的方法是使用示波器检查点火系统。

2. 示波器检查

示波器检查测试条件如表 3-16 所示。

表 3-16　示波器检查测试条件

序　号	测 试 条 件
1	为保证测试结果的准确性，发动机应处于正常工作温度
2	蓄电池充电量应在 65%以上，蓄电池电量太低将导致测试结果失准（电解液比重应不低于 1.225 或者开路电压大于 12.4V）
3	确认每个点火线圈两端连接的火花塞缸序正确

示波器连接如图 3-12 所示（以博世 MOT240 示波器为例）；示波器连接步骤如表 3-17 所示。

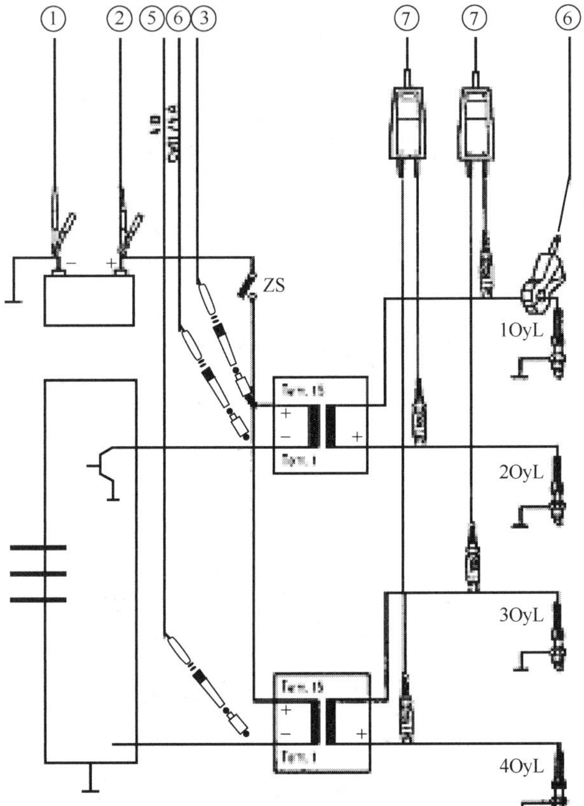

图 3-12　示波器连接

表 3-17　示波器连接步骤

序　号	连 接 步 骤
1	黑色夹钳接在车辆地线 B_-
2	红色夹钳接在车辆电压 B_+
3	黄色夹接在一个点火线圈的接线端子 15（+）上
4	把标有“Cyll/ A”的绿色夹接在与汽缸 1 相连的点火线圈的接线端子 1（–）上
5	把标有“B”或是标有“C”和“D”的绿色夹接在不与汽缸 1 相连的点火线圈的接线端子 1（–）上
6	将触发器夹钳夹在汽缸 1 的点火电缆上
7	根据点火线圈输出端的极性（正极=红色/+，负极=黑色/–），将次级测量值发送器接在介于点火线圈与火花塞之间的点火电缆上

波形测试及分析。

如图 3-13 所示为使用博世 MOT240 实测的次级点火波形，它是一个良好的点火波形，击穿电压约为 10kV，燃烧电压约为 1kV。

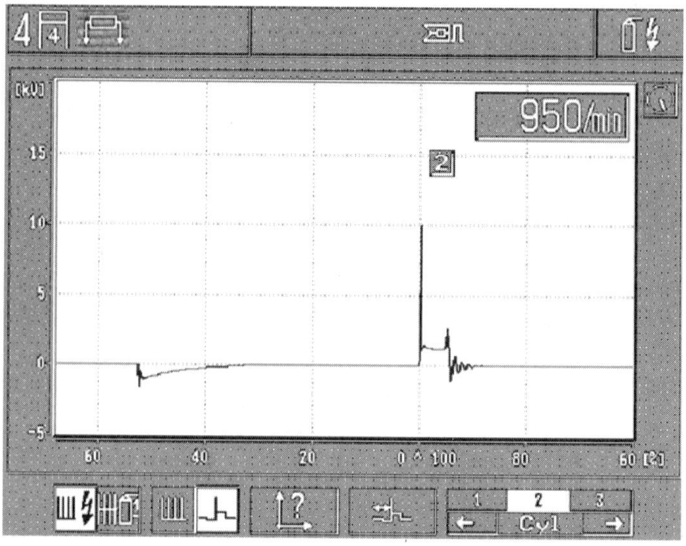

图 3-13　良好的次级点火波形

正常波形参考参数如表 3-18 所示（具体车型可能有所不同）。

表 3-18　正常波形参考参数

项　目	参 考 数 值	备　注
击穿电压	4~18 kV（怠速）	击穿电压最高不能超过点火线圈最高电压的 40%；最高击穿电压与最低击穿电压的差值应小于最高击穿电压的 50%
点火电压（燃烧电压）	1~4 kV	—
燃烧时间	1~2 ms	0.8 ms 以下为太短；2.4 ms 以上为太长

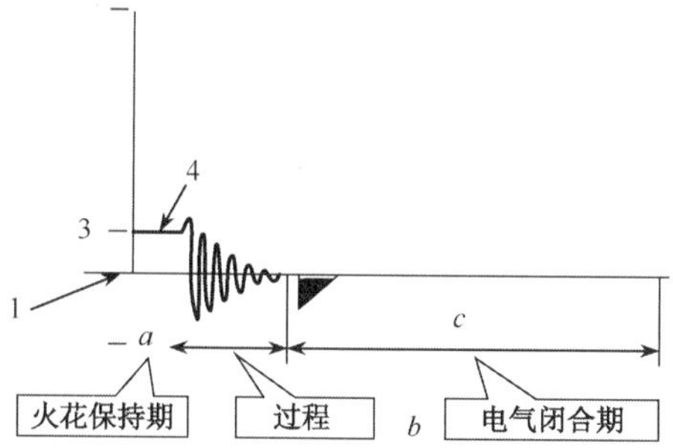

图 3-14　电压波形

友情提示

击穿电压是指电火花穿越火花塞两个电极所需要的电压。

燃烧电压是维持电火花穿越火花塞两个电极所需的电压。它所维持的时间叫燃烧时间（图中 *a* 段），如图 3-14 所示。

实际测量中所得的波形参数不正常的原因分析如表 3-19 所示。

表 3-19　波形参数不正常的原因分析

现　　象	原 因 分 析
点火电压过高（高于 30 kV）	火花塞间隙过大；混合气过稀；点火时间过早；高压线电阻过大
燃烧电压过高	高压线开路；火花塞电极间隙过大；高压线接头过脏或锈蚀
燃烧电压过低	高压线或火花塞短路；火花塞电极间隙小；火花塞积炭过多
燃烧时间过短	混合气过浓；火花塞间隙过小；火花塞被积炭短路
燃烧时间过长	混合气过稀；火花塞电极间隙过大；分火头与分电气盖间隙过大；高压电阻过大或开路

3．点火线圈的检查

点火线圈实物示意如图 3-15 所示。

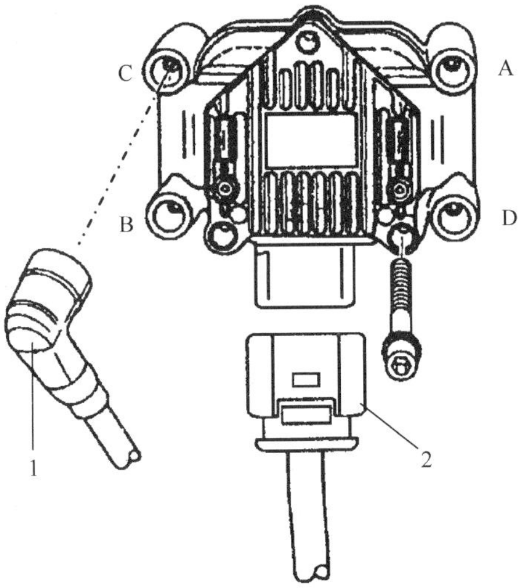

图 3-15　桑塔纳 2000GSi 轿车点火线圈示意

桑塔纳 2000GSi 两个汽缸共用一个闭磁路式点火线圈，4 个汽缸共用两个点火线圈。在点火控制组件 N152 壳体上标注有各缸高压插孔标记 A、B、C、D，分别表示 1、2、3、4 缸。检测次级绕组的阻值时，万用表的两只表笔分别连接高压插孔；具体如表 3-20 所示。

表 3-20　桑塔纳 2000GSi 轿车点火线圈检查标准

点火线圈次级绕组名称	测 量 部 位	标　　准
1、4 缸线圈	A 与 D	室温 20℃条件下，1、4 缸或 2、3 缸点火线圈次级绕组的标准阻值均应为 4～6kΩ
2、3 缸线圈	B 与 C	

如阻值不符规定，应予更换点火控制组件总成。

4．点火控制组件、电控单元及其线路的检修（见表 3-21）

桑塔纳 2000GSi 每两只点火线圈与点火控制器组装成一体，称为点火控制组件或点火动力组件。两个线圈初级电路的接通与切断由点火控制器根据电控单元发出的指令进行控制。其电路示意如图 3-16 所示。

电路图

点火装置、发动机控制单元、霍尔传感器、冷却温度传感器、进气温度传感器

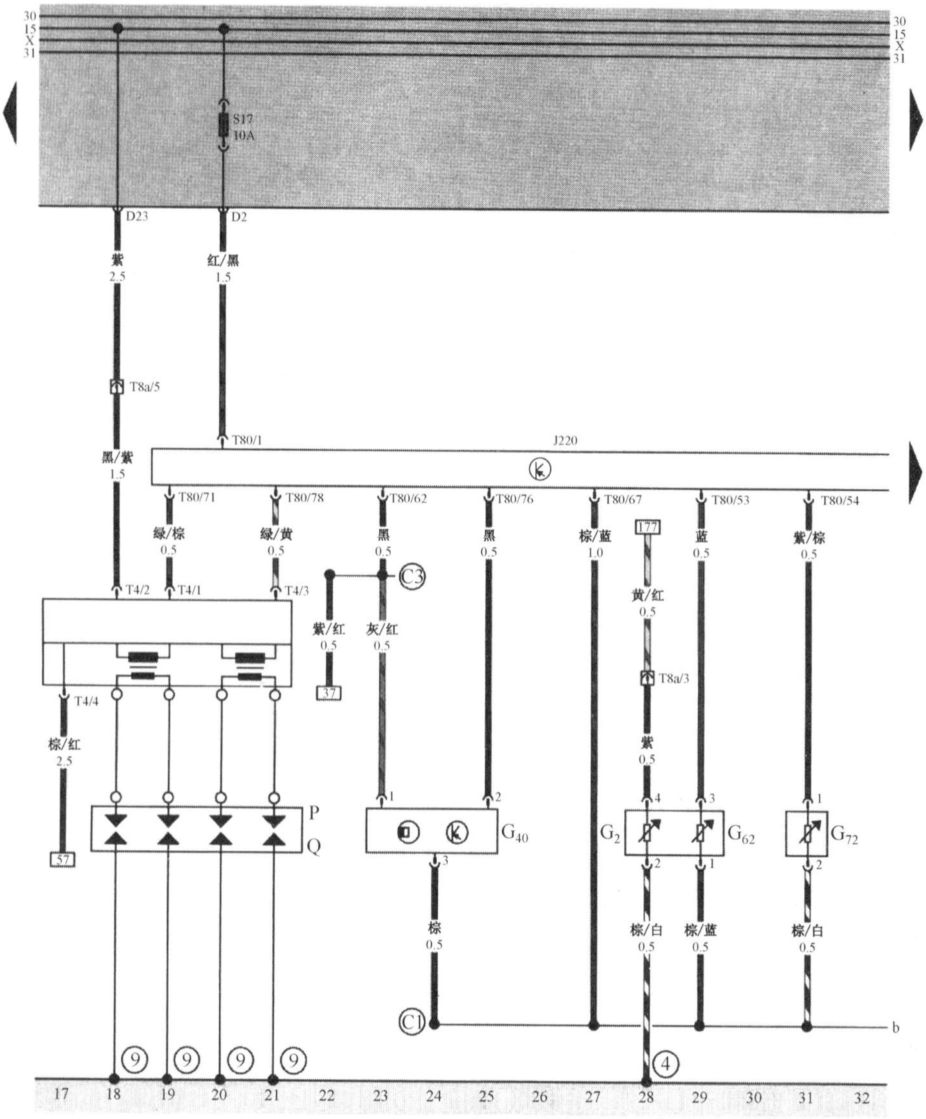

G2 — 水温传感器
G40 — 霍尔传感器
G62 — 冷却温度传感器
G72 — 进气温度传感器
J220 — Motronic发动机控制单元
N152 — 点火线圈
P — 火花塞插头
Q — 火花塞
S17 — 发动机控制单元熔丝，10A
T4 — 前大灯线束与散热风扇控制器插头连接，4针，在散热风扇控制器上
T8a — 发动机线束与发动机右线束插头连接，8针，在发动机舱中间支架上
T80 — 发动机线束、发动机右线束与发动机控制单元插头连接，80针，在发动机控制单元上

④ — 接地点，在离合器壳上的支架上
⑨ — 自身接地
Ⓒ1 — 连接线，在发动机右线束内
Ⓒ3 — +5V连接线，在发动机右线束内

图 3-16　桑塔纳 2000GSi 点火系电路示意

通过分析电路图，并结合ECU与点火线圈插脚布置示意（见图3-17），能够得出以下的电路分析，进而找到相应的检查判断方法。点火控制组件的检测方法与其他点火系统不同，检测条件是蓄电池电压必须高于11.5V，发动机转速传感器工作正常。

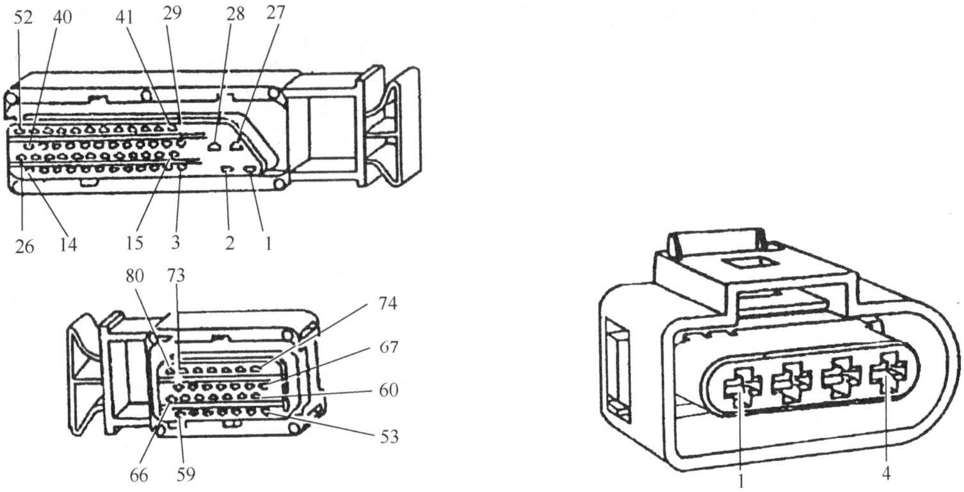

（a）ECU插脚　　（b）点火线圈4针插头

图3-17　ECU与点火线圈插脚布置示意

表3-21　点火控制组件、电控单元及其线路的检修

	测量方法	标准数值	故障原因及分析
点火线圈电源检查	从点火线圈组件上拔下四端子线束插头；接通点火开关；将数字式万用表的两只表笔分别连接插头上的2端子与4端子	应当大于或等于11.5V	如电源电压为0V。单独测量插脚2与蓄电池负极之间的电压：如果仍旧为0V，说明点火控制组件至中央线路板（中央继电气盒）15号电源线之间的线路断路，应逐段进行检修；如果为蓄电池电压说明故障部位是搭铁电路； 如果电源电压低于蓄电池电压(如果能在点火系工作的时候测量更为准确)，说明从点火控制组件系插头上的端子2到中央线路板15号电源线有接触不实或线路阻值过大的问题，导线的电阻值应小于1.5Ω
控制信号的检查	拔下中央线路板上的燃油泵熔丝S5（桑塔纳2000GSi为10A熔丝），使燃油泵停止转动。然后拔下点火控制组件N152线束插头，将LED调码器分别连接线束插头1、4端子以及3、4端子，分别检测1、4缸和2、3缸点火线圈的控制信号，起动发动机时	发光二极管闪亮	如发光二极管不闪亮，说明电控单元J220至点火控制组件之间的导线断路或电控单元故障。可用数字式万用表检测线束插头上端子1至电控单元71号插孔、端子3至电控单元78号插孔之间的电阻值，标准阻值应当小于1.5Ω；如阻值为无穷大，说明导线断路，检修即可。再检查插头上端子1至电控单元78号插孔或插头上端子3至电控单元71号插孔之间的导线有无短路故障，阻值为无穷大，说明导线良好；阻值为零说明导线短路。如果阻值均正常说明电控单元故障

如果以上检查未通过则更换相应的部件；如果检查均通过，点火系依旧不产生高压火，就说明点火控制器故障，更换点火控制组件即可。

> 二极管 LED 与 500Ω/0.25W 电阻串联后使用。如果能使用示波器测量，则信号更为准确。
>
> **友情提示**

实训任务工作单

实训任务　检查点火控制电路

下面是丰田 1ZR-FE 发动机点火控制电路出现故障码 P0351（1 号点火线圈电路）故障的基本检查过程，请按表完成任务。

1．检查点火线圈总成（电源），如图 3-18 所示；任务表（一）如表 3-22 所示。

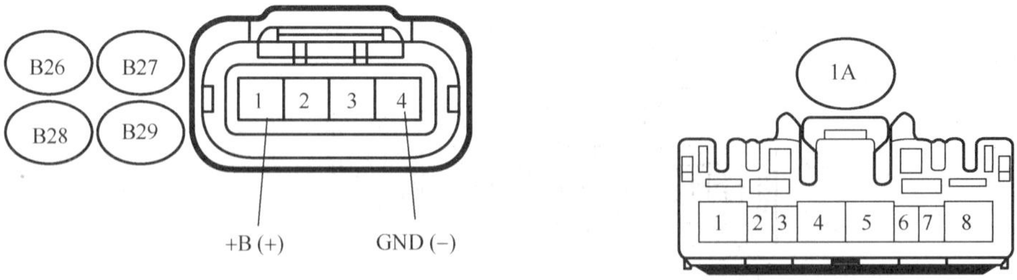

（a）点火线圈总成连接器　　（b）发动机室继电器盒线束连接器

图 3-18　丰田 1ZR-FE 发动机点火控制电路示意

表 3-22　任务表（一）

序　　号	检测仪连接	条　　件	规定状态	实测数值
1	B26-1(+B)～B26-4(GND)	点火开关置于 ON 位置	9 至 14V	
2	B26-1(+B)～1A-4	断开点火线圈总成连接器；从发动机室继电器盒上拆下集成继电气；断开集成继电器连接器	始终小于 1Ω	
3	B26-1(+B)或 1A-4～车身搭铁		始终 10kΩ 或更大	
4	B26-4(GND)～车身搭铁	断开点火线圈总成连接器	始终小于 1Ω	

如果序号 1 测量数值符合标准，序号 2、3、4 步可不做。

2．点火确认信号电路的检查（见图 3-19），任务表（二）如图 3-23 所示。

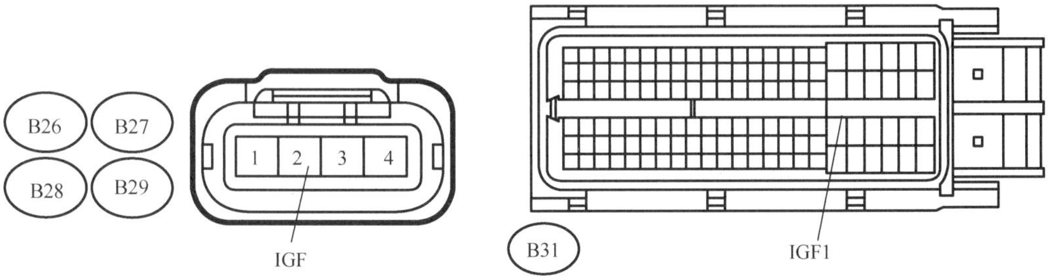

（a）点火线圈总成连接器　　（b）ECM连接器

图 3-19　点火确认信号电路的检查

条件：断开点火线圈总成连接器，断开 ECM 连接器。

表 3-23　任务表（二）

检 查 项 目	检测仪连接	开 关 状 态	规 定 状 态	实 测 数 值
断路检查	B26-2 (IGF)～B31-81（IGF1）	始终	小于 1Ω	
短路检查	B26-2(IGF)或 B31-81(IGF1)～车身搭铁	始终	10kΩ 或更大	

3．点火信号电路的检查（见图 3-20），任务表（三）如表 3-24 所示。

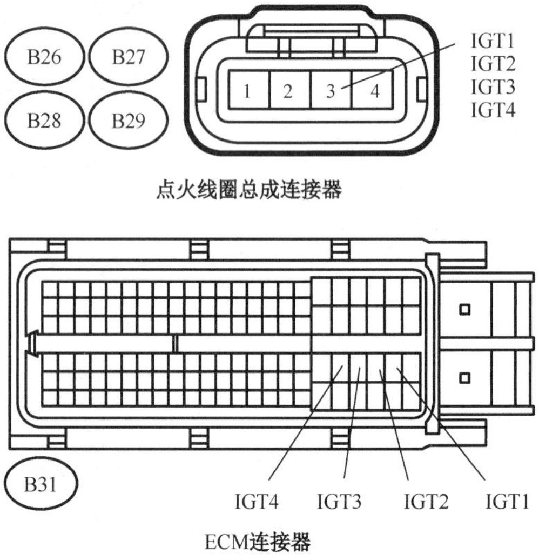

图 3-20　点火信号电路的检查

表 3-24　任务表（三）

检 查 项 目	检测仪连接	开 关 状 态	规 定 状 态	实 测 数 值
断路检查	B26-3(IGT1)～B31-85(IGT1)	始终	小于 1Ω	
短路检查	B26-3(IGT1)或 B31-85(IGT1)～车身搭铁	始终	10kΩ 或更大	

模块四

蓄 电 池

课题一 蓄电池的结构、原理及选用

学习目标

1. 了解蓄电池的分类、功用和特点。
2. 掌握蓄电池的结构组成及选用。

知识结构

蓄电池知识结构如表 4-1 所示。

表 4-1 蓄电池知识结构

蓄电池	1	蓄电池基本介绍
	2	蓄电池的分类
	3	蓄电池的作用
	4	蓄电池的结构
	5	蓄电池的工作原理
	6	蓄电池的型号

案例导入

一天早上，小王开车时发现打开点火开关之后仪表没反应，点火开关位于启动挡时启动机不转。经过 4S 店的检查，发现原来是蓄电池的问题。那么蓄电池在车上究竟起什么作用呢？让我们一起来看一下。

一、蓄电池基本介绍

蓄电池是一种化学电源，靠其内部的化学反应来储存电能或向用电设备供电。目前燃油汽车上使用的蓄电池主要有两大类：铅酸蓄电池（以下简称铅蓄电池）和镍碱蓄电池。由于人们对燃油汽车排放要求的提高和能源危机的冲击，各国正在不断探索和研制电动汽车，其主要的动力源为新型高能蓄电池。表 4-2 列出了各种蓄电池的特点。

二、蓄电池的分类

1．蓄电池的分类（按电解液性质分）

表 4-2　蓄电池的分类

类　型	优　点	缺　点	适用车辆
铅蓄电池	结构简单；价格便宜；内阻小；电压稳定；可以短时间供给启动机强大的启动电流	比容量小；使用寿命相对较短	一般车辆
镍碱蓄电池	容量大；使用寿命长；维护简单；能承受大电流放电而不易损坏	活性物质导电性差；价格较高	使用时间长、可靠性高的车辆
电动车蓄电池	比容量大；无污染；充、放电性能好；使用寿命长	结构复杂；成本高	电动汽车

2．普通铅蓄电池的分类

铅蓄电池由于结构简单、价格便宜、内阻小、可以短时间供给启动机强大的启动电流而被广泛采用。铅蓄电池又可以分为普通铅蓄电池、干荷电铅蓄电池、湿荷电铅蓄电池和免维护蓄电池。各种铅蓄电池的特点如表 4-3 所示。

表 4-3　普通铅酸蓄电池的分类及其特点

类　型	特　点
普通铅蓄电池	新蓄电池的极板不带电，使用前需按规定加注电解液并进行初充电，初充电的时间较长，使用中需要定期维护
干荷电铅蓄电池	新蓄电池的极板处于干燥的已充电状态，电池内部无电解液。在规定的保存期内，如需使用，只需按规定加入电解液，静置 20～30min 即可使用，使用中需要定期维护
湿荷电铅蓄电池	新蓄电池的极板处于已充电状态，蓄电池内部带有少量电解液。在规定的保存期内，如需使用，只需按规定加入电解液，静置 20～30min 即可使用，使用中需要定期维护
免维护蓄电池	① 使用中不需维护，可用 3～4 年不需补加蒸馏水，极桩腐蚀极少，自放电少。 ② 栅架材料采用铅钙合金，既提高了栅架的机械强度，又减少了蓄电池的耗水量和自放电。 ③ 采用了袋式微孔聚氯乙烯隔板，将正极板装在隔板袋内，既可避免正极板上的活性物质脱落，又能防止极板短路。因此壳体底部不需要凸起的肋条，降低了极板组的高度，增大了极板上方的容积，使电解液储存量增多。 ④ 蓄电池内部安装有电解液密度计，可自动显示蓄电池的存电状态和电解液液面的高低。如果密度计的观察窗呈绿色，表明蓄电池存电充足，可正常使用；若显示深绿色或黑色，表明蓄电池存电不足，需补充充电；若显示浅黄色，表明蓄电池已接近报废，如图 4-1 所示。 ⑤ 采用了新型安全通气装置和气体收集器，在孔盖内部设置了一个氧化铝过滤器，可阻止水蒸气和硫酸气体通过，同时又可以使氢气和氧气顺利逸出。通气塞中装有催化剂钯，可促使氢、氧离子重新结合成水回到蓄电池中

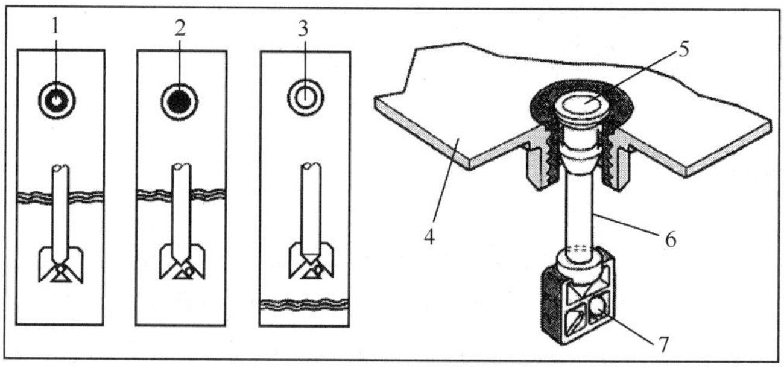

图 4-1　免维护电池电解液密度计

1—绿色（充电程度为 65%或更高）；2—黑色（充电程度低于 65%）；3—浅黄色（蓄电池有故障）；
4—蓄电池盖；5—观察窗；6—光学的荷电状况指示器；7—绿色小球

三、蓄电池的作用（表 4-4）

表 4-4 蓄电池的作用

序号	作用
1	启动发电机时，蓄电池向启动系和点火系供电
2	当发动机低速运转，发电机电压低于蓄电池的充电电压时，由蓄电池向用电设备供电
3	当发动机中、高速运转，发电机电压高于蓄电池的充电电压时，蓄电池将发电机的剩余电能储存起来
4	当发电机过载时，蓄电池协助发电机向用电设备供电
5	蓄电池还可以吸收电路中的瞬时过电压，保持汽车电气系统电压的稳定，保护电子元件

四、蓄电池的结构

汽车上装有蓄电池和发电机两个直流电源，这两个电源并联，全车的用电设备均为并联。蓄电池一般由 3 个或 6 个单格电池串联而成，结构如图 4-2 所示，其组成及作用如表 4-5 所示。

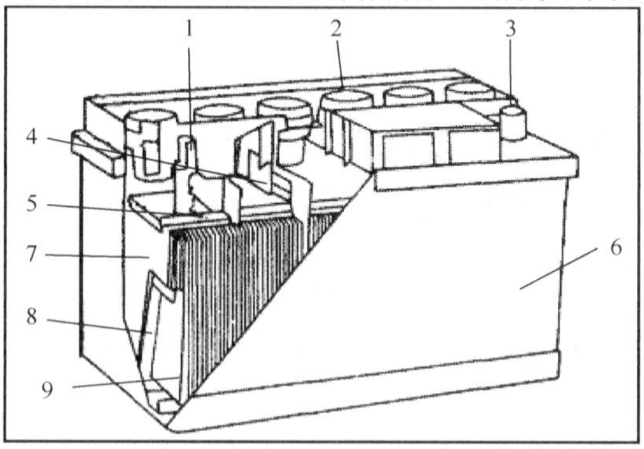

图 4-2 蓄电池的结构

1—负极柱；2—加液孔盖；3—正极柱；4—穿壁连接；5—汇流条；6—外壳；7—负极板；8—隔板；9—正极板

表 4-5 蓄电池的组成及其作用

组成	作用	备注
1．极板组	蓄电池结构如图 4-3 所示，它是蓄电池的核心部分，分正极板、负极板。蓄电池充、放电的化学反应主要是依靠极板上的活性物质与电解液进行的	极板分为正极板和负极板，均由栅架和活性物质组成。栅架的作用是固结活性物质。活性物质填充在栅架上（正极板上的二氧化铅为棕红色，负极板上的海绵状纯铅为青灰色）
2．电解液	电解液在蓄电池的化学反应中，起到离子间导电的作用，并参与蓄电池的化学反应	电解液由纯硫酸（H_2SO_4）与蒸馏水按一定比例配制而成，其密度一般为 1.24～1.30g/cm^3。电解液的密度对蓄电池的工作有重要影响，密度大，可减少结冰的危险并提高蓄电池的容量，但密度过大，则黏度增加，反而会降低蓄电池的容量，缩短使用寿命
3．隔板	隔板插放在正、负极板之间，以防止正、负极板互相接触造成短路	隔板应耐酸并具有多孔性，以利于电解液的渗透。常用的隔板材料有木质、微孔橡胶和微孔塑料等
4．外壳	壳体用于盛放电解液和极板组	壳体应耐酸、耐热、抗震。壳体多采用硬橡胶或聚丙烯塑料制成，为整体式结构，底部有凸起的肋条以搁置极板组
5．极桩	内接极板组，外接外电路	
6．极板连条	将单格电池串联起来	
7．加液孔盖	补充电解液及排放电池内的气体	

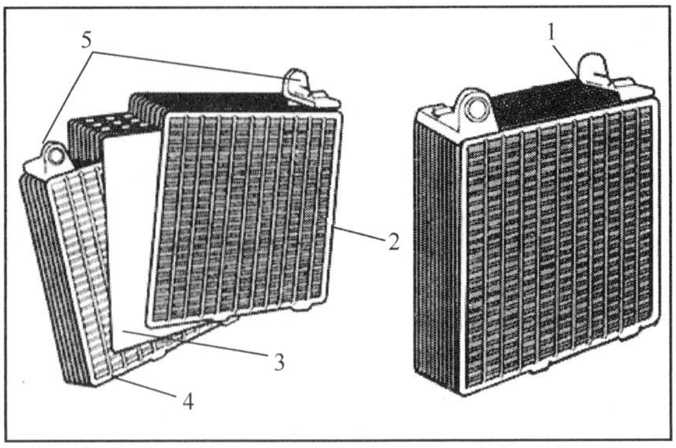

图 4-3 蓄电池极板组组成

1—极板组总成；2—负极板；3—隔板；4—正极板；5—极板连条

五、蓄电池的工作原理

1．铅蓄电池的静止电动势

将铅蓄电池的正、负极板浸入电解液中，正、负极板与电解液相互作用，在正、负极板间就会产生约 2.1V 的静止电动势。

铅蓄电池的静止电动势 E_j：

$$E_j=0.85+\rho_{25℃}$$

式中，E_j 为静止电动势，即开路电压（V）；$\rho_{25℃}$为基准温度（25℃）时，电解液的相对密度。

注意，实测电解液的相对密度，应转换成 25℃时电解液的相对密度，转换关系式为：

$$\rho_{25℃}=\rho_t+0.00075（t-25）$$

式中，ρ_t 为实测电解液相对密度；t 为实测电解液温度（℃）。

因为铅蓄电池工作时，电解液密度总是在 1.12～1.30g/cm^3 变化，所以每个单格电池的电动势也相应地在 1.97～2.15V 变化。

2．铅蓄电池的放电

蓄电池的放电过程是化学能转变为电能的过程。电解液中硫酸↓水↑相对密度↓放电时，正极板上的二氧化铅（PbO_2）和负极板上的铅，都与电解液中的硫酸（H_2SO_4）反应生成硫酸铅（$PbSO_4$），沉附在正、负极板上。电解液中硫酸不断减少，密度下降。

蓄电池放电终了的特征是：

① 单格电池电压降到放电终止电压；

② 电解液密度降到最小许可值。

放电终止电压与放电电流的大小有关。放电电流越大，允许的放电时间就越短，放电终止电压也越低，如表 4-6 所示。

表 4-6 放电终止电压与放电电流的关系

放电电流/A	0.05C20	0.1C20	0.25C20	C20	3C20
放电时间	20h	10h	3h	25min	5min
单格电池终止电压/V	1.75	1.70	1.65	1.55	1.50

注：C20—蓄电池的额定容量。

3. 铅蓄电池的充电

蓄电池的充电过程是电能转换为化学能的过程。

充电时，正、负极板上的 $PbSO_4$ 还原成 PbO_2 和 Pb，电解液中的 H_2SO_4 增多，密度上升。电解液中硫酸↑水↓相对密度↑铅蓄电池需要定期补充蒸馏水。

蓄电池充足电的标志是：

① 电解液中有大量气泡冒出，呈沸腾状态；

② 电解液的密度和蓄电池的端电压上升到规定值，且在 2～3h 保持不变。

六、蓄电池的型号

蓄电池的型号说明如表 4-7 所示。

表 4-7 蓄电池的型号说明

第一部分	第二部分		第三部分	
串联的单格电池数	蓄电池的类型	蓄电池的特征	蓄电池的额定容量	蓄电池的特殊性能
用阿拉伯数字表示	用大写的汉语拼音字母表示 如：Q—启动用铅蓄电池 N—内燃机车用蓄电池 M—摩托车用蓄电池	用大写的汉语拼音字母表示 如：A—干荷电铅蓄电池 H—湿荷电铅蓄电池 W—免维护蓄电池 B—薄型极板 无字母—普通铅蓄电池	20h 放电率的额定容量，单位为 A·h，单位略去不写	用大写的汉语拼音字母表示 如：G—高启动率 D—低温性能好 S—塑料槽蓄电池

课题二 蓄电池的常见故障及维护

学习目标

1. 了解铅蓄电池的常见故障。
2. 掌握铅蓄电池的正确维护与检测方法。

案例导入

经过检查，4S 店建议小王更换蓄电池。可是小王坚持认为蓄电池充电后就可以正常使用，没过几天，经过 4S 店充过电的蓄电池果然又无法启动了，小王不明白蓄电池究竟出了什么故障。

一、蓄电池的常用故障原因及排除方法

1. 极板硫化

蓄电池内阻增大显著，极板上生成白色粗晶粒硫酸铅的现象，称为硫酸铅硬化，简称“硫化”，主要发生在负极板上，是导致蓄电池寿命终止的主要原因。具体原因如表 4-8 所示。

表 4-8　极板硫化现象特征、原因、维修方法

项　目	内　容
特征	（1）极板颜色不正常
	（2）放电时，端电压下降快；充电时，端电压上升快；电池容量降低
	（3）电解液密度低于正常值；充电时密度增加很慢
	（4）充电时单格电压上升很快；单格电压过高（2.8～3.0V）
	（5）易早沸腾
主要原因	（1）蓄电池长期充电不足或放电后不及时充电，温度变化时，硫酸铅发生再结晶
	（2）蓄电池液面过低，极板上部发生氧化后与电解液接触，也会生成粗晶粒硫酸铅
	（3）电解液密度过高
	（4）电解液中含有较多杂质
	（5）气温变化剧烈
防硫化施	（1）保持蓄电池经常处于充足电状态
	（2）汽车上的蓄电池定期送充电间彻底充电
	（3）放完电的蓄电池在 24h 内送充电间充电
	（4）电解液高度应符合规定
维修方法	（1）程度轻时采用过充电法
	（2）较严重时采用小电流长时间过充电法
	（3）严重时采用水处理法

2．自行放电

自行放电是指充足电的电池 30 天内，每昼夜容量降低超过 2%为自行放电故障。蓄电池自行放电的特征、原因、维护及维修方法如表 4-9 所示。

表 4-9　蓄电池自行放电的特征、原因、维护及维修方法

项　目	内　容
特征	电池不用时，电能自行消耗
主要原因	（1）电解液杂质过多
	（2）电解液密度偏高
	（3）电池表面不清洁
日常维护	（1）电池盖、塞要装好
	（2）经常清洁表面，保持干燥
维修方法	自放电较轻的蓄电池，可将其正常放完电后，倒出电解液，用蒸馏水反复清洗干净，再加入新电解液，充足电后即可使用；自放电较为严重时，应将电池完全放电，倒出电解液，取出极板组，抽出隔板，用蒸馏水冲洗之后重新组装，加入新的电解液重新充电后使用

3．极板短路

蓄电池的极板短路可使蓄电池快速内部放电，导致蓄电池无电压，发动机无法启动，其特征、主要原因及维修方法如表 4-10 所示。

表 4-10　极板短路的特征、主要原因及维修方法

项　目	内　容
特征	（1）充电时电解液温度迅速升高
	（2）电压和密度上升很慢
	（3）充电末期气泡很少
	（4）高率放电计试验时，电压迅速下降为 0
	（5）易早沸腾
主要原因	（1）隔板损坏
	（2）极板拱曲
	（3）活性物质大量脱落
维修方法	更换蓄电池

4. 极板活性物质脱落

极板活性物质脱落的特征、主要原因及维修方法如表 4-11 所示。

表 4-11　极板活性物质脱落的特征、主要原因及维修方法

项　目	内　容
特征	（1）容量下降
	（2）充电时电解液浑浊，有褐色物质浮出
主要原因	（1）充电电流过大
	（2）“过充”时间长：电解水→产生 H_2↑和 O_2↑→冲击极板上的活性物质
	（3）低温大电流放电：造成极板拱曲
	（4）电解液不纯
	（5）汽车行驶时颠簸、振动
维修方法	更换蓄电池

二、蓄电池的使用与维护

蓄电池的使用与维护（表 4-12）。

表 4-12　蓄电池的使用与维护

项　目	内　容
1. 启用新蓄电池	首先擦净外表面，旋开加液孔盖，疏通通气孔，注入新电解液，静置 4～6h 后，调节液面高度到规定值，按初充电规范进行充电后即可使用 干荷电蓄电池在规定存放期（一般为 2 年）内，启用时可直接加入规定密度的电解液，静置 20～30min 后，校准液面高度，即可使用。若超期存放或保管不当损失部分容量，应在加注电解液后经补充充电方可使用
2. 蓄电池的拆装	（1）拆装、移动蓄电池时，应轻搬轻放，严禁在地上拖曳； （2）蓄电池型号和车型应相符，电解液密度和高度应符合规定； （3）安装时，蓄电池固定在托架上，塞好防振垫； （4）极桩涂上凡士林或润滑油，防腐防锈。极桩卡子与极桩要接触良好； （5）蓄电池搭铁极性要与发电机一致； （6）接线时先接正极后接负极，拆线时相反，以防金属工具搭铁，造成蓄电池短路

续表

项目	内容
3. 蓄电池的维护	（1）保持蓄电池外表面的清洁干燥，及时清除极桩和电缆卡子上的氧化物，并确定蓄电池极桩上的电缆连接牢固 清洗蓄电池时，最好从车上拆下蓄电池，用苏打水溶液冲洗整个壳体，然后用清水冲洗蓄电池并用纸巾擦干。对蓄电池托架，可先用腻子刀刮净厚腐蚀物，然后用苏打水溶液清洗托架，之后用水冲洗并干燥。托架干燥后，漆上防腐漆。对极桩和电缆卡子，可先用苏打水溶液清洗，再用专用清洁工具进行清洁。清洗后，在电缆卡子上涂上凡士林或润滑油防止腐蚀 注意：清洗蓄电池之前，要拧紧加液孔盖，防止苏打水进入蓄电池内部。 （2）保持加液孔盖上通气孔的畅通，定期疏通。 （3）定期检查并调整电解液液面高度，液面不足时，应补加蒸馏水。 （4）汽车每行驶 1000km 或夏季行驶 5～6 天，冬季行驶 10～15 天，应用密度计或高率放电计检查一次蓄电池的放电程度，当冬季放电超过 25%，夏季放电超过 50%时，应及时将蓄电池从车上拆下进行补充充电。 （5）根据季节和地区的变化及时调整电解液的密度。冬季可加入适量的密度为 $1.40g/cm^3$ 的电解液，以调高电解液的密度（一般比夏季高 $0.02～0.04g/cm^3$ 为宜）。 （6）冬季向蓄电池内补加蒸馏水时，必须在蓄电池充电前进行，以免水和电解液混合不均而引起结冰。 （7）冬季蓄电池应经常保持在充足电的状态，以防电解液密度降低而结冰，引起外壳破裂、极板弯曲和活性物质脱落等故障
4. 蓄电池的正确维护	（1）保持清洁； （2）连接牢靠：定期检查松动情况； （3）检查调整液面高度（定期）； （4）检查调整液面密度（定期）冬季密度不能过低（易冻结）； （5）及时充电，放完电的电池在 24h 内充电； （6）检查并疏通加液孔盖上的通气孔； （7）正确使用启动机； （8）正确拆装
5. 干荷电蓄电池的使用与维护	初次使用时，加入相应电解液到规定高度，记下密度和温度，静放 20～30min，再测温度和密度，如温度上升不到 6℃，密度下降不到 $0.01g/cm^3$，即可使用。否则需要进行充电

三、蓄电池的检查及储存

1. 蓄电池的检查（表 4-13）

表 4-13　蓄电池的检查

项目	检查方法	备注
1. 外部检查	（1）检查蓄电池封胶有无开裂和损坏，极桩有无破损，壳体有无泄漏，否则应修理或者更换。 （2）疏通加液孔盖的通气孔。 （3）清洁蓄电池外壳，并用钢丝刷或极柱接头清洗器清洁极桩和电缆卡子上的氧化物，清洁后涂抹一层凡士林或润滑脂	

续表

<table>
<tr><th>项 目</th><th>检 查 方 法</th><th>备 注</th></tr>
<tr><td rowspan="2">2. 用玻璃管或目测检查电解液液面的高度</td><td>（1）玻璃管测量法，如图 4-4 所示。工具：内径为 3～5mm 的玻璃管。液面高度标准值为 10～15mm。</td><td>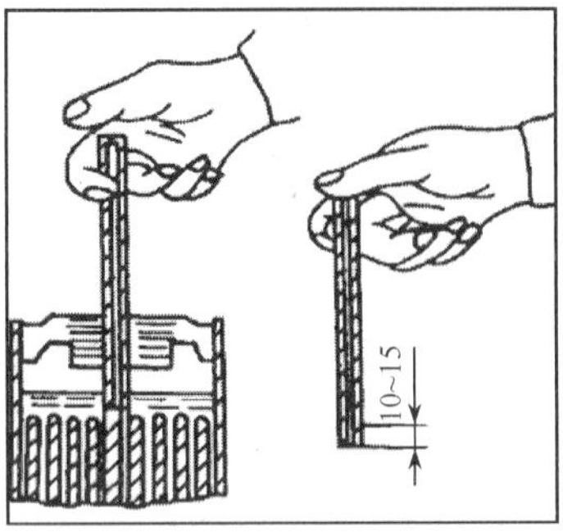

图 4-4　用玻璃管测量电解液高度</td></tr>
<tr><td>（2）观察液面高度指示线法（目测法），如图 4-5 所示。正常液面高度应介于两线之间，液面过低时，应加入蒸馏水补充。液面应高出极板上沿 15mm，在 min～max</td><td>

图 4-5　观察液面高度指示线</td></tr>
<tr><td>3. 用密度计测量电解液密度</td><td>电解液密度的大小，是判断蓄电池容量的重要标志。用密度计测量蓄电池电解液密度时（图 4-6），蓄电池应处于稳定状态。蓄电池充、放电或加注蒸馏水后，应静置半小时后再测量</td><td>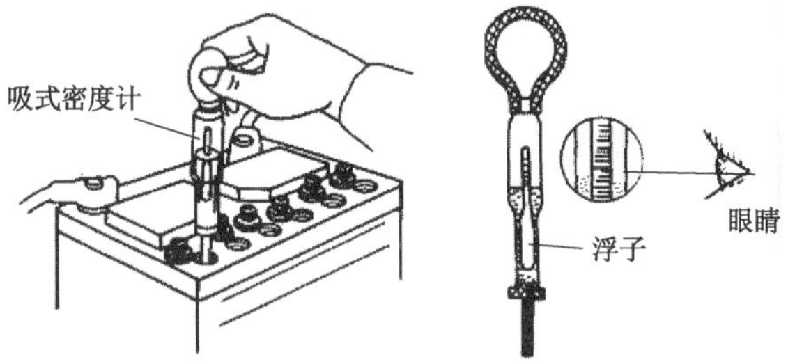

图 4-6　用密度计测量电解液密度</td></tr>
<tr><td>4. 用高率放电计（图 4-7）检测放电程度</td><td>检测 12V 电池，蓄电池充满电，密度为 1.24g/cm^3，接入时间 10～15s；
（1）电压能保持在 10.5～11.6V 以上，存电量为充足，蓄电池无故障；
（2）电压能保持在 9.6～10.5V，存电量为不足，蓄电池无故障；
（3）电压降到 9.6V 以下，存电量严重不足或蓄电池有故障。
此项测量不能连续进行，必须间隔 1min 后才可以再次检测，以防止蓄电池损坏</td><td>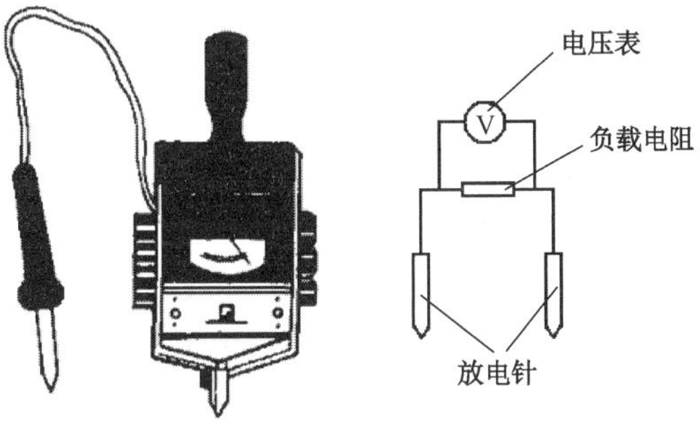

图 4-7　用高率放电计检测放电程度</td></tr>
</table>

续表

项　目	检查方法	备　注
5. 随车启动测试	在启动系正常的情况下，以启动机作为试验负荷。拔下分电器中央高压线并搭铁，将万用表置于电压挡，红、黑表笔分别接在蓄电池正、负极柱上，接通启动机 15s，读取电压表读数，对于 12V 蓄电池，应不低于 9.6V	

2. 蓄电池的储存（表 4-14）

表 4-14　蓄电池的储存

类　别	储存方法
（1）新蓄电池、未启用的新蓄电池的储存	① 存放室温 5～30℃，干燥、清洁、通风。 ② 不要受阳光直射，离热源距离不小于 2m。 ③ 避免与任何液体和有害气体接触。 ④ 不得倒置或卧放，不得叠放，不得承受重压。 ⑤ 新蓄电池的存放时间不得超过 2 年
（2）暂时不用的蓄电池的储存	采用湿储存方法，即先充足电，再把电解液密度调至 1.24～1.28g/cm^3，液面调至规定高度，然后将通气孔密封，存放期不得超过半年，期间应定期检查，如容量降低 25%，应立即补充充电，交付使用前也应先充足电
（3）长期停用的蓄电池的储存	采用干储存法，即先将充足电的蓄电池以 20h 放电率放完电，然后倒出电解液，用蒸馏水反复冲洗多次，直到水中无酸性，晾干后旋紧加液孔盖，并将通气孔密封，存放条件与新蓄电池相同

模块五

发电机与调节器

课题一　电压调节器

学习目标

掌握电压调节器的功用、工作原理、分类及工作原理。

知识结构

电压调节器知识结构如表 5-1 所示。

表 5-1　电压调节器知识结构

电压调节器	1. 电压调节器的功用、原理与分类
	2. 电压调节器的调压原理
	3. 电压调节器的工作原理

案例导入

小王最近发现开车时速度一快就容易烧用电设备，不知道为什么，特意到 4S 店去咨询，速度不快的时候就没事，为什么一加速就烧用电设备呢。维修人员告诉小王，是调节器出现问题了，调节器是起什么作用的呢？我们一起来研究一下。

一、概述

电子调节器也称为电压调节器或调节器，是由电子元件组成的，利用晶体管的开关特性来控制发电机输出电压的一种装置。

由于交流发电机的转子是由发动机通过皮带驱动旋转的，且发动机和交流发电机的速比为 1.7～3，因此交流发电机转子的转速变化范围非常大，这样将引起发电机的输出电压发生较大变化，无法满足汽车用电设备的工作要求。为了满足用电设备恒定电压的要求，交流发电机必须配用电压调节器，使其输出电压在发动机所有工况下基本保持恒定。

二、调节器的功用、原理与分类（表 5-2）

表 5-2　调节器的功用、原理与分类

<table>
<tr><td>功用</td><td colspan="2">在交流发电机转速变化时，使发电机电压保持恒定，防止电压过高而损坏用电设备，避免蓄电池过量充电</td></tr>
<tr><td>调压原理</td><td colspan="2">利用自动调节磁场电流使磁极磁通发生改变这一原理来调节发电机输出电压。其调节磁场电流的方法是利用功率管的开关特性，使磁场电流接通与切断。也就是说当发电机转速升高时，调节器通过减小发电机励磁电流 I_f 来减小磁通 Φ，使发电机的输出电压 U_B 保持不变；当发电机的转速降低时，调节器通过增大发电机的励磁电流 I_f 来增加磁通 Φ，使发电机的输出电压 U_B 保持不变</td></tr>
<tr><td colspan="3">调节器的分类</td></tr>
<tr><td rowspan="3">按工作原理分</td><td>（1）触点式电压调节器（图 5-1）
1—静触点支架
2—活动触点支架
3—磁化线圈
4—弹簧
5—支架
6—碳刷
7—集电环
K1—低速触点
K2—高速触点
R1—加速电阻
R2—调节电阻
R3—温度补偿电阻
S—点火开关接线柱
F—线圈接线柱
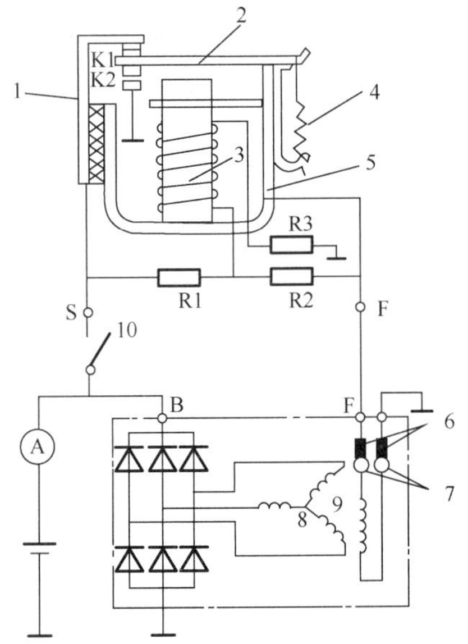
图 5-1　触点式电压调节器</td><td>应用较早，触点振动频率慢，存在机械惯性和电磁惯性，电压调节精度低，触点易产生火花，对无线电干扰大，可靠性差，寿命短，现已被淘汰</td></tr>
<tr><td>（2）晶体管调节器（图 5-2）
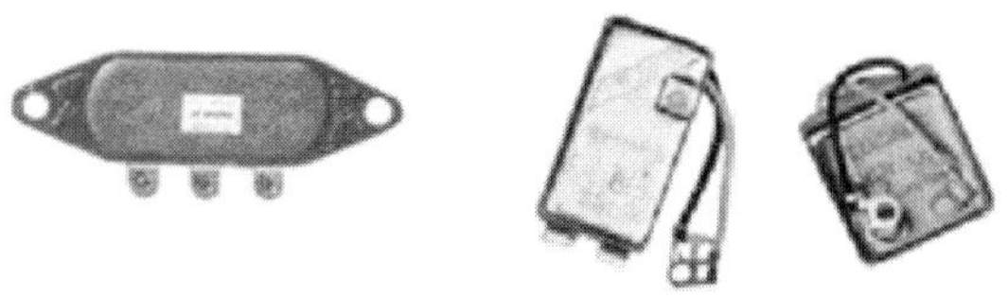
图 5-2　晶体管调节器</td><td>三极管的开关频率高，且不产生火花，调节精度高，还具有重量轻、体积小、寿命长、可靠性高、电波干扰小等优点，现广泛应用于东风、解放及多种中低档车型</td></tr>
<tr><td>（3）集成电路调节器（图 5-3）
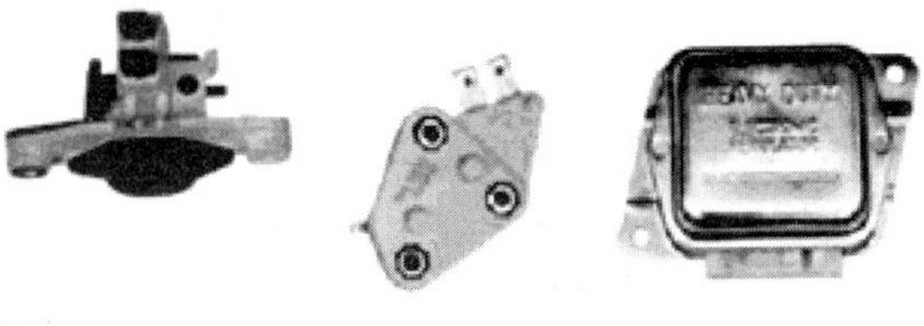
图 5-3　集成电路调节器</td><td>集成电路调节器除具有晶体管调节器的优点外，还具有超小型，安装于发电机的内部（又称内装式调节器），减少了外接线，并且冷却效果得到了改善，现广泛应用于桑塔纳、奥迪等多种轿车车型上</td></tr>
</table>

续表

<table>
<tr><td>按工作原理分</td><td>（4）电脑控制调节器</td><td>电脑控制调节器是现在轿车采用的一种新型调节器，由电负载检测仪测量系统总负载后，向发电机电脑发送信号，然后由电脑控制发电机电压调节器，适时地接通和断开磁场电路，即能可靠地保证电气系统正常工作，使蓄电池充电充足，又能减轻发动机负荷，提高燃料经济性。如上海别克、广州本田等轿车发电机上使用了这种调节器</td></tr>
<tr><td rowspan="2">按搭铁方式分</td><td>（1）内搭铁型调节器（图 5-4）
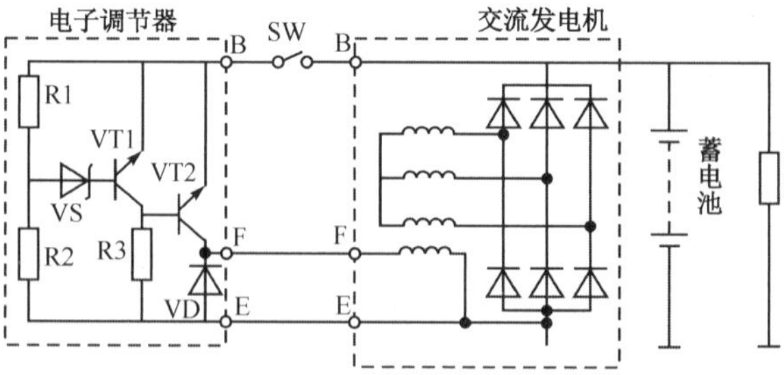

图 5-4　内搭铁调节器</td><td>适合于与内搭铁型交流发电机所匹配的电子调节器称为内搭铁型调节器</td></tr>
<tr><td>（2）外搭铁型调节器（图 5-5）
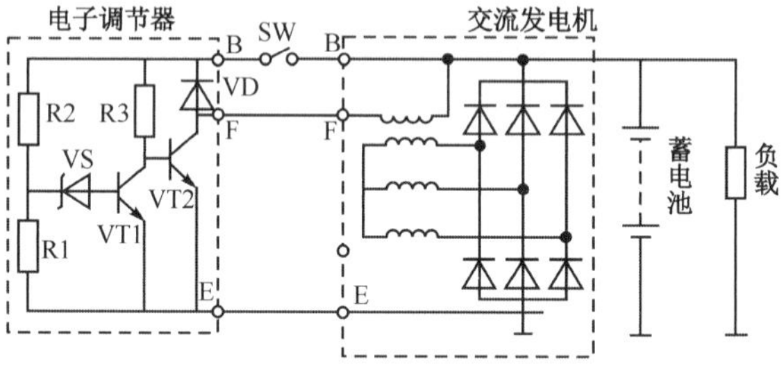

图 5-5　外搭铁调节器</td><td>适合于与外搭铁型交流发电机所匹配的电子调节器称为外搭铁型调节器</td></tr>
<tr><td rowspan="2">按装配方式分</td><td>（1）外装式</td><td>与发电机分开安装</td></tr>
<tr><td>（2）整体式（内装式）</td><td>装在发电机上，多为集成电路式</td></tr>
</table>

友情提示

在使用过程中，对于晶体管调节器，最好使用汽车说明书中指定的调节器，如果采用其他型号替代，除标称电压等规定参数与原调节器相同外，代用调节器必须与原调节器的搭铁形式相同，否则，发电机可能由于励磁电路不通而不能正常工作。对于集成电路调节器，必须是专用的，是不能替代的。

课题二　调节器检测与性能试验

学习目标

掌握调节器的检测方法和试验方法。

一、电子调节器的检测（表 5-3）

表 5-3　电子调节器的检测项目及方法

检 测 项 目	检 测 方 法
1．搭铁形式的检测	（1）将外接电源电压调至 12V （2）分别将导线两端连接到 B+D+端子上，若灯泡亮为内搭铁，若不亮为外搭铁，接通开关，若小灯泡亮，即为对应搭换形式，若不亮，为相反形式
2．技术状况的检测	（1）将调节器根据搭铁形式不同连好线路 （2）接通开关 S，逐渐调高电源电压，小灯泡的亮度应随电压升高而增强，当电源电压调至调节电压值（14V 调节器为 13.5～14.5V）时，小灯泡熄灭，则为良好；若小灯泡始终发亮或始终熄灭，则为损坏，应更换
3．管压降的检测 在检测管压降时，必须限定流过大功率三极管的电流。具体数值应根据调节器调节上限和配用发电机磁场绕组的电阻确定	（1）内搭铁型调节器管压降的检测 ① 按图连接好电路； ② 将变阻器调到 4Ω 左右，再接通开关 S，调节变阻器，使电流表读数调到 3A，此时电压表读数应在 0.6～2V； ③ 若电压超过 2V，说明调节器性能降低或有故障，须修理或更换；若电压过低（小于 0.6V），说明大功率三极管短路，须更换三极管或调节器 （2）外搭铁型调节器管压降的检测 ① 连好电路； ② 先将变阻器调到 3Ω 左右，再接通开关 S，再调节变阻器，使电流表读数达到 4A，此时电压表读数应在 0.6～1.6V； ③ 若电压超过 1.6V，说明调节器性能不好或有故障，应更换调节器；若电压低于 0.6V，说明大功率三极管短路，应更换调节器
4．静态检测	使用万用表 R×100 挡测量晶体管调节器各接线柱之间的静态电阻

二、集成电路调节器的测试

集成电路调节器，根据分压器 R_1、R_2 检测点位置不同可分为“发电机电压检测电路”和“蓄电池电压检测电路”两种形式。具体检测方法如表 5-4 所示。

表 5-4　集成电路调节器的测试表

类　别	检 测 方 法	优 缺 点
1. 发电机电压检测电路（图 5-6）	分压器 R1、R2 从发电机输出端（D+ 端）得到电压，稳压管 VS 上的电压与发电机的输出电压成正比，所以该电路称为发电机电压检测电路（检测点在发电机上）	优点：发电机到检测电路距离近，可不用导线连接，直接接在发电机输出端，连接可靠，不会使检测电路检测不到信号。 缺点：当发电机到蓄电池之间连接电阻大时，蓄电池充电电压会偏低，使蓄电池充电不足

续表

类　别	检 测 方 法	优 缺 点
	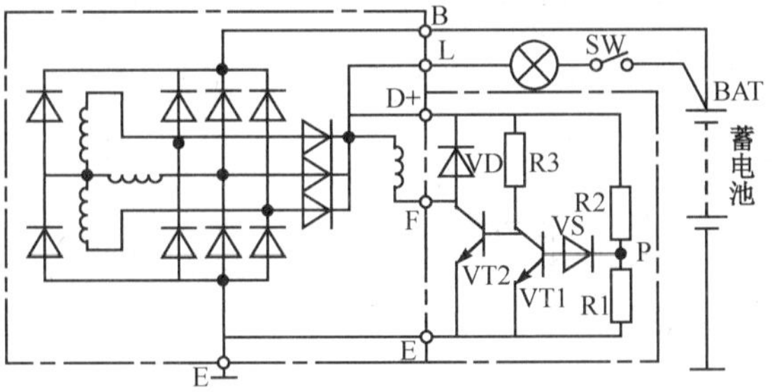 图 5-6　发电机电压检测电路	
2. 蓄电池电压检测电路（图 5-7）	蓄电池电压检测电路分压器 R_1、R_2 从蓄电池输出端得到电压，稳压管 VS 上的电压和蓄电池端电压成正比，所以该电路称为蓄电池电压检测电路（检测点在蓄电池上） 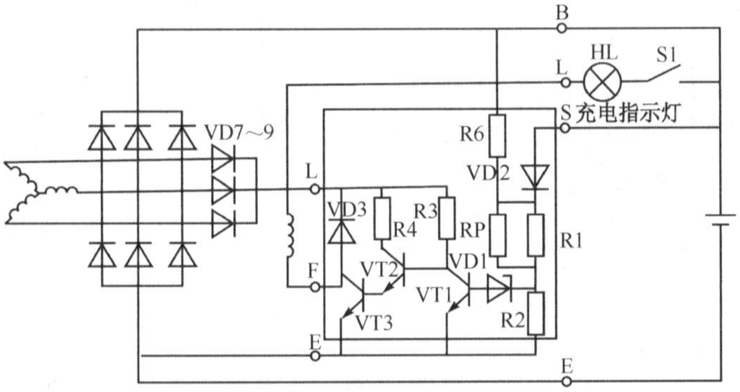 图 5-7　蓄电池电压检测电路	优点：直接检测蓄电池端电压控制发电机的输出，可使蓄电池的充电电压有保证。当蓄电池和发电机之间的连接不可靠时，自动转为发电机电压检测

三、常见车型调节器（表 5-5）

表 5-5　常见车型调节器

类　型	调节器电路图	调节器结构特点
奥迪轿车交流发电机的集成电路调节器	1—调节器 2—D+ 3—指示灯 4—电源 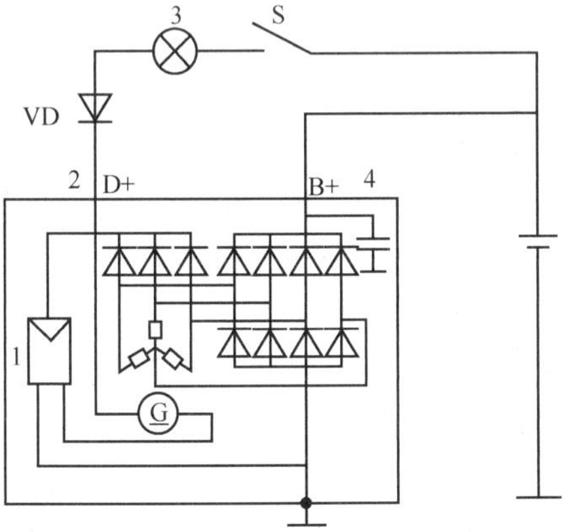 图 5-8　奥迪轿车交流发电机的集成电路调节器	奥迪轿车交流发电机为整体式外搭铁型交流发电机，调节器为内装式，和电刷架安装在一起。 该发电机外部有 2 个接线端子，分别是发电机输出端 B+，蓄电池励磁的接线端子 D+

续表

类　型	调节器电路图	调节器结构特点
日产蓝鸟轿车交流发电机的集成电路调节器	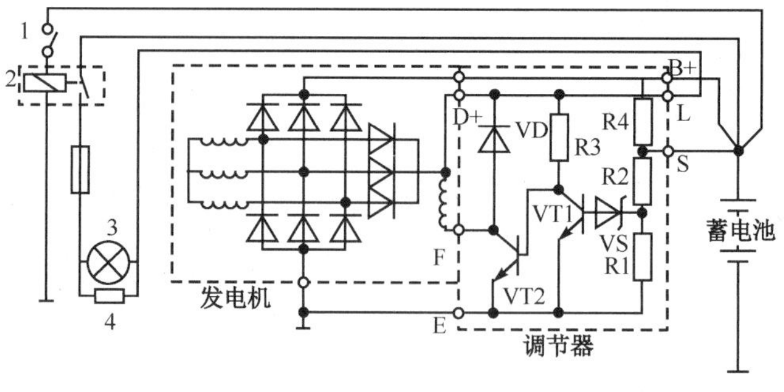 图 5-9　日产蓝鸟轿车交流发电机的集成电路调节器 1—点火开关；2—继电气；3—指示灯；4—负载	日产蓝鸟轿车交流发电机为整体式外搭铁型交流发电机，调节器为内装式，和电刷架安装在一起。该发电机外部有 3 个接线端子，分别是发电机输出端 B+，蓄电池接线端子 S，充电指示灯接线端子 L
夏利轿车发电机的集成电路调节器	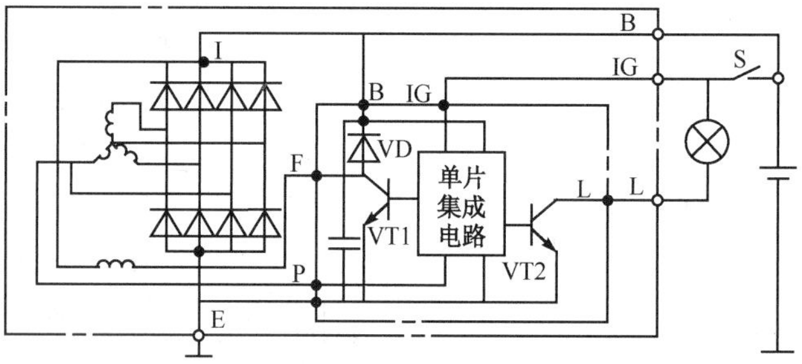 图 5-10　夏利轿车发电机的集成电路调节器	夏利发电机为整体式交流发电机，调节器为内装式外搭铁型。 该调节器有 6 个接线端子 F、P、E 三个端子用螺钉直接和发电机连接，B 端用螺母固定在发电机的输出端子 B 上，IG、L 两个端子用金属线引到调节器的外部接线插座上
广州本田轿车交流发电机的集成电路调节器	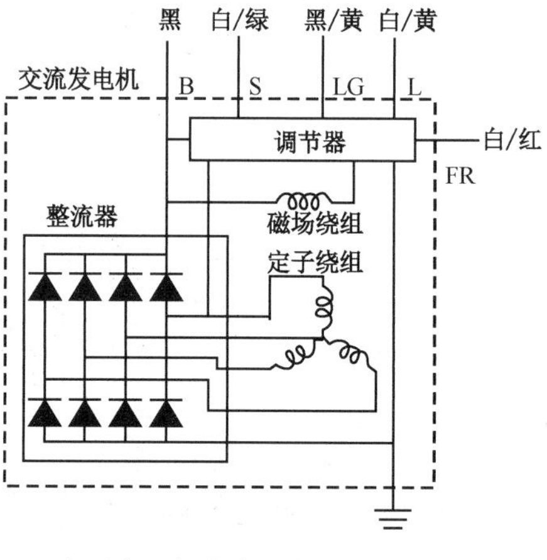 图 5-11　广州本田轿车交流发电机的集成电路调节器	广州本田轿车交流发电机为 8 管外搭铁型交流发电机，调节器为内装式外搭铁型，由发动机电脑控制。 在汽车电路中有一个负载检测仪，检测电路中总电流负载大小，输送信号到电脑，调节器发出电动机电压信号到电脑，电脑根据这两个信号，发送电信号到调节器，驱动调节器的控制电路工作，适时地接通和断开励磁绕组电流，从而控制发电机电压

当交流发电机配用调节器时，交流发电机的电压等级必须与调节器电压等级相同，交流发电机的搭铁类型必须与调节器搭铁类型相同，调节器的功率不得小于发电机的功率。

线路连接必须正确，目前各种车型调节器的安装位置及接线方式各不相同，故接线时要特别注意。调节器必须受点火开关控制，发电机停止转动时，应将点火开关断开，否则会使发电机的磁场电路一直处于接通状态，不但会烧坏磁场线圈，而且会引起蓄电池亏电。

课题三 交流发电机

学习目标

1. 了解交流发电机的功用、分类；
2. 掌握发电机的结构、工作原理及检测维修方法。

知识结构

交流发电机知识结构如表 5-6 所示。

表 5-6 交流发电机知识结构

交流发电机	1. 交流发电机的分类
	2. 交流发电机的组成
	3. 交流发电机的工作原理

案例导入

一天小王开着自己的爱车无意低头看了下燃油表，心想日本车就是省油啊，可是当他眼睛扫过仪表盘的时候，突然发现了一抹耀眼的红色，咦？那是什么灯？ 像块小电池一样，他心里很纳闷，怕自己的爱车出毛病，就停了下来给服务中心打了个电话，服务中心的人告诉他，可能是发电机出了毛病。那么发电机在车上都有什么作用呢？

一、概述

发电机是汽车的主要电源，其功用是在发动机正常运转时（怠速以上），向所有用电设备（启动机除外）供电，同时向蓄电池充电。

汽车用发电机可分为直流发电机和交流发电机，由于交流发电机的性能在许多方面优于直流发电机，直流发电机已被淘汰。目前汽车采用三相交流发电机，内部带有二极管整流电路，将交流电整流为直流电，所以，汽车交流发电机输出的是直流电。

交流发电机必须配装电压调节器，电压调节器对发电机的输出电压进行控制，使其保持基本恒定，以满足汽车用电气的需要。

二、交流发电机的分类

交流发电机按照不同的分类方法分为以下几类，如表 5-7 所示。

表 5-7 交流发电机分类

分类标准	内　容
1. 按结总体结构分五类	（1）普通交流发电机（使用时需要配装电压调节器的发电机）。例如 JF132（EQ140 用）
	（2）整体式交流发电机（发电机和调节器制成一个整体的发电机）。例如别克轿车的发动机上装配的是 CS 型发电机（包括 CS—121、CS—130 和 CS—144 三种不同的型号）

续表

分类标准	内容
1. 按结总体结构分五类	（3）带泵交流发电机（和汽车制动系统用真空助力泵安装在一起的发电机）。例如 JFZB292 发电机
	（4）无刷交流发电机（不需要电刷的发电机）。例如 JFW1913
	（5）永磁交流发电机（磁极为永磁铁制成的发电机）
2. 按整流器结构分四类	（1）六管交流发电机 JF1522（东风汽车用）
	（2）八管交流发电机 JFZ1542（本田、夏利汽车用）
	（3）九管交流发电机（日本日立、三凌、马自达汽车用）
	（4）十一管交流发电机 JFZ1913Z（奥迪、桑塔纳汽车用）
3. 按磁场绕组搭铁形式分两类	（1）内搭铁型交流发电机。磁场绕组的一端（负极）直接搭铁（和壳体相连）
	（2）外搭铁型交流发电机。磁场绕组的一端（负极）接入调节器，通过调节器后再搭铁
	注意：交流发电机搭铁形式不同，所配用的调节器及接线方法不同，充电系故障检查方法也不同，使用时应予注意，否则发电机不发电，调节器不工作

三、交流发电机的组成

交流发电机一般由转子、定子、整流器、端盖带轮及风扇四部分组成。具体组成及作用如表 5-8 所示。

表 5-8　交流发电机组成及其作用

组　成	图　示	作　用
转子	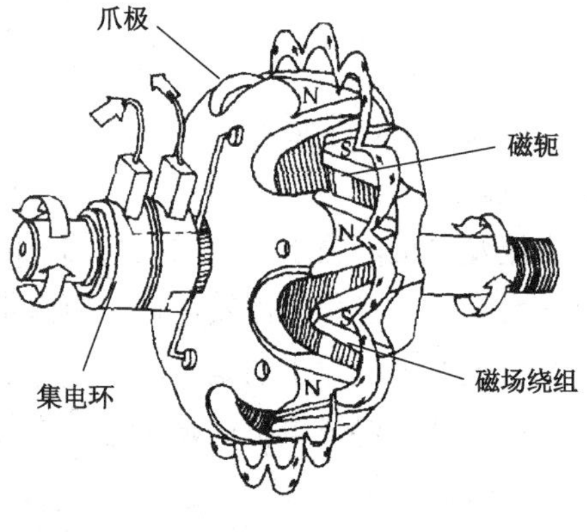 图 5-12　转子	转子（图 5-12）产生旋转磁场。由爪极、磁轭、磁场绕组、集滑环及两个彼此绝缘的铜环组成，压装在转子轴上并与轴绝缘，两个滑环分别与励磁绕组的两端相连。 当给两滑环通入直流电时，励磁绕组中就有电流通过，并产生轴向磁通，使爪极一端被磁化为 N 极，另一端被磁化为 S 极。 电环、转子轴组成转子转动时，就形成了旋转的磁场
定子	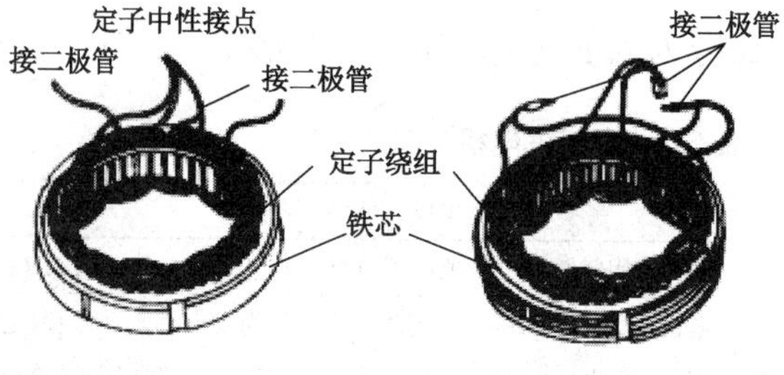 图 5-13　定子	定子（图 5-13）的功用是产生交流电。 定子由定子铁芯和定子绕组组成定子安装在转子的外面，和发电机的前后端盖固定在一起，当转子在其内部转动时，引起定子绕组中磁通的变化，定子绕组中就产生交变的感应电动势

续表

组　成	图　示	作　用
整流器	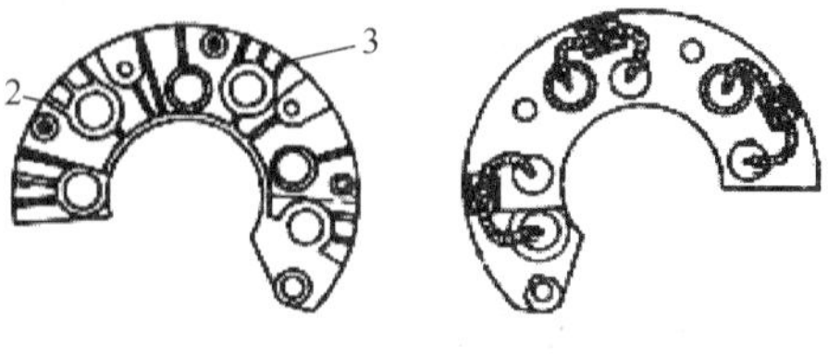 1—正极板；2—负极板；3—二极管 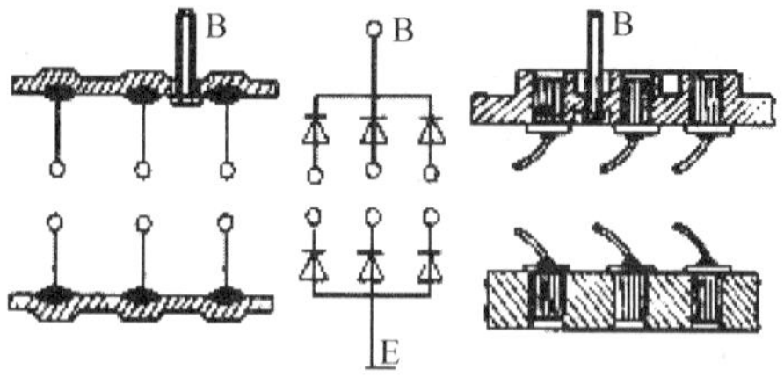 图 5-14　整流器	交流发电机整流器（图 5-14）由整流板和整流二极管组成。整流器的作用是将定子绕组的三相交流电变为直流电。 发电机定子与整流器的连接方式如图 5-15 所示。 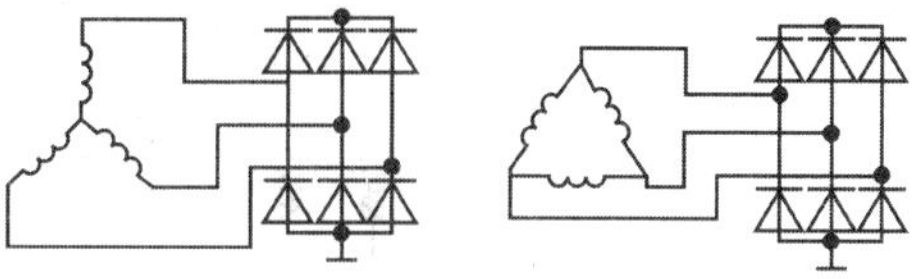 图 5-15　发电机定子与整流器的连接方式
端盖及电刷组件	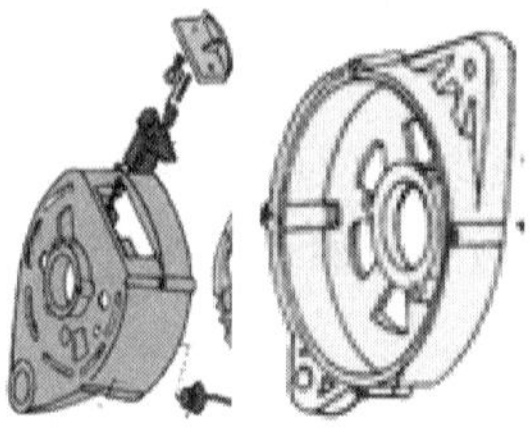 图 5-16　端盖 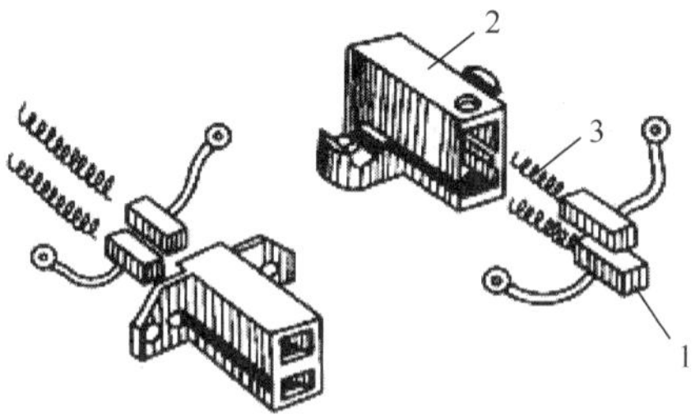 图 5-17　电刷 1—电刷；2—电刷架；3—电刷弹簧	端盖（图 5-16）一般分两部分（前端盖和后端盖），起固定转子、定子、整流器和电刷组件的作用。端盖一般用铝合金铸造，一是可有效地防止漏磁，二是铝合金散热性能好。 电刷组件由电刷、电刷架和电刷弹簧组成，如图 5-17 所示。 电刷的作用是将电源通过滑环引入励磁绕组。两个电刷分别装在电刷架的孔内，借助弹簧压力与滑环保持接触。 电刷和滑环的接触应良好，否则会因为磁场电流过小，导致发电机发电不足
带轮及风扇		交流发电机的前端装有带轮和风扇，由发动机通过传动带驱动发电机的转子轴和风扇一起旋转。 发电机工作时，定子绕组和励磁绕组中都会有热量产生，温度过高会烧坏导线的绝缘导致发电机不能正常工作，所以为发电机散热是必需的，为了提高散热能力，有的发电机装有两个风扇（前后各一个）。如丰田轿车的发电机

四、交流发电机的工作原理

基本工作原理：通电导体在磁场中切割磁力线，产生感应电动势。

1. 交流发电机的发电原理

交流发电机的发电原理如图 5-18 所示。

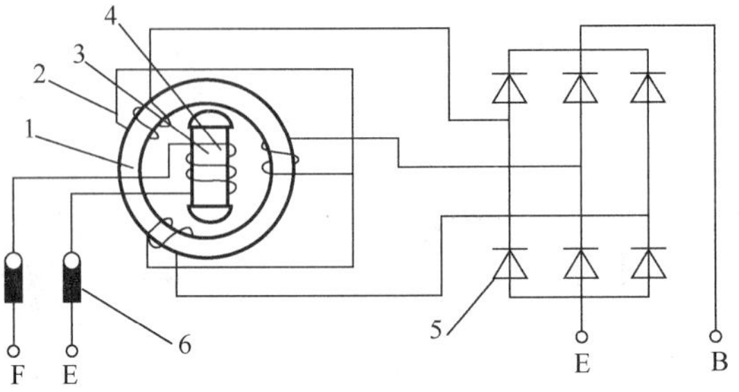

图 5-18　交流发电机的发电原理

1—定子铁芯；2—定子绕组；3—转子；4—励磁绕组；5—整流二极管；6—电刷

发电机定子的三相绕组按一定规律分布在发电机的定子槽中，内部有一个转子，转子上安装着爪极和励磁绕组。

当外电路通过电刷使励磁绕组通电时，便产生磁场，使爪极被磁化为 N 极和 S 极。当转子旋转时，磁通交替地在定子绕组中变化，根据电磁感应原理可知，定子的三相绕组中便产生交变的感应电动势。这就是交流发电机的发电原理。

2. 交流发电机整流原理

交流发电机定子的三相绕组中，感应产生的是交流电，是靠六只二极管组成的三相桥式整流电路变为直流电的。

二极管具有单向导电性，当给二极管加上正向电压时，二极管导通，当给二极管加上反向电压时，二极管截止，二极管的导通原则如下：

1）二极管的导通原则（图 5-19）

当 3 只正二极管负极端连接在一起时，正极端电位最高者导通；

当 3 只负二极管正极端连接在一起时，负极端电位最低者导通。

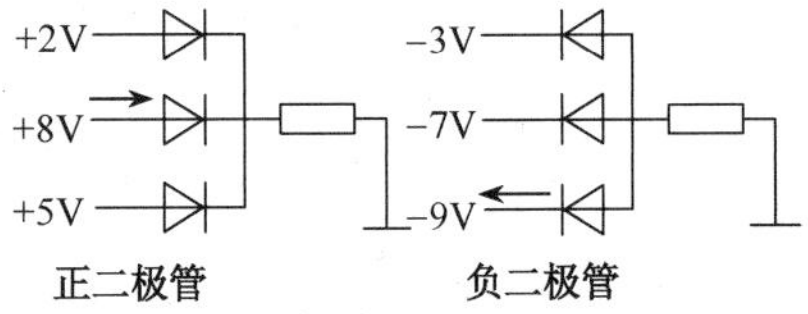

图 5-19　二极管的导通原则

2）整流过程的分析

同时导通的二极管管子总是两个，正、负管子各一个。

三相桥式整流电路中二极管的依次循环导通，使得负载 RL 两端得到一个比较平稳的脉动直流电压（图 5-20）。

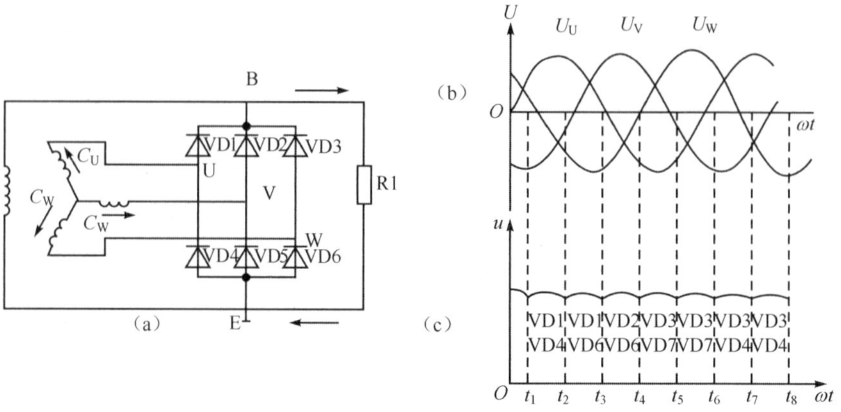

图 5-20　交流发电机整流原理

（a）整流电路图；（b）三相绕组电压波形；（c）整流后发电机输出波形

实训任务工作单

实训任务　交流发电机的检测

当发现汽车交流发电机不发电或发电量不足等故障时，应首先判断故障发生在外电路还是发电机内部，若初步确定故障在发电机内部，就应将交流发电机从车上拆下来，对其进行检测、修理。

应先对交流发电机进行整体检测。目的是判定交流发电机有无故障和故障发生在哪个部位，然后再进行解体检测，以便有的放矢地修理。

一、整体检测（表 5-9）

表 5-9　交流发电机的整体检测

1．测量各接线柱之间的电阻（图 5-21）	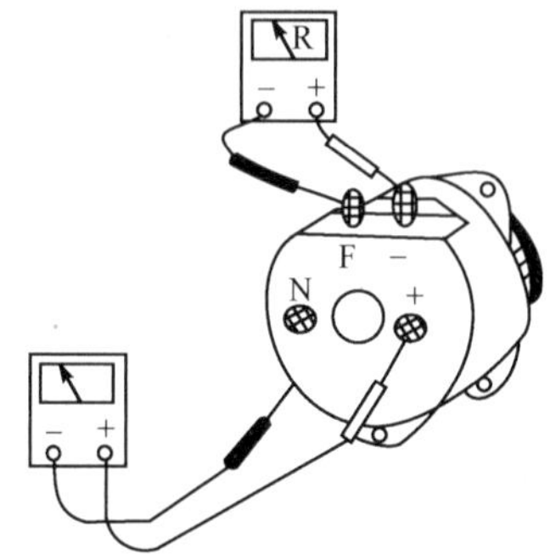 图 5-21　测量各接线柱之间的电阻	（1）测量发电机的输出端子 B+和搭铁端 E 之间的阻值（壳体或搭铁接线柱）。通过测量可以判断交流发电机整流器是否有故障，如有故障应将发电机解体进一步检测。 （2）测量发电机正电刷 F 接线柱和负电刷 E 之间的阻值。 通过测量各接线柱之间的阻值，不能确定交流发电机是否有无故障时，应进行试验台试验
2．试验台试验		（1）空载试验 空载试验是在交流发电机不带任何负载（不对外输出电流）情况下的一种试验。空载试验的目的是：初步测定发电机是否有故障

续表

<table>
<tr><td colspan="2">2. 试验台试验</td><td colspan="2">（2）负载试验
负载试验就是在交流发电机带有负载（对外输出电流）情况下的一种试验。负载试验的目的是：进一步测定发电机是否有故障。交流发电机的有些故障，在没有电流输出的情况下是表现不出来的，所以如果交流发电机空载试验正常情况下，应再做负载试验</td></tr>
<tr><td>3.用示波器观察输出电压波形（有条件的情况下）</td><td>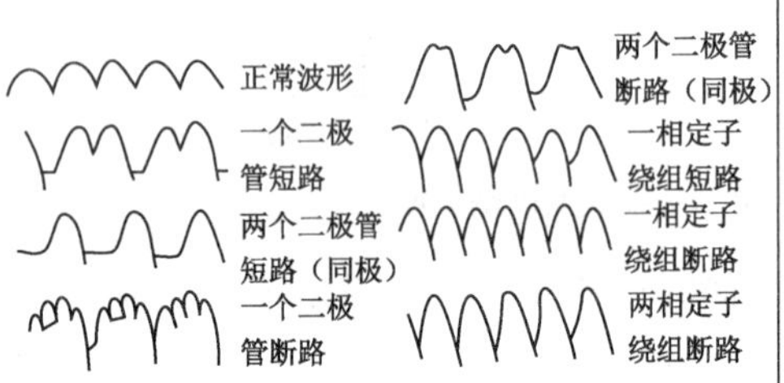

图 5-22　蓄电池输出电压波形</td><td colspan="2">当交流发电机有故障时，其输出电压的波形（图 5-22）将出现异常，因此，在有条件的情况下，可用示波器观察发电机的输出电压波形，根据输出电压波形可以判断交流发电机内部故障是整流器故障还是定子绕组故障</td></tr>
<tr><td colspan="2" rowspan="2">4. 检查发电机驱动带</td><td>检查驱动带的外观</td><td>用肉眼观看应无裂纹或磨损现象，如有则应更换</td></tr>
<tr><td>检查驱动带的挠度</td><td>用 100N 的力压在带的两个传动轮之间，新带挠度为 5～10mm，旧带为 7～14mm</td></tr>
<tr><td colspan="2" rowspan="3">5. 检查导线的连接</td><td colspan="2">（1）接线是否正确；</td></tr>
<tr><td colspan="2">（2）接线是否牢靠；</td></tr>
<tr><td colspan="2">（3）发电机输出端接线螺钉必须加弹簧垫圈</td></tr>
<tr><td colspan="2" rowspan="2">6. 检查是否发电</td><td colspan="2">（1）观察充电指示灯的熄灭情况，若充电指示灯一直亮着，说明发电机或调节器有故障，也可能是充电指示灯线路有故障，应及时维修</td></tr>
<tr><td colspan="2">（2）用万用表直流电压挡测量电压，在发电机未转动时测量蓄电池端电压，并记录下来，启动并将转速提高到怠速以上转速，测量蓄电池端电压，若高于原记录，说明发电机能发电，若测量电压一直不上升，说明发电机或调节器有故障，应及时维修</td></tr>
<tr><td colspan="4">7. 检查运转时有无噪声</td></tr>
</table>

当发电机或调节器有故障需要从车上拆下检修时，首先关断点火开关及一切用电设备，拆下蓄电池负极电缆线，再拆卸发电机上的导线接头。

二、解体检测（表 5-10）

表 5-10　交流发电机的解体检测

1. 转子的检修	（1）励磁绕组的检修（图 5-23、图 5-24） 励磁绕组短路、断路的检测	用万用表测量励磁绕组的电阻，应符合标准。每个滑环与转子轴之间的阻值都应该是无穷大

续表

<table>
<tr><td rowspan="3">1. 转子的检修</td><td colspan="2">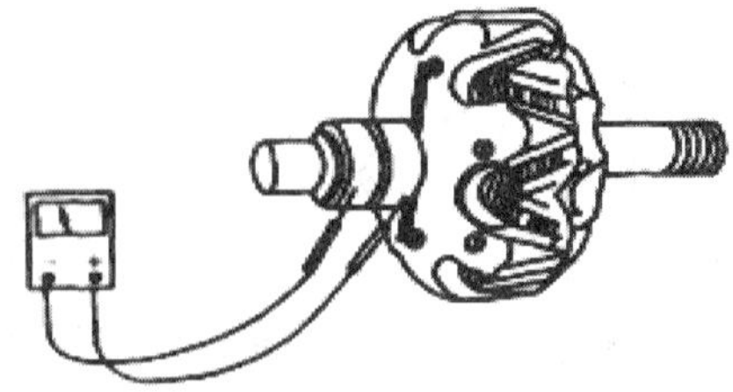
图 5-23　励磁绕组短路、断路的检测

图 5-24　励磁绕组搭铁的检查</td></tr>
<tr><td>（2）转子轴和滑环的检修（图 5-25）
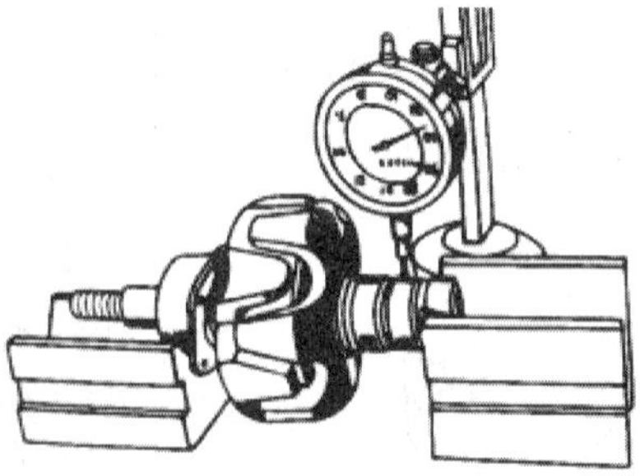
图 5-25　转子轴径向摆差的检测</td><td>转子轴的弯曲会造成转子与定子之间间隙过小而摩擦或碰撞，如发现发电机运转时阻力过大或有异响，应检查转子轴是否有弯曲。滑环应表面光滑，无烧蚀，厚度应大于 1.5mm</td></tr>
<tr><td>（3）轴承的检修</td><td>若发现发电机运转时有异响，应仔细检查是否因轴承的损坏而造成</td></tr>
<tr><td rowspan="2">2. 定子的检修</td><td>（1）定子绕组的断路和搭铁故障检测（图 5-26）
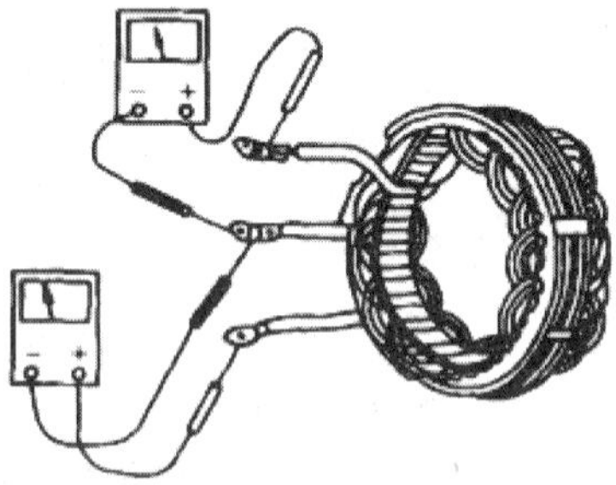
图 5-26　定子断路故障的检测</td><td></td></tr>
<tr><td>（2）定子绕组的短路故障检测（图 5-27）
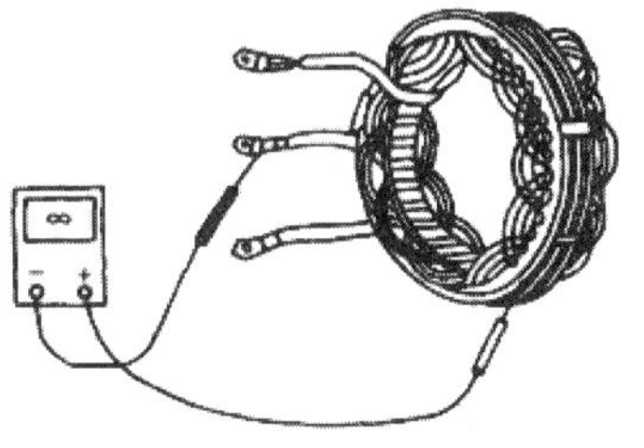
图 5-27　定子搭铁故障的检测</td><td></td></tr>
</table>

续表

<table>
<tr><td rowspan="2">3. 整流器的检修</td><td>（1）普通整流器的检测（图 5-28）
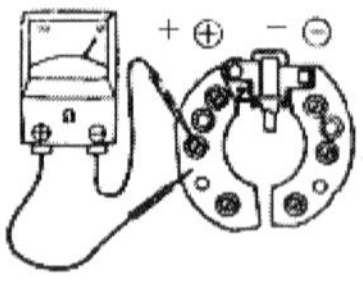
（a）检测正二极管的正向电阻
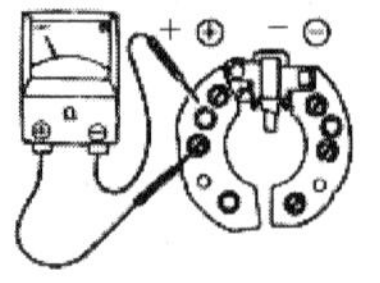
（b）检测正二极管的反向电阻
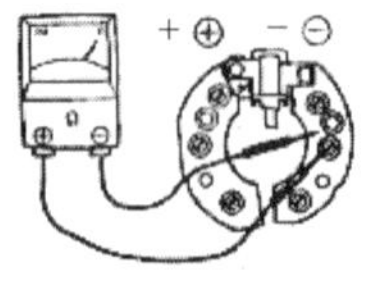
（c）检测负二极管的正向电阻
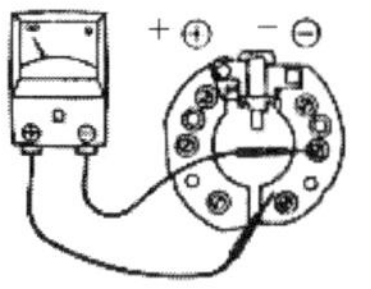
（d）检测负二极管的反向电阻
图 5-28　普通整流器的检测</td><td>将二极管的引线与其他连接分离，用指针万用表的两个表笔分别接到二极管的引线与壳体上，检测二极管的正向与反向电阻。二极管的正向电阻应符合标准值，反向电阻应在 10kΩ 以上</td></tr>
<tr><td>（2）整体结构的整流器检测（图 5-29）
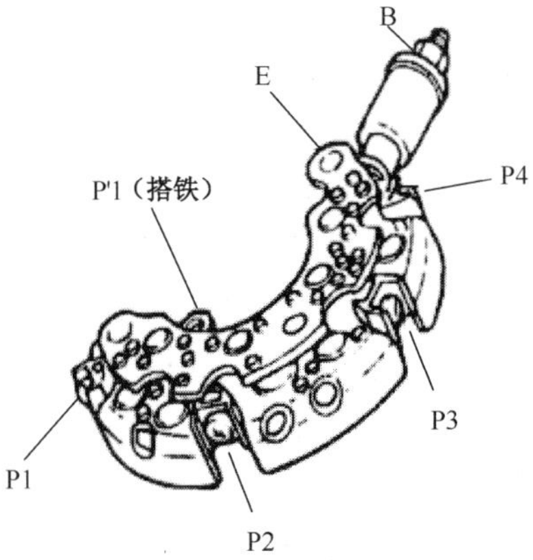

图 5-29　整体结构的整流器检测</td><td>整体结构整流器的整流板、正、负硅二极管全部焊装在一起，不可分解。左图为本田汽车交流发电机的整流器。
检测正极管时，将指针万用表的红表笔接 B，黑表笔依次接 P1、P2、P3、P4，均应导通；交换两表笔后再测，均应为无穷大，否则为正二极管损坏，需更换整流器总成。
检测负极管时将指针万用表的黑表笔接 E，红表笔依次接 P1、P2、P3、P4，均应导通；交换两表笔后再测，均应为无穷大，否则为负二极管损坏，需更换整流器总成</td></tr>
<tr><td>4. 电刷组件的检测</td><td colspan="2">电刷和电刷架应无破损或裂纹，电刷在电刷架中应活动自如，不得出现卡滞现象。电刷露出电刷架部分的长度叫电刷长度，电刷长不应超出磨损极限（原长的 1/2），否则应更换。
电刷弹簧压力应符合标准，一般为 2～3N，将电刷压入电刷架使之露出部分约 2mm，弹簧压力过小应更换</td></tr>
</table>

模块六

点火系统

课题一　传统点火系

学习目标

1. 了解传统点火系统的工作原理；
2. 掌握传统点火系统组成及其作用；
3. 掌握线路实际连接关系；
4. 了解传统点火系的常见故障及原因。

知识结构

传统点火系知识结构如表 6-1 所示。

表 6-1　传统点火系知识结构

传统点火系统	作用	适时提供足够能量的电火花，使发动机能及时、迅速地做功
	原理	通过切断和接通初级电流，利用点火线圈的感应原理将直流电升压
	组成	电源（蓄电池、发电机）、点火开关、点火线圈、附加电阻、分电器（断电器、配电器、电容器、点火提前机构）、火花塞、高压线

案例导入

终于放假了，小刘打算开车带着全家人去外地旅游。可就在家里人兴高采烈地提着行李上车后，小刘的那辆切诺基却怎么也发动不了了，排气管排出的气体伴随着一股浓浓的汽油味，全家人都很扫兴，出行计划只得延迟了。小刘沮丧地打电话给维修站的朋友小李，小李听到故障现象后很快过来，轻松地就把故障解决了。原来是火花塞积炭，导致高压无火，更换了火花塞，汽车就像新的一样，小李还给了小刘几个火花塞备用，小刘拿着手里的火花塞，很是奇怪，这小小的东西到底是干什么的？

一、电火花形成原理以及对点火系的要求

1. 电火花的形成原理

电火花的形成如图 6-1 所示，具体形成过程如表 6-2 所示。

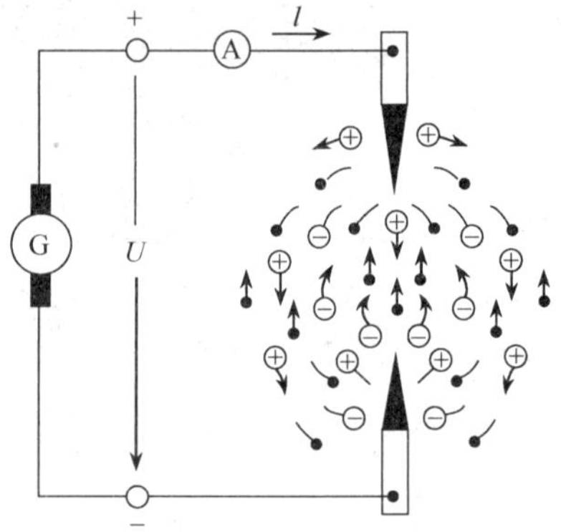

图 6-1　电火花形成示意

表 6-2　电火花的形成过程

电　　压	两极间状态
正常状态下	电场力的作用下，电极间的正离子便会向负电极运动、负离子和电子便会向正电极运动，离子和电子在运动中都会撞击中性分子，从而形成电流
电压较低时	离子和电子的运动速度较慢、动能较小，不能将中性分子撞破，气体中只有原有少量离子和电子导电。因此，电流微小，正负电极之间不能形成电火花
电压升高时	离子和电子便将中性分子撞破，使中性分子分裂成正离子和负离子，如此进行链式反应，电极间隙之间的离子和电子便骤然增多。激烈地运动与碰撞就会发出大量的热，当温度达到一定值时，便会产生弧光放电，放电电流急剧增大，并产生轻脆的响声

2．对点火系的要求（表 6-3）

表 6-3　对点火系的要求

序　　号	要　　求
1	足够的点火电压（15～25kV）
2	足够的能量维持跳火持续时间
3	点火正时要求（不同的负荷都能提供最佳点火时间）
4	信息反馈要求（爆震控制）

二、传统点火系工作原理（图 6-2）

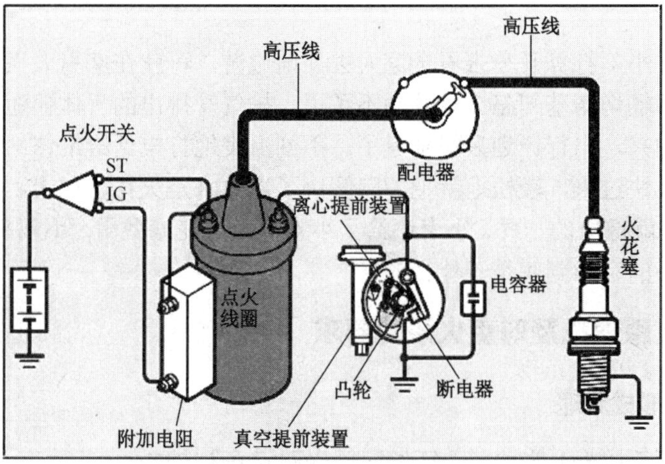

图 6-2　传统点火系工作原理

传统点火系工作过程如表 6-4 所示。

表 6-4 传统点火系工作过程

工作条件	电流路径	结果
点火开关打开，断电气触点闭合	蓄电池正极→电流表→点火开关→点火线圈“十开关”接线柱→附加电阻→“开关”接线柱→点火线圈初级绕组→点火线圈“–”接线柱→断电气触点→搭铁→蓄电池负极	电流通过初级绕组时，在铁芯中产生磁场
点火开关打开，断电气触点断开	次级绕组→附加电阻→点火开关→蓄电池正极→蓄电池负极→高压导线→配电气旁电极→分火头→高压导线→次级绕组	次级绕组中将在互感的作用下产生与次级绕组和初级绕组匝数成正比的高压电动势，达 15～20kV。该电动势击穿火花塞间隙，产生电火花，点燃混合气

三、各主要部件结构及组成（表 6-5）

表 6-5 传统点火系各主要部件结构及组成

名称	分类	结构及组成
点火线圈	开磁路	由初级绕组、次级绕组、铁芯、高低压接线柱、附加电阻等组成
	闭磁路	
分电器	触点式	由断电器、配电器、电容器和点火提前装置等组成
	磁脉冲式	由配电器、信号发生器和点火提前装置等组成
	霍尔式	由配电器、信号发生器和点火提前装置等组成
	光电式	由配电气、信号发生器和点火提前装置等组成
火花塞	冷型	主要由接触螺母、瓷绝缘体、中心电极、侧电极和壳体等部分组成
	热型	
附加电阻		由低碳钢丝、镍铬丝或纯镍丝制成。阻值是随着电阻自身温度的升高而增加，随着温度的降低而阻值减小

1. 点火线圈及附加电阻

点火线圈结构及外形如图 6-3 所示。

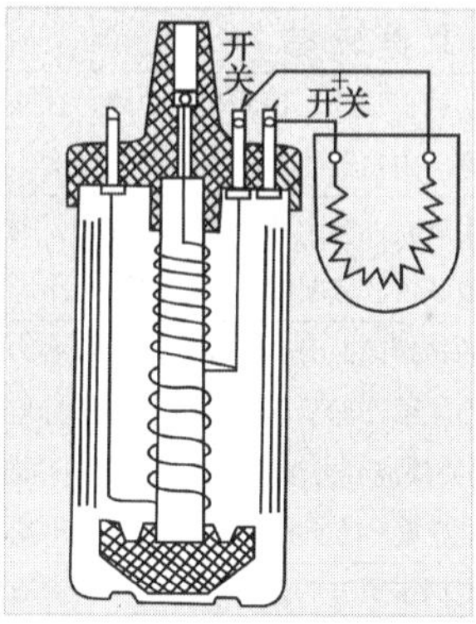

（a）结构

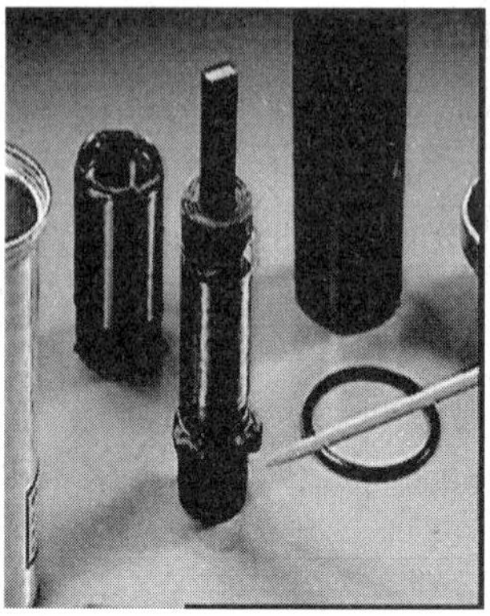

（b）外形

图 6-3 点火线圈

当初级线圈接通电源时，随着电流的增长四周产生一个很强的磁场，铁芯储存了磁场能；当开关装置使初级线圈电路断开时，初级线圈的磁场迅速衰减，次级线圈就会感应出很高的电压。初级线圈的磁场消失速度越快，电流断开瞬间的电流越大，两个线圈的匝比越大，则次级线圈感应出来的电压越高。

如果点火线圈按发动机高速时的需要设计，则低速时初级电流将过大，容易使点火线圈过热；如果按低速时设计，则高速时又将使初级电流过小而次级电过低，不能保证可靠地点火。为解决这一矛盾，可在初级电路中串联一个其电阻能随温度而变化（温度越高则电阻越大）的附加电阻（热敏电阻）。

随着发动机转速降低而初级电流加大，附加电阻的电阻值因本身温度升高而增大，因而使初级电流减小，点火线圈不致过热。

当发动机转速升高时，初级电流减小，但同时附加电阻的电阻值却因温度降低而减小，故又使初级电流下降较少。这样，附加电阻就起了保持初级电流基本稳定作用。

2. 分电气

分电气结构如图 6-4 所示，各部分工作原理如表 6-6 所示。

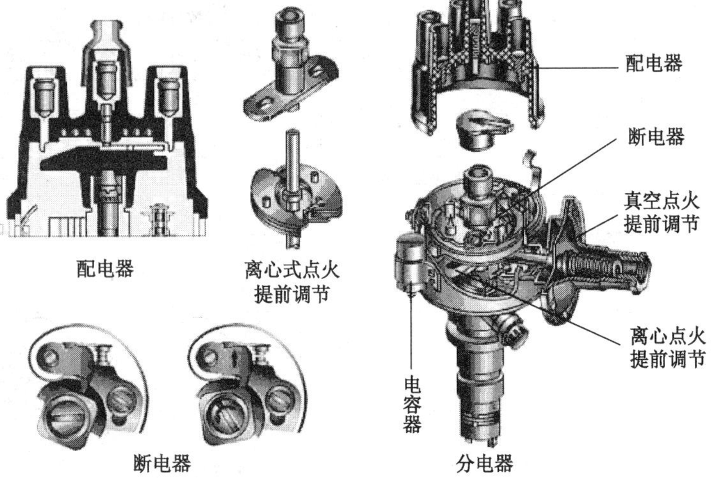

图 6-4　分电器结构

表 6-6　分电气结构及工作原理

名　称	组　成	工 作 原 理
断电器	动触点凸轮及凸轮轴	发动机旋转时，凸轮的凸角将活动触点顶开，切断初级电路，在次级产生高压，实现点火。凸轮的凸角数与汽缸数相等，曲轴转两圈，各缸点火一次
	静触点	
配电器	分电器盖	分火头套在凸轮上，与凸轮轴同步旋转。分火头上有导电铜片，通过碳棒与主高压线连通。在旋转时将高压电按做功顺序依次分配给各分高压线插孔，实现点火
	分火头	
点火提前装置	离心式	当发动机的转速升高时，分电器的转速随之升高，两重块在离心力作用下，克服弹簧外力向外甩开，同时带动拨板和凸轮沿凸轮旋转的方向相对于分电器轴转动一个角度，点火提前角增大。转速越高，离心块离心力越大，则点火提前角越大。当发动机的转速降低时，弹簧将重块拉回，凸轮逆旋转方向回转，点火提前角减小
	真空式	小负荷时，节气门开度也小，节气门下方及管道的真空度增大，真空吸力吸引膜片压缩弹簧而拱曲，通过拉杆拉动底板带着断电器触点逆着分电气轴旋转方向转动一定角度（凸轮位置相对不变），使凸轮提前将触点打开，于是点火提前角增大。负荷越小，节气门开度也越小，真空度越高，点火提前角越大。大负荷时，节气门开度增大，真空度减小，膜片在弹簧力的作用下压向左方，拉杆拉动断电器底板顺着凸轮旋转一个角度，使点火提前角减小。怠速时，节气门接近关闭，吸入孔在节气门的上方，该处的真空度几乎为零，弹簧失去膜片使点火提前角最小或接近为零

续表

名　称	组　成	工 作 原 理
电容器 （图 6-5）		在点火线圈铁芯中换磁通发生变化时，不仅在次级绕组中产生高压电（互感电压），同时也在初级绕组中产生自感电压和电流。在触点断开初级电流下降瞬间，自感电流与原初级电流方向相同，其电压高达 300V 左右，在触点间产生强烈的火花。这不仅使触点迅速烧蚀，影响断电器正常工作，同时使初级绕组电流的变化率下降，次级绕组中感应的电压降低，火花塞间隙中的火花变弱，难以点燃混合气。在断电器触点闭合，初级电流增长的过程中，初级绕组中也有电流产生，但其方向与初级电流的方向相反，使初级电流的增长速度减慢。 因此，为了消除自感电流的不利影响，在断电器触点间并联有电容器。当断电器点分开时，自感电流向电容器充电，减小了断电器触点间的火花，加速初级电流和磁通的衰减，从而提高了次级绕组电压

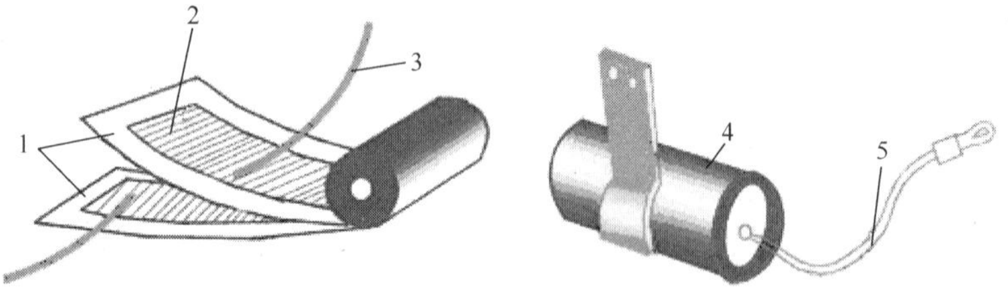

图 6-5　电容器结构

1—纸带；2—箔带；3—软导线；4—外壳；5—引线

3. 火花塞

火花塞结构如图 6-6 所示。

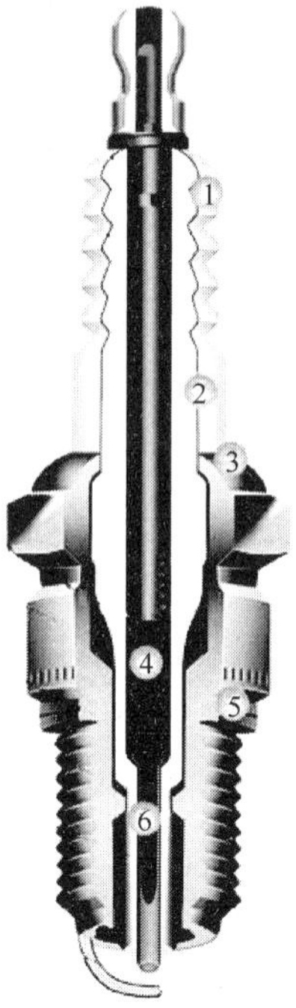

图 6-6　火花塞结构

1—接线连接；2—绝缘体；3—壳体；4—导电棒；5—外密封垫；6—中心电极

火花塞安装位置、作用、选用要求及原则如表 6-7 所示。

表 6-7　火花塞安装位置、作用、选用要求及原则

项　目	内　容
安装位置	安装于汽缸盖的火花塞孔内，下端电极伸入燃烧室。上端连接分缸高压线
作用	将高压电引进发动机燃烧室，在电极间形成火花，以点燃可燃混合气
对火花塞的要求	足够的机械强度、绝缘强度、良好的温度特性、耐腐蚀性、密封性
选用原则	对于大功率、高压缩比和高转速的发动机来说，燃烧室内温度高，火花塞裙部温度就高，应选用冷型火花塞（裙部较长）。对于小功率、小压缩比、低转速的发动机而言，燃烧室内温度低，火花塞裙部温度就低，应选择热型火花塞（裙部较短）

四、传统点火系主要故障及检修

传统点火系的主要故障及检修如表 6-8 所示。

表 6-8　传统点火系的主要故障及检修

故障现象	故障原因	故障检查
不着车（高压无火）	低压电路故障	（1）蓄电池存电不足 （2）线连接不良或错乱 （3）蓄电池搭铁不良 （4）分电器或霍尔传感器损坏 （5）点火开关损坏或接线不良
不着车（高压有火）	高压电路故障	（1）高压线脱落或漏电 （2）分电器盖破裂击穿 （3）分电器分火头烧蚀破裂击穿 （4）火花塞电极间隙过大或过小 （5）火花塞积炭过多 （6）火花塞绝缘体损坏 （7）点火线圈损坏或接线脱落 （8）火花塞积炭、油污和过热
怠速运转不平稳，易熄火；加速时，发动机有严重的爆燃声	点火过早	点火正时调整失准或点火角度装配失准所致
消声器声响沉重、急加速化油器回火、发动机冷却液温度较高、汽车行驶无力	点火过晚	点火正时调整失准或点火角度装配失准所致

课题二　电子点火系

学习目标

1. 掌握电子点火系统工作时的电流走向；
2. 读懂电子点火系统电路图中基本信息；
3. 掌握线路实际连接关系；
4. 能作电路分析，进行知识迁移。

知识结构

电子点火系知识结构如表 6-9 所示。

表 6-9　电子点火系知识结构

电子点火系统	分　类	磁感应式、光电式、霍尔效应式
	组　成	1．磁脉冲式 电子信号发生器和点火控制器代替了断电气触点 2．霍尔式 霍尔传感器和点火控制器代替了断电气触点 3．光电式 光触发器、发光二极管、光敏二极管代替了断电气触点

案例导入

小肖的普桑轿车在去单位的路上出现故障了，发动机在熄火后再也无法启动，而且没有一点着车的迹象。车被拖到了修理厂后经过技师的检修发现需要更换一个点火模块，小肖一直认为自己的车是传统的白金触点式的点火系统，经过维修技师的讲解他才明白自己的车采用的已经是电子点火系统了。那么电子点火系统的原理是什么，又是由哪些部分组成的呢？

一、电子式点火系工作原理（图 6-7）

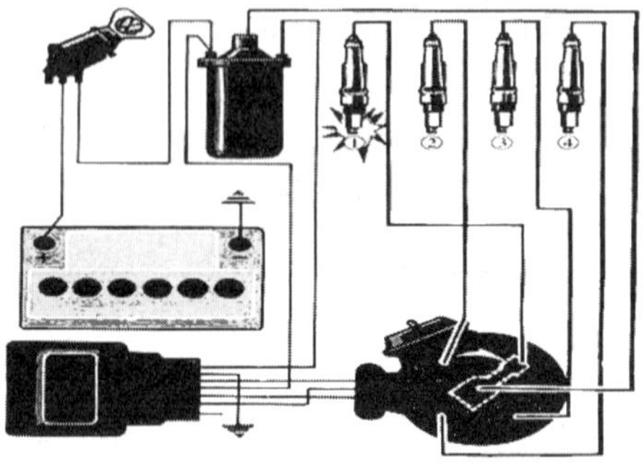

图 6-7　电子点火系原理

电子点火系分类及特点如表 6-10 所示。

表 6-10　电子点火系分类及特点

名　称	分　类	特　点
点火线圈	闭磁路	使用闭磁路高能点火线圈
信号发生器	磁脉冲式	通过一定的方式将汽车发动机曲轴转过的角度或活塞在汽缸中的位置转换成相应的电脉冲信号，最后输送到电子控制器中，控制初级电路的通断，产生点火信号。信号发生器通常安装在分电气内部
	霍尔式	
	光电式	
电子点火器	晶体管式	根据信号发生器传来的信号，通过电子元件控制点火线圈初级电路的通断，从而在次级电路产生高压，并通过分电气输送至各缸的火花塞中，实现点火
	集成电路式	
	计算机控制式	
	整体式	

二、磁脉冲式点火系

磁脉冲点火系原理如图 6-8 所示。信号发生器的工作原理如图 6-9 所示。

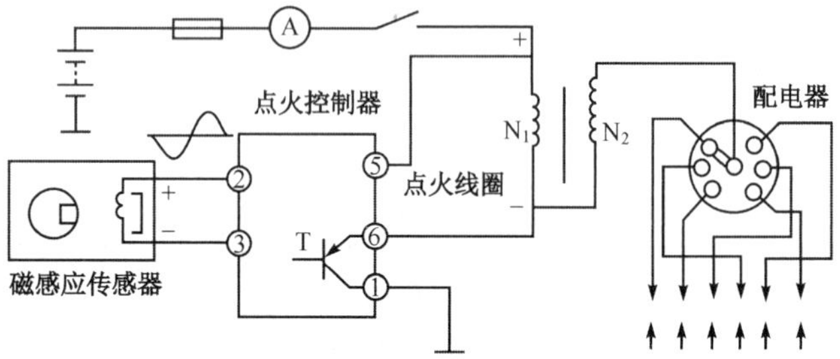

图 6-8　磁脉冲点火系原理

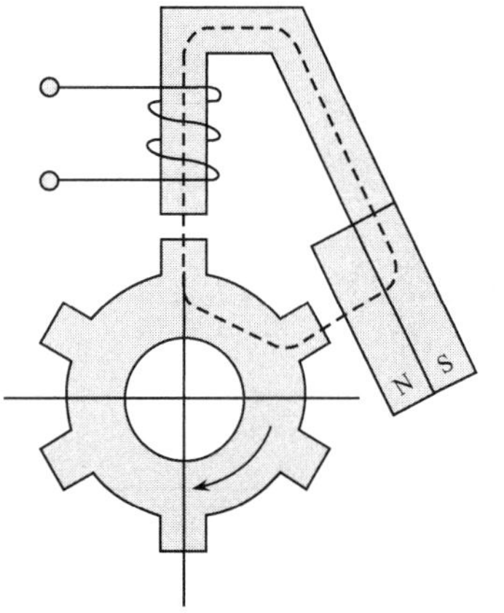

图 6-9　信号发生器的工作原理

磁脉冲点火系组成及工作原理如表 6-11 所示。

表 6-11　磁脉冲点火系组成及工作原理

项　目	内　容
组成	点火信号发生器、电子点火器、分电气、点火线圈、火花塞
工作原理	空气间隙的变化使磁路的磁阻随之改变，使通过传感线圈的磁通量发生变化，因而在传感受线圈内感应出交变电动势。 特点：点火信号电压的大小会随发动机转速的变化而变化。转速升高时，磁路磁阻变化速率升高，磁通量变化升高，信号电压升高，使点火的击穿电压提前到达，点火相应提前。故若设计合理，可省去离心点火提前调节器

三、霍尔式点火系

霍尔效应原理如图 6-10 所示。霍尔效应无触点点火装置如图 6-11 所示。

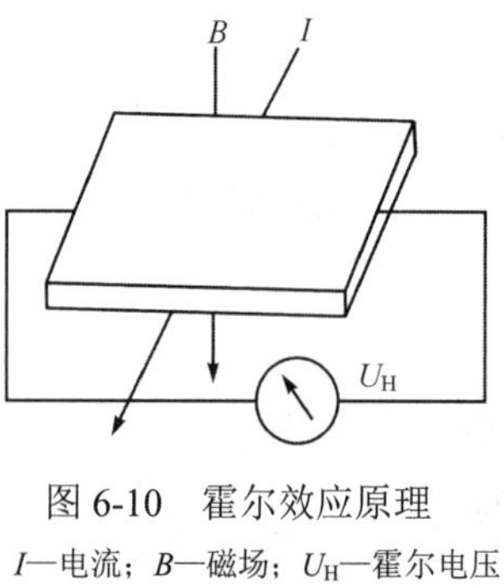

图 6-10　霍尔效应原理

I—电流；*B*—磁场；U_H—霍尔电压

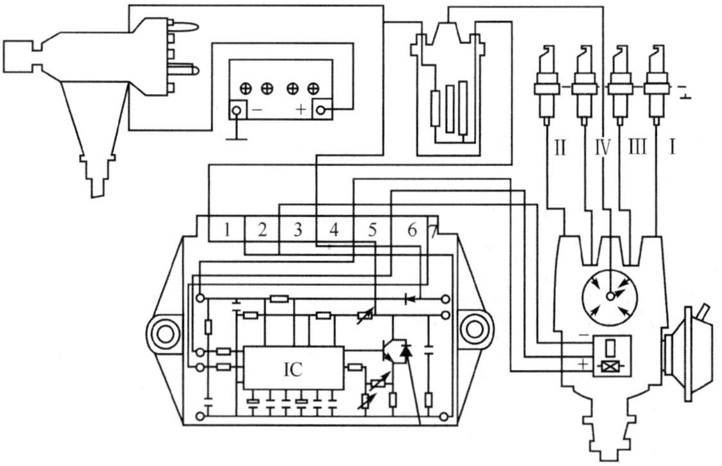

图 6-11　霍尔效应式无触点点火装置

霍尔效应式无触点点火装置的点火模块线路连接如表 6-12 所示。

表 6-12 霍尔效应式无触点点火装置的点火模块线路连接

插　脚	连接及线色
1	接点火线圈负极（初级）接线柱，绿色导线
2	接地线，接蓄电池负极，棕色导线
3	霍尔传感器的地线接霍尔传感器负极，棕白色导线
4	电源线，接点火线圈正极接线柱，黑色导线
5	接霍尔传感器的电源线，红黑色导线
6	接霍尔传感器的信号线，绿白色导线
7	空脚

霍尔效应式无触点点火装置组成及工作原理如表 6-13 所示。

表 6-13 霍尔效应式无触点点火装置组成及工作原理

项　目	内　容
组成	点火信号发生器、电子点火器、分电气、点火线圈、火花塞
工作原理	霍尔信号发生器是根据霍尔效应原理制成的，它装在分电气内。霍尔信号发生器由触发叶轮和霍尔传感器组成。触发叶轮像传统的分电气凸轮一样，套在分电气轴的上部，它可以随分电气轴一起转动，又能相对分电气轴作少量转动，以保证离心调节装置正常工作。 触发叶轮的叶片数与汽缸数相等，其上部套装分火头，与触发叶轮一起转动。霍尔传感器由带导板（导磁）的永久磁铁和霍尔集成块组成，触发叶轮的叶片在霍尔集成块和永久磁铁之间转动。霍尔集成块包括霍尔元件和集成电路。由于霍尔信号发生器工作时，霍尔元件产生的霍尔电压 U_h 是 mV 级的，信号很微弱，还需进行信号处理。这一任务由集成电路完成。 分电气工作时，叶片随分电气轴转动，每当叶片进入永久磁铁与霍尔元件之间的空气隙时，霍尔集成块中的磁场即被触发叶轮的叶片旁路（或称隔磁），这时霍尔元件不产生霍尔电压，集成电路输出极的三极管处于截止状态，信号发生器输出高电位。当触发叶轮的叶片离开空气隙时，永久磁铁的磁通便通过霍尔集成块经导板构成回路，这时霍尔元件产生霍尔电压，集成电路输出极的三极管处于导通状态，信号发生器输出低电位。分电气轴转一圈，输出 4 个方波。触发叶轮的转向从上向下看时是顺时针方向。当叶轮缺口的后边缘转动使磁极端面只露一半时，信号输出端的电压瞬间从低电位跳到高电位，此时即为点火时刻

四、光电式点火系（图 6-12）

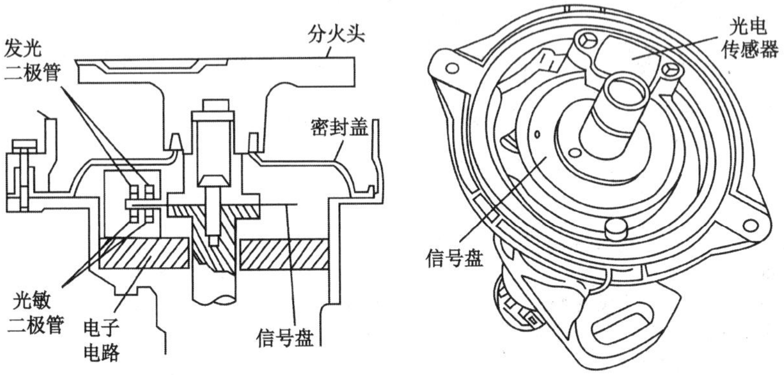

图 6-12 光电式点火系

光电式无触点点火装置组成及工作原理如表 6-14 所示。

表 6-14　光电式无触点点火装置组成及工作原理

项　目	内　容
组成	点火信号发生器、电子点火器、分电气、点火线圈、火花塞
工作原理	位于光敏二极管对面的是作为光源的发光二极管，在它们之间有一个能断续遮光的转盘。当转盘上的缺口、缝隙或小孔对准发光二极管时，光线可以通过，光敏二极管即发出信号指示转轴的某一位置或转速。它输出的信号是方波脉冲，故它能适应数字式控制系统的需要

五、电子点火系统常见故障的判断与排除

1. 故障分类

点火系故障按其在点火系的位置可分为两种情况，如表 6-15 所示。

表 6-15　点火系主要故障及原因

类　别	故 障 原 因
低压电路常见故障	蓄电池存电不足；线连接不良或错乱；蓄电池搭铁不良；分电气或霍尔传感器损坏；点火开关损坏或接线不良；晶体管点火控制单元损坏或接线不良。低压电路故障的诊断方法大多采用电流表或电压表逐线检查来排除故障点
高压电路常见的故障	高压线脱落或漏电；分电气盖破裂击穿；分电气分火头烧蚀破裂击穿；火花塞电极间隙过大或过小；火花塞积炭过多；火花塞绝缘体损坏；点火线圈损坏或接线脱落

2. 常见故障的判断与排除（表 6-16）

表 6-16　电子点火系主要故障及原因

类　别	故 障 现 象	故 障 分 析	排 除 方 法
点火时间过早	怠速运转不平稳，易熄火；加速时，发动机有严重的爆燃声	该故障主要是点火正时调整失准或点火角度装配失准所致	连接好点火测试仪，调整点火提前角到规定值
点火过迟	消音器声响沉重、急加速化油器回火、发动机冷却液温度较高、汽车行驶无力	点火角度不正确	调整点火角度至规定值
火花塞故障	火花塞积炭、过热等现象	从点火系分析原因可能为火花塞选用不正确，点火提前角不正确或点火能量不足	调整点火提前角、更换适当的火花塞
发动机回火和放炮	发动机出现回火或排气管有放炮的声音	如果发动机既有回火又有放炮响声，且十分严重，则多属分缸高压线插错而引起的。如果现象不严重，却断续发生，似有规律，则多属分电气盖有裂纹，为缸间窜火造成的。点火提前角偏离正确位置过多时，也会引起回火或排气管放炮	调整缸线顺序，更换分电气盖，调整点火角度至规定值
发动机爆震和过热	发动机出现爆震或水温过高的现象	发动机在大负荷中等转速时最容易出现爆震。在使用燃油牌号正确的情况下，爆震现象多数是因点火提前角过大造成的。在爆震情况下，发动机会迅速升温。另一方面，点火提前角过于落后，点火太迟，发动机温度也会偏高。在不出现爆震的情况下，水温过高多数不是点火系引起的，但若伴有发动机无力，加速不灵敏时，则应检查点火提前角是否过小	调整点火提前角

实训任务

实训任务　电路图的识读

友情提示

请仔细阅读下面的电路图，首先从图中读出基本信息，并填空。第二步进行初步的电路分析，用彩色的笔逐一描出电流路径，然后写出电流走向。第三步，在全车电路试验台上进行实际测量，通过找线束与中央控制盒的连接点的过程熟悉电路的实际连接关系，并掌握基本的测量技能。

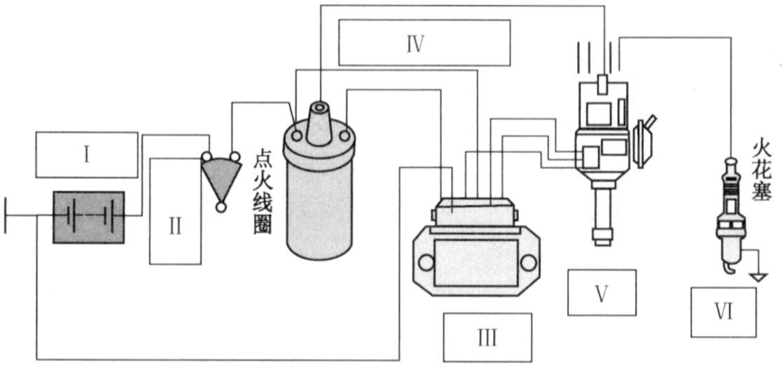

问题

Ⅰ. ________　作用：________

Ⅱ. ________　作用：________

Ⅲ. ________　作用：________

Ⅳ. ________　作用：________

Ⅴ. ________　作用：________

Ⅵ. ________　作用：________

答案

Ⅰ. 蓄电池　作用：为点火系提供电能

Ⅱ. 点火开关　作用：控制电路通断

Ⅲ. 点火模块　作用：控制点火线圈初级电路的通断

Ⅳ. 高压线　作用：传输高压电

Ⅴ. 分电气　作用：产生点火触发信号，分配高压电

Ⅵ. 火花塞　作用：产生电火花，点燃混合气

模块七

照明与信号系统

课题一　前照灯及小灯电路

学习目标

1. 掌握前照灯及小灯电路正常工作时电流的路径；
2. 读懂前照灯及小灯电路图中基本信息；
3. 掌握线路实际连接关系；
4. 能作电路分析。

知识结构

汽车前照灯及小灯电路知识结构如表 7-1 所示。

表 7-1　前照灯及小灯电路知识结构

项　目	内　容
系统组成	由前照灯、示宽灯（位置灯）、尾灯（后示宽灯）、牌照灯、仪表灯、室内灯等组成
前照灯控制	照明灯由灯光开关控制，灯光开关在 0 挡关断，1 挡为小灯亮（包括示宽灯、尾灯、仪表灯、牌照灯），2 挡为前照灯、小灯同时亮
电流来源	① 电流一般直接来自蓄电池正极，不受点火开关控制。 ② 由于前照灯远光功率较大，为了减少照明开关的烧蚀，常用灯光继电气来控制通断
超车灯信号	常用远光灯亮灭来表示，发出此信号时不通过灯光开关
组合开关位置	组合开关多装在转向柱上，位于转向盘下侧，操作时驾驶员的手可以不离开转向盘

案例导入

小张新买的汽车，夜晚准备外出，为了安全打开了前照灯，可是发现昨天还是好好的怎么今天右侧的前照灯不亮了呢？根据以往的经验他认为可能是前照灯的灯泡坏了，于是他将右侧前照灯的灯泡拆卸下来，却没有发现问题，之后他将两个前照灯的灯泡进行了互换，发现右侧的前照灯还是不亮，看来前照灯系统维修起来没有那么容易。那么前照灯系统究竟是如何工作的呢，它的结构又是怎样的呢，出了故障如何检查呢？

一、前照灯及小灯电路系统的基本类型及其组成（表 7-2）

表 7-2　前照灯及小灯电路系统的基本类型及其组成

类　型	组　成
灯光开关直接控制型	电源、熔断器、灯光开关、变光开关、灯泡、导线及连接器
灯光开关通过继电气型	电源、熔断器、灯光开关、继电气、变光开关、灯泡、导线及连接器
自动车灯控制型	电源、熔断器、灯光开关、继电气、变光开关、灯泡、导线及连接器、日照传感器、车身控制模块

二、前照灯及小灯电路特点及电路实例

（一）前照灯及小灯电路特点

照明系统主要由蓄电池（发电机）、熔断器、灯控开关、灯光继电气、变光器、灯及其线路组成。汽车的照明灯一般由前照灯、雾灯、小灯、后灯、内部照明灯等组成。不同车型所配置的照明设备不完全相同，其控制线路也各不相同。

（1）如图 7-1 所示，照明灯由用灯光开关直接控制。灯光开关在“0”挡时，所有照明灯关断；灯光开关在“1”挡时，小灯亮（包括示宽灯、尾灯、仪表灯、牌照灯）；灯光开关在“2”挡时，前照灯、小灯同时亮。

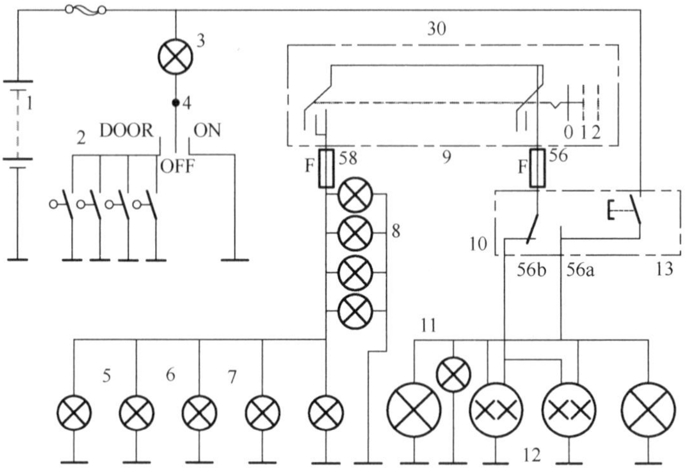

图 7-1　不带继电气前照灯电路

1—蓄电池；2—门控开关；3—室内灯；4—室内灯手控开关；5—示宽灯；6—尾灯；7—牌照的；8—仪表灯；9—灯光开关；10—变光开关；11—远光指示灯；12—前照灯（四个远光灯，两个近光灯）；13—超车灯开关

（2）如图 7-2 所示，照明系统安装有继电气，灯光开关控制断电气线圈，而继电气触点流过的电流为灯泡的电流。

（3）超车灯信号常用远光灯亮灭来表示，发出此信号时不通过灯光开关，属于短时接通式。

（4）室内灯位于车内前部顶棚上，其功能是给驾驶员提供照明条件。此外，它还能受各车门开关控制，为驾驶员提供各个车门的开闭状态信号。

（5）在有些车辆中，为了保证发动机顺利启动，当点火开关置于启动挡时，前照灯及空

调系统等耗电量较大的用电设备的电路将切断。

（二）前照灯及小灯电路实例

捷达轿车前照灯的工作电路如图 7-3 所示，主要由蓄电池、点火开关、熔断器、灯光开关及变光/超车灯开关等组成。其工作过程如表 7-3 所示。

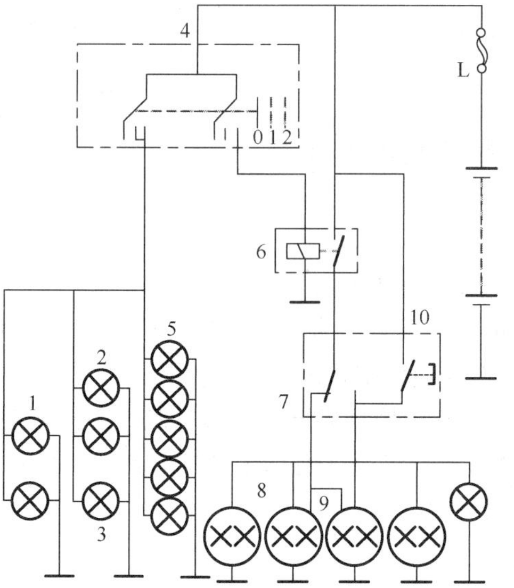

图 7-2　带继电气前照灯电路

1—示宽灯；2—尾灯；3—牌照灯；4—灯光开关；5—仪表灯；6—前照灯继电气；7—变光开关；8—远光及近光指示灯；9—近光灯丝；10—超车灯开关

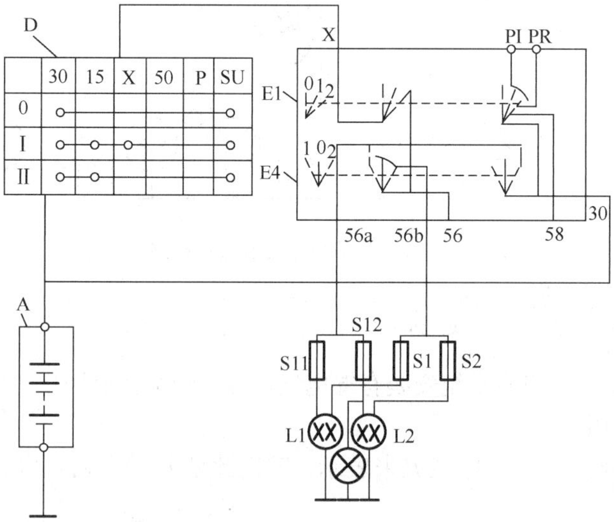

图 7-3　捷达轿车前照灯工作电路

A—蓄电池；D—点火开关；E1—灯光开关；E—变光与超车开关；S1、S2、S11、S12—熔断器；L1—左前照灯；L2—右前照灯

表 7-3　捷达轿车前照灯的工作电路工作工程

<table>
<tr><th>灯光开关位置</th><th colspan="2">电流路径</th><th colspan="2">前照灯状态</th></tr>
<tr><td>接通点火开关：
车灯开关 E1 置于 2 挡（前）位；
变光开关 E4 处于 0（近光）位</td><td colspan="2">蓄电池正极（+）→点火开关 X 接线端子→车灯组合开关 X 接线端子→灯光开关 2 挡→车灯组合开关 56 端子→变光开关 0 挡位→车灯组合开关 56b 端子→熔断器 S1 与 S2→前照灯近光灯丝→搭铁→蓄电池负极（–）</td><td colspan="2">两前照灯近光灯点亮</td></tr>
<tr><td>前照灯近光工作，变光开关 E4 处于 1 挡位</td><td colspan="2">蓄电池正极（+）→点火开关 X 接线端子→车灯组合开关 X 接线端子→灯光开关 2 挡→车灯组合开关 56 端子→变光开关 1 挡位→车灯组合开关 56a 端子→熔断器 S11 与 S12→前照灯远光灯丝及远光指示灯→搭铁→蓄电池负极（–）</td><td colspan="2">前照灯远光及仪表板中的远光指示灯均被点亮</td></tr>
<tr><td>超车时</td><td>只需将变光开关 E4 朝转向盘方向拉至压力点</td><td>蓄电池正极（+）→车灯组合开关 30 端子→变光开关超车挡位→车灯组合开关 56a 端子一熔断器 S11 与 S12→前照灯远光灯丝及远光指示灯→搭铁→蓄电池负极（–）</td><td>前照灯远光及仪表板中的远光指示灯均被点亮</td><td>产生闪亮的超车信号</td></tr>
<tr><td>超车时</td><td>松开变光开关 E4</td><td>无电流</td><td>前照灯远光及仪表板中的远光指示灯同时熄灭</td><td>产生闪亮的超车信号</td></tr>
</table>

三、自动车灯控制系统

（一）系统组成

自动车灯控制系统使用日照传感器，根据车外光照强度接通或断开车辆前照灯。当前照灯开关在自动位置且点火开关关闭时，前照灯将执行车灯自动关闭功能。

光照传感器又称日照传感器，它安装在车辆仪表板面板中，用以监视车辆前部的照明亮度。车身控制模块监视日照传感器的输出并确定光照强度是否过低，从而判断是否需要接通前照灯。可使用 Tech 2 选择多个不同的接通/关闭前照灯的光照强度，以符合不同用户的需要。

光照强度也可由用户使用行程微处理器开关在组合仪表多功能显示屏上调整，“早/正常/晚”模式，车灯自动关闭功能可在驾驶员离车后自动关闭前照灯和驻车灯。注意：由于此系统涉及车辆安全，因此如果系统出现故障，则当点火开关置于接通位置时车身控制模块车灯控制系统的输出将被强制默认为接通状态。这样可使用前照灯开关直接控制车灯。

（二）自动车灯控制系统功能概述（表 7-4）

表 7-4　自动车灯控制系统功能概述

<table>
<tr><th>名　称</th><th>功　能</th></tr>
<tr><td rowspan="4">自动车灯控制系统</td><td>自动接通功能</td></tr>
<tr><td>自动关闭功能</td></tr>
<tr><td>车灯延时关闭</td></tr>
<tr><td>接近照明</td></tr>
</table>

该系统可以实现车灯自动接通、自动关闭、延时关闭和接近照明等功能。仅当前照灯开关在自动位置且点火开关接通时，此功能有效。开关在其他位置时，前照灯将正常工作。当点火开关返回至接通位置时，车灯转变为前照灯开关和前照灯工作模式所选的工作状态（如远光、近光或雾灯）。该工作状态通过相关开关的位置进行确定。

1. 自动接通功能

自动车灯控制系统使用日照传感器，根据车外光照强度接通或断开车辆前照灯，车灯自动接通系统，如图 7-4 所示。

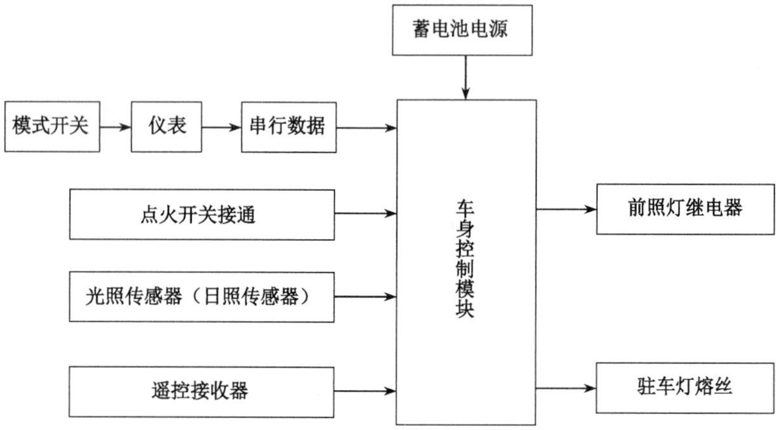

图 7-4 自动车灯控制系统

2. 自动关闭功能

当以下几种情况发生时，车灯会自动关闭：输入至车身控制模块的车辆速度小于 10 km/h 并且没有出现突然失速；车身控制模块检测到点火开关从接通位置转至关闭位置并保持在关闭位置；在点火开关关闭后，前照灯开关未接通；车身控制模块检测到驾驶员车门打开，车灯自动关闭系统。

在车灯自动关闭功能关闭车灯前有一段延时时间。该时间可使用行程微处理器开关在组合仪表多功能显示屏上进行设置。延时时间可针对优先设置 1 钥匙和优先设置 2 钥匙进行设置。当按下遥控钥匙上的解锁按钮并使用优先设置 1 或 2 钥匙时，就会调出相应的延时设置。

3. 车灯延时关闭

车灯延时关闭时间最大可设置为 180 s，默认为 1 s。当蓄电池断开或传感器总成断电时，延时时间将复位为默认值。只有当输入至车身控制模块的车速为零时，才能调节延时时间，并且该时间取决于优先设置钥匙系统。

4. 接近照明

当车门用遥控编码钥匙解锁时，车身控制模块中的接近照明功能将接通前照灯或驻车灯 30 s。当用户在晚上取车时，该功能可为用户提供更大的安全性。如果在接近照明启动后的 30 s 内用遥控编码钥匙锁定车辆，则车灯将再次关闭。接近照明功能启动后，若再次按下遥控编码钥匙解锁按钮，则将再次启亮车灯 30 s。

只有在光线不足的情况下，接近照明功能才工作。车身控制模块监视日照传感器的输出并确定光照强度是否过低，从而需要启动接近照明功能。当点火开关切换至接通位置时，车灯恢复正常工作。可使用 Tech 2 启用和禁用接近照明功能。用户也可使用行程微处理器开关在组合仪表多功能显示屏上启用或禁用接近照明功能。

四、前照灯及小灯电路系统的常见故障与检修

（一）故障诊断表

1．所有灯光全不亮（表 7-5）

表 7-5　所有灯光全不亮故障诊断表

故障现象	故障原因	检测方法	故障排除
所有灯全不亮	（1）蓄电池至灯光开关之间导线断路	测量蓄电池至灯光开关之间导线的电阻值（无穷大表示断路；接近 0Ω表明良好）	更换导线或线束
	（2）灯光开关损坏	根据灯光开关工作表检查各挡位时，插脚之间的导通情况，如与工作表不同，表明灯光开关损坏；注意导通时的阻值应几乎为 0Ω	更换灯光开关
	（3）电源熔断器熔断	分两次用万用表检查熔断器检查端与搭铁之间的电压，应当均等于电源电压，否则熔断器熔断	更换熔断器

2．远光灯或近光灯不亮（表 7-6）

表 7-6　远光灯或近光灯不亮故障诊断表

故障现象	故障原因	检测方法	故障排除
远光灯或近光灯不亮	（1）变光器损坏	根据变光器工作表检查各挡位时，插脚之间的导通情况，如与工作表不同，表明变光器损坏	更换变光器
	（2）导线断路或导线插接器接触不良或灯泡坏	断开导线插接器，测量两端导线的阻值（无穷大表示断路；接近 0Ω表明良好）。灯泡可直观检查或测量其阻值	更换导线或线束、更换灯泡
	（3）远光灯或近光灯的熔断器损坏	两次用万用表检查熔断器检查端与搭铁之间的电压，应当都等于电源电压，否则熔断器熔断	更换熔断器
	（4）灯光继电气损坏	① 将继电气 85 与 86 针通电，测量 30 与 87 插脚之间的阻值应接近 0Ω，否则继电气损坏	更换灯光继电气
		② 直接在中央配电盒上，用跨接线跨接 30 与 87 插脚对应插孔，如灯点亮表明继电气损坏	
	（5）导线搭铁	断开导线插接器，测量导线与搭铁之间的电阻值（无穷大表示良好，0Ω表示搭铁短路）	更换导线或线束
	（6）灯光开关损坏	根据灯光开关工作表检查各挡位时，插脚之间的导通情况，如与工作表不同，表明灯光开关损坏；导通时的阻值应几乎为 0Ω，否则也表明灯总开关损坏	更换灯光开关总成

3．大灯灯光暗淡（表 7-7）

表 7-7　大灯灯光暗淡故障诊断表

故障现象	故障原因	检测方法	故障排除
大灯灯光暗淡	（1）熔断器松动	用手触摸检查熔断器的接触情况	调整熔断器座
	（2）导线接头松动	用手触摸导线接头是否牢固	调整或更换导线插接器插脚
	（3）大灯开关或继电气触点接触不良	① 测量大灯开关各挡应导通的插脚之间的电阻值（应当几乎为 0Ω，否则表明开关内触点接触不良） ② 测量将继电气 85 与 86 针通电，测量 30 与 87 插脚之间的阻值应接近 0Ω，否则继电气损坏	更换大灯开关或继电气
	（4）发电机输出电压低	使用万用表的电压挡测量发电机的输出电压（一般应为 13.9～14.7V）	修理或更换发电机及其电路
	（5）用电设备漏电，负荷增大	关闭点火开关后使用电流钳测量蓄电池负极电流（出现安培级的电流表明用电设备漏电）	修理或更换漏电的用电设备
	（6）搭铁不良	打开大灯，使用万用表的电压挡，测量搭铁线与搭铁之间的电压降（应当小于 0.5V）	清洁并紧固搭铁点或更换搭铁线

4．一侧大灯亮度正常，另一侧大灯暗淡（表 7-8）

表 7-8　一侧大灯亮度正常；另一侧大灯暗淡故障诊断

故障现象	故障原因	检测方法	故障排除
一侧大灯亮度正常；另一侧大灯暗淡	（1）大灯暗的一侧搭铁不良	打开大灯，使用万用表的电压挡，测量搭铁线与搭铁之间的电压降（应当小于 0.5V）	清洁并紧固搭铁点或更换搭铁线
	（2）导线插接器的插头接触不良	打开大灯，检查导线插接器的两对应连接插脚之间的电压降（应当小于 0.5V）	调整或更换导线插接器插脚

5．大灯、后灯正常；小灯不亮（表 7-9）

表 7-9　大灯、后灯正常；小灯不亮故障诊断

故障现象	故障原因	检测方法	故障排除
大灯、后灯正常；小灯不亮	（1）灯光开关损坏	根据灯光开关工作表检查各挡位时，插脚之间的导通情况，如与工作表不同，表明灯光开关损坏；同时导通时的阻值应几乎为 0Ω，否则也表明灯光开关损坏	更换灯光开关
	（2）熔断器熔断	两次用万用表检查熔断器检查端与搭铁之间的电压，应当都等于电源电压，否则熔断器熔断	更换熔断器
	（3）灯泡损坏	采用直观检查或用万用表检查灯泡的阻值	更换灯泡
	（4）小灯线路断路	① 关闭小灯，断开导线插接器，测量两端导线的阻值（无穷大表示断路；接近 0Ω表明良好）。 ② 打开灯光开关，逐个断开导线插接器，使用万用表，测量导线插接器插脚的电压，应为电源电压，如果为零表明前段导线有断路	更换导线或线束
	（5）继电气损坏	① 将继电气 85 与 86 针通电，测量 30 与 87 插脚之间的阻值应接近 0Ω，否则继电气损坏。 ② 直接在中央配电盒上，用跨接线跨接 30 与 87 插脚对应插孔，如灯点亮表明继电气损坏	更换继电气

6. 接通小灯，一侧小灯亮，另一侧小灯亮度变暗；转向指示灯和后转向灯亮不闪烁（表 7-10）

表 7-10 接通小灯，一侧小灯亮，另一侧小灯亮度变暗；转向指示灯和后转向灯亮但不闪烁故障诊断表

故障现象	故障原因	检测方法	故障排除
接通小灯，一侧小灯亮，另一侧小灯亮度变暗；且转向指示灯和后转向灯亮但不闪烁	亮度暗淡的小灯搭铁不良（指灯壳搭铁的灯）	打开小灯，使用万用表，测量搭铁线与搭铁之间的电压降（应当小于 0.5V）	清洁并紧固搭铁点或更换搭铁线

7. 灯泡经常烧坏（表 7-11）

表 7-11 灯泡经常烧坏故障诊断表

故障现象	故障原因	检测方法	故障排除
灯泡经常烧坏	发电机输出电压过高	启动发动机，使用万表测量发电机的输出电压应当为 13.9～15.1V，超过此范围表明发电机输出电压过高	更换调节器或发电机总成

（二）前照灯系统部件的检查

1. 灯光开关检查（E1）

读电路图，结合实物找出灯光开关 E1（图 7-5）的电源输入插脚（X 和 30），通过电路图分析出灯光开关在各挡位时各个插脚之间的导通关系，用万用表的电阻挡测量，阻值应当几乎为零，表明开关性能良好，否则更换开关。

> 友情提示
>
> 这种方法经常使用，但由于并没有在开关正常工作的时候测量，所以并非绝对可靠，最好是采用测量电压降的方法，标准为：小于 0.1～0.2V。

2. 变光开关检查（E3）（图 7-6）

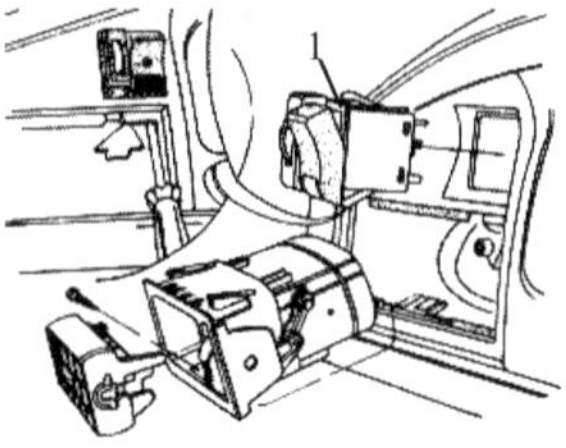

图 7-5 灯光开关 E1

1—灯光开关 E1

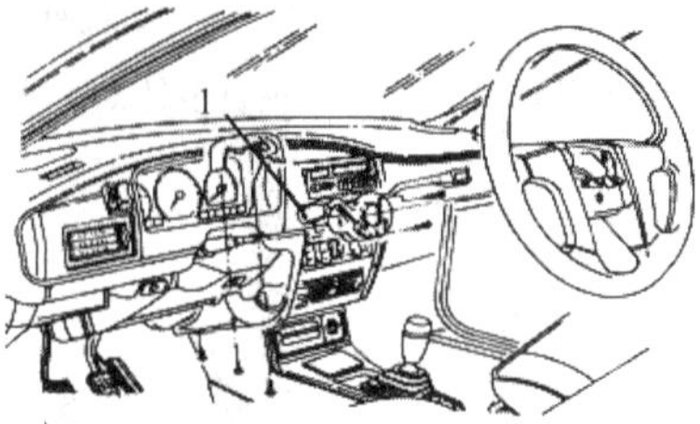

图 7-6 变光开关 E3

1—变光开关 E3

读电路图，结合实物找出变光开关 E3（图 7-6）的电源输入插脚（56），通过电路图分析出灯光开关在各挡位时各个插脚之间（56a 和 56b）的导通关系，用万用表的电阻挡测量，阻值几乎为零，表明开关性能良好，否则更换开关。

> 友情提示
>
> 这种方法经常使用，但由于并没有在开关正常工作的时候测量，所以并非绝对可靠，最好是采用测量电压降的方法，标准为：小于 0.1～0.2V。

3．灯泡的检查（图 7-7）

前照灯为远光、近光双丝灯泡，双丝灯泡既可使用卤素灯泡（12V，60W/55W），也可使用白炽灯泡（12V，50W/40W）。可通过目测或测量灯泡电阻的方法进行检查。

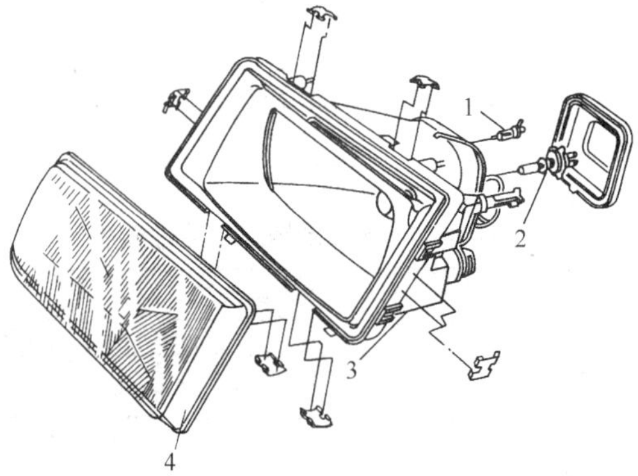

图 7-7　灯泡的检查

1—小灯灯泡；2—前照灯灯泡；3—前照灯壳体；4—前照灯灯罩

友情提示

注意区分双丝灯泡中近光与远光灯丝（根据灯丝的位置）。

（三）前照灯和雾灯的灯光光束的调整

（1）如图 7-8 所示，在车辆装备齐全（包括所有常规装备，例如备胎、工具、千斤顶、灭火器等），轮胎气压正常，后座坐一人或放 70kg 行李，车辆停放在平坦场地，距屏幕或墙壁 10m 的情况下，前照灯光束最低线 *a*—*a* 应在前照灯水平中心线 *H*—*H* 的下方 10cm 处，雾灯光束的下部边线 *d*—*d* 应在前照灯水平中心线 *H*—*H* 下方 20cm。

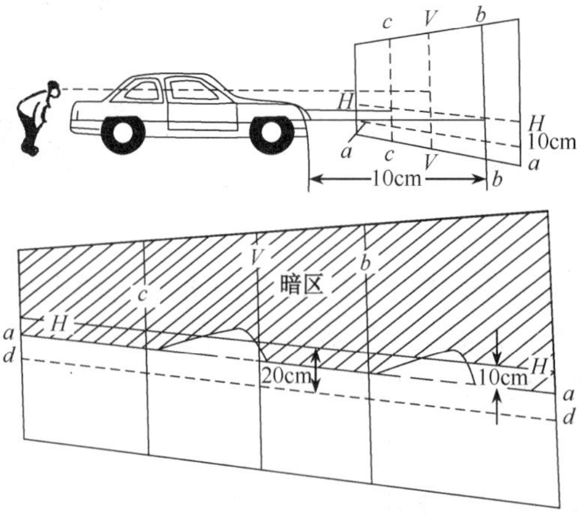

图 7-8　前照灯和雾灯灯光光束的调整

（2）如图 7-9 所示，前照灯的水平光束，用光束水平方向调整螺钉 1 进行调整，前照灯的垂直光束用光束垂直方向调整螺钉 3 进行调整，雾灯的光束用雾灯调整螺灯 7 进行调整。

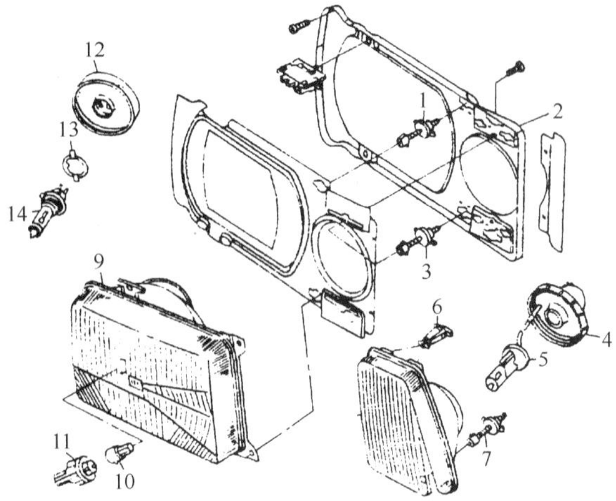

图 7-9　前照灯与雾灯灯光的调整部位

1—光束水平方向调整螺钉；2—灯架；3—光束垂直方向调整螺钉；4—雾灯座；5—雾灯灯泡；6—连接器；7—雾灯调整螺钉；8—雾灯罩；9—前照灯灯座；10—示宽灯灯泡；11—示宽灯灯座；12—护盖；13—夹紧弹簧；14—前照灯灯泡

实训任务工作单

请仔细阅读电路图，首先从图中读出基本信息，并填空。第二步进行初步的电路分析，用彩色的笔逐一描出电流路径，然后写出电流走向。第三步，在全车电路试验台上进行实际测量，通过找线束与中央控制盒的连接点的过程熟悉电路的实际连接关系，并掌握基本的测量技能。

友情提示

实训任务一　示宽灯电路图识读

读电路图的时候，要带着填空题中的问题去读，本项任务完成时，将基本从理论上读懂电路图。

友情提示

一、仔细阅读电路图

桑塔纳轿车示宽灯电路如图 7-10 所示。

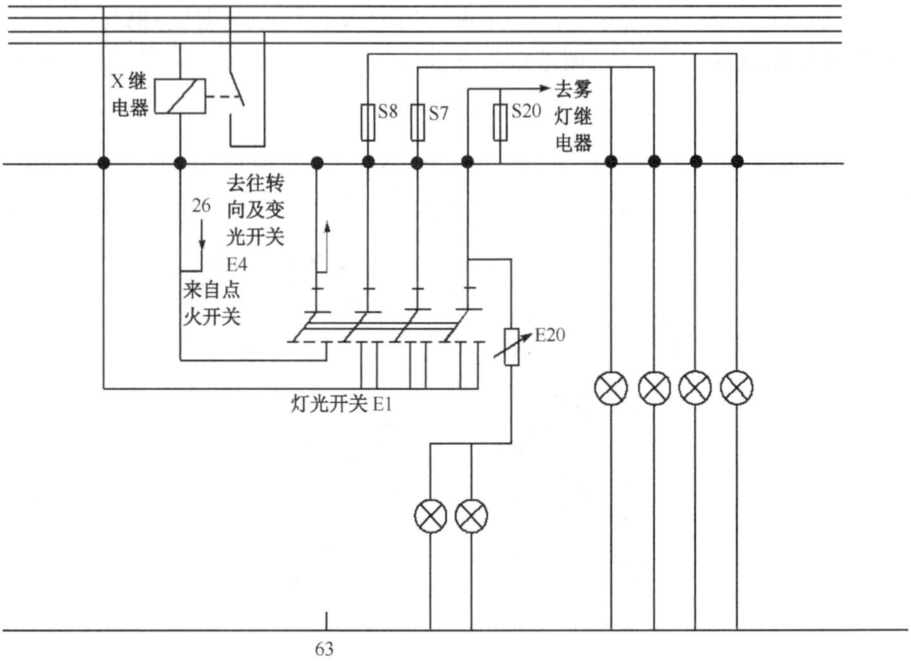

图 7-10　桑塔纳轿车示宽灯电路

二、根据图 7-10 所示信息填空

（一）电源

1. 熔断器

名称________，位置________，熔断电流________，接受________的控制。
名称________，位置________，熔断电流________，接受________的控制。
名称________，位置________，熔断电流________，接受________的控制。

2. 继电气

名称________，位置________，插脚数量________，插脚名称________，接受________的控制。

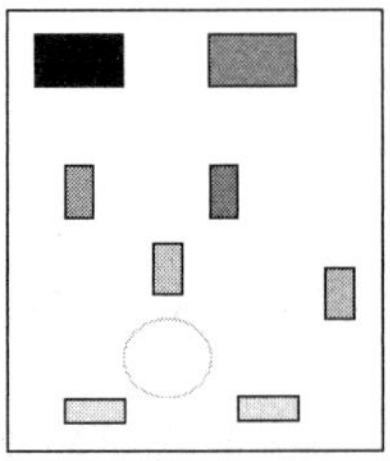

图 7-11　灯光开关 E1

（二）开关

1. 开关名称________，挡位数量________。
2. 插脚的数量________，名称________。
3. 标出灯光开关 E1（图 7-11）开关各插脚的名称。
4. 请写出灯光开关 E1 的检查方法（表 7-12）。

表 7-12　　灯光开关 E1 的检查

1							
2							
3							
	X	30	56	58L	58R	58	58b

答案：

（一）电源

1．熔断器

名称 S7 ，位置 熔断器盒第 7 个位置 ，熔断电流 10A ，接受 E1 的控制。
名称 S8 ，位置 熔断器盒第 8 个位置 ，熔断电流 10A ，接受 E1 的控制。
名称 S20 ，位置 熔断器盒第 20 个位置 ，熔断电流 10A ，接受 E1 的控制。

2．继电气

名称 J59 ，位置 熔断器盒继电气第 8 个位置 ，插脚数量 4 ，插脚名称 30、87、85、86 ，接受 点火开关 的控制。

（二）开关

1．开关名称 E1 ，挡位数量 38 。
2．插脚的数量 8 ，名称 30、30 、58、58b、58L、58R、56、X 。
3．各插脚的名称如图 7-12 所示。

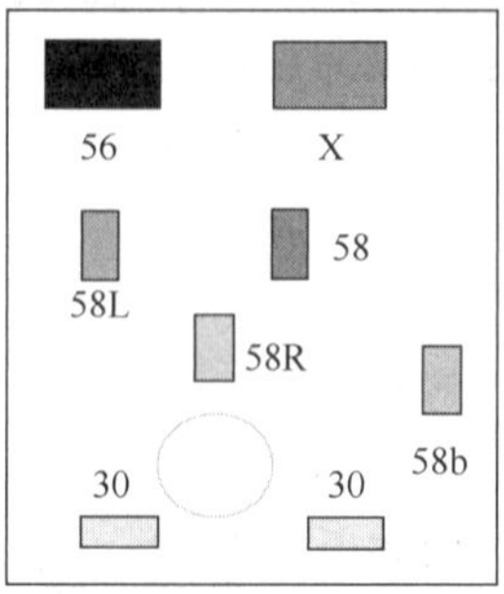

图 7-12　灯光开关 E1

4．E1 的检查方法如表 7-13 所示。

表 7-13　灯光开关 E1 的检查

1							
2		○		○	○	○	
3	○		○				
		○		○	○	○	
	X	30	56	58L	58R	58	58b

实训任务二　前照灯变光电路图识读

一、仔细阅读电路图

桑塔纳轿车前照灯变光电路如图 7-13 所示。

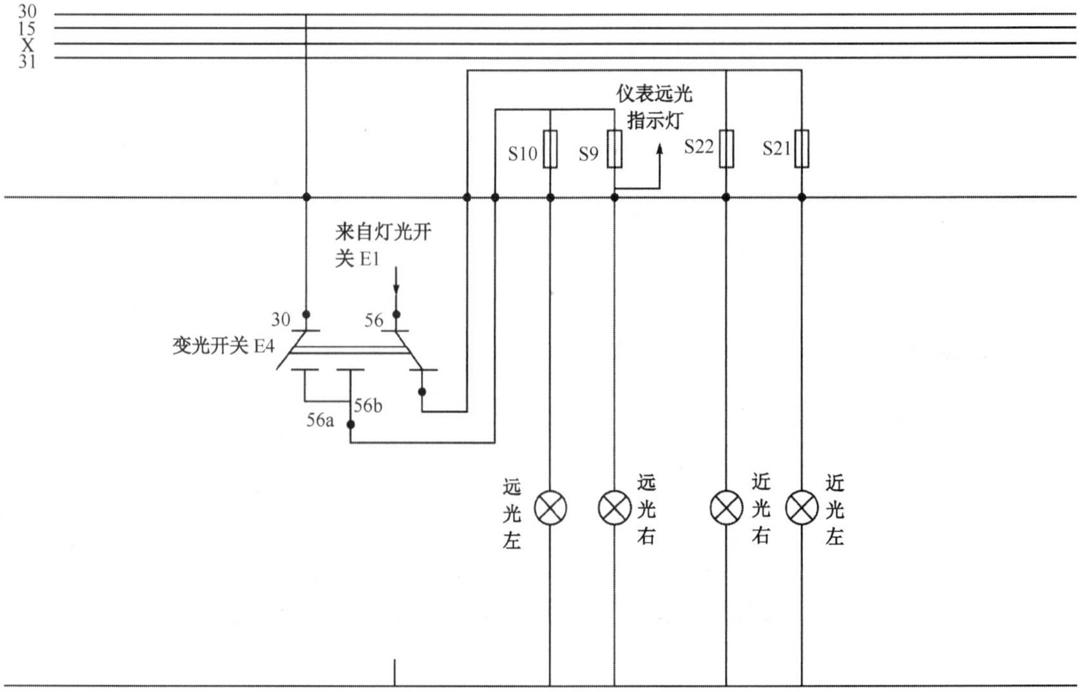

图 7-13　桑塔纳轿车前照灯变光电路

二、根据图 7-13 所示信息填空

（一）电源

1．熔断器

名称________，位置________，熔断电流________，接受________的控制。
名称________，位置________，熔断电流________，接受________的控制。
名称________，位置________，熔断电流________，接受________的控制。
名称________，位置________，熔断电流________，接受________的控制。

（二）开关（图 7-14）

1．开关名称________，挡位数量________。
2．插脚的数量________，名称________。

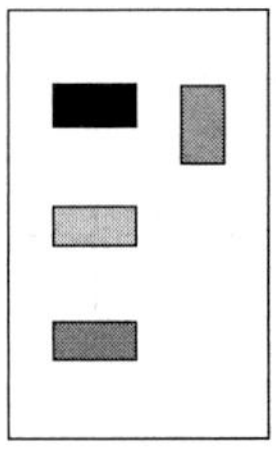

图 7-14　变光开关 E4

（三）用电气

1．名称________。
2．数量________。

（四）在电路图中用彩笔标出电流路径，并根据要求写出规定电流路径。

1．前照灯近光电路

2．前照灯远光电路

答案：

（一）电源

1．熔断器

名称 S9 ，位置 熔断器盒第 9 个位置 ，熔断电流 10A ，接受 变光开关 E4 的控制。
名称 S10 ，位置 熔断器盒第 10 个位置 ，熔断电流 10A ，接受 变光开关 的控制。
名称 S21 ，位置 熔断器盒第 21 个位置 ，熔断电流 10A ，接受 变光开关 的控制。
名称 S22 ，位置 熔断器盒第 22 个位置 ，熔断电流 10A ，接受 变光开关 的控制。

（二）开关

1．开关名称 E4 ，挡位数量 2 。

2．插脚的数量 4 ，名称 30、56、56a、56b（图 7-15）。

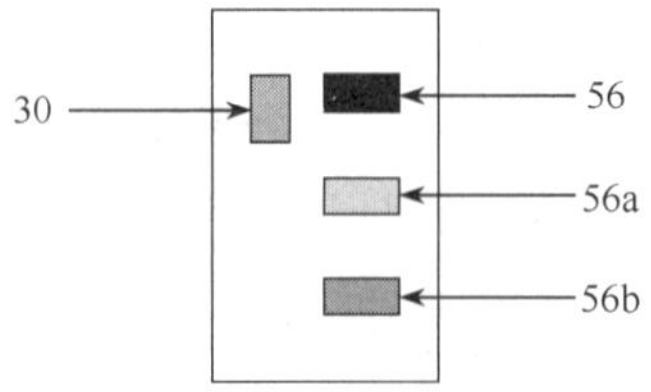

图 7-15 变光开关 E4

（三）用电气

1. 名称 近光灯（左）、近光灯（右）、远光灯（左）、远光灯（右） 。

2．数量 4 。

（四）在电路图中用彩笔标出电流路径（略），根据要求写出的规定电流路径如下：

1．前照灯近光电路

E1(56)→E4(56)→E4(56b)→ { S22→近光灯右→搭铁 ; S21→近光灯左→搭铁 }

2．前照灯远光电路

E1(56)→E4(56)→E4(56a)→ { S9→远光灯右→搭铁 ; S10→远光灯左→搭铁 }

课题二　雾 灯 电 路

学习目标

1. 掌握雾灯电路正常工作过程时电流的路径；
2. 读懂雾灯电路图中基本信息；
3. 掌握线路实际连接关系；

4. 能作电路分析。

知识结构

雾灯电路知识结构如表 7-14 所示。

表 7-14　雾灯电路知识结构

项　目	内　容
系统组成	包括前雾灯、后雾灯、雾灯开关和雾灯指示灯
雾灯控制	雾灯由灯光开关和雾灯开关控制，灯光开关打开后，雾灯开关才能控制前后雾灯
电流来源	① 电流一般来自大容量火线，受点火开关的控制 ② 由于雾灯功率较大，为了减少雾灯开关的烧蚀，常用雾灯继电气来控制通断
开关位置	开关多装在仪表台上

案例导入

清晨，小张走出家门准备开车上班，发现外面有雾，于是打开了雾灯开关，他忽然想起上次看到路上有一辆因为后雾灯不亮的车在雾中被后车追尾的情形，于是小张转到车后检查，发现自己的车后雾灯也没亮，他想不明白为什么前雾灯亮了，后雾灯却不亮呢？

一、雾灯电路系统的基本类型及其组成（表 7-15）

表 7-15　雾灯电路系统的基本类型及其组成

类　型	组　成
灯光开关直接控制型	电源、熔断器、雾灯开关、灯泡、导线及连接器、继电气
车身控制模块型（图 7-16）	电源、熔断器、雾灯开关、继电气、灯泡、导线及连接器、车身控制模块
二极管网络控制型（图 7-17）	电源、熔断器、雾灯开关、继电气、灯泡、导线及连接器、二极管网络

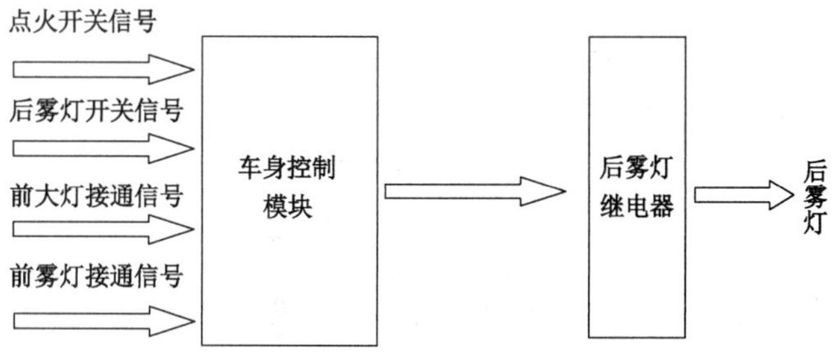

图 7-16　车身控制模块雾灯控制过程图

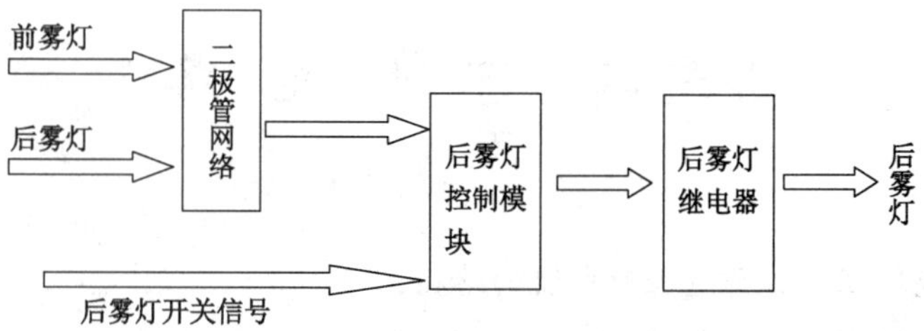

图 7-17　二极管网络式雾灯控制过程图

二、雾灯电路实例

捷达轿车雾灯电路如图 7-18 所示。

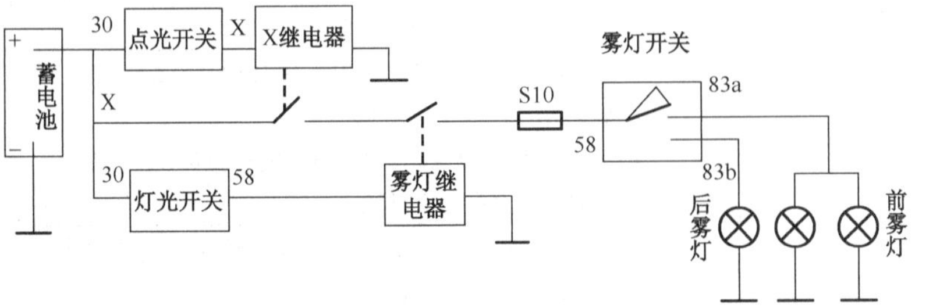

图 7-18　捷达轿车雾灯电路

捷达轿车雾灯电路工作过程如表 7-16 所示。

表 7-16　捷达轿车雾灯电路工作过程

雾灯开关位置	电流路径	雾灯状态	
接通点火开关， 灯光开关 E1 置于 2 挡或 3 挡， 雾灯开关置于 2 挡	（1）蓄电池 B+→点火开关（30）→点火开关（X）→X 继电气线圈→搭铁	中央配电气 X 线与蓄电池连通（有电压）	前雾灯点亮
	（2）蓄电池 B+→灯光开关（30）→灯光开关（58）→雾灯继电气线圈→搭铁	蓄电池 B+通过 X 继电气触点再通过雾灯继电气触点以及熔断器 S10 与雾灯开关 58 连通	
	（3）蓄电池 B+→中央配电气 X 线→X 继电气触点—雾灯继电气触点→熔断器 S10→雾灯开关（58）→雾灯开关（83a）前雾灯→搭铁	前雾灯点亮	
接通点火开关， 灯光开关 E1 置于 2 挡或 3 挡， 雾灯开关置于 3 挡	（1）蓄电池 B+→点火开关（30）→点火开关（X）→X 继电气线圈→搭铁	中央配电气 X 线与蓄电池连通（有电压）	前后雾灯点亮
	（2）蓄电池 B+→灯光开关（30）→灯光开关（58）→雾灯继电气线圈→搭铁	蓄电池 B+通过 X 继电气触点再通过雾灯继电气触点以及 S10 熔断器与雾灯开关 58 连通	
	（3）蓄电池 B+→中央配电气 X 线→X 继电气触点→雾灯继电气触点→熔断器 S10→雾灯开关（58）→ { 雾灯开关（83a）前雾灯→搭铁 雾灯开关（83b）后雾灯→搭铁	前后雾灯点亮	

三、雾灯电路系统的常见故障与检修

（一）故障诊断表

1．前后雾灯均不亮

前后雾灯均不亮的故障诊断如表 7-17 所示。

表 7-17　前后雾灯均不亮的故障诊断表

故障现象	故障原因	检测方法	故障排除
前后雾灯均不亮	雾灯熔丝熔断	两次用万用表检查熔断器检查端与搭铁之间的电压，应当都等于电源电压，否则熔断器熔断	更换熔断器
	X 继电气损坏	① 将继电气 85 与 86 针通电，测量 30 与 87 插脚之间的阻值应接近 0Ω，否则继电气损坏。 ② 直接在中央配电盒上，用跨接线跨接 30 与 87 插脚对应插孔，如灯点亮表明继电气损坏	更换 X 继电气
	雾灯继电气损坏	① 将继电气 85 与 86 针通电，测量 30 与 87 插脚之间的阻值应接近 0Ω，否则继电气损坏。 ② 直接在中央配电盒上，用跨接线跨接 30 与 87 插脚对应插孔，如灯点亮表明继电气损坏	更换继电气
	灯光开关接触不良	根据灯光开关工作表检查各挡位时，插脚之间的导通情况，如与工作表不同，表明灯光开关损坏；同时导通时的阻值应几乎为 0Ω，否则也表明灯光开关损坏	更换灯光开关
	雾灯开关接触不良	根据雾灯开关工作表检查各挡位时，插脚之间的导通情况，如与工作表不同，表明零灯开关损坏；同时导通时的阻值应几乎为 0Ω，否则也表明零灯开关损坏	更换雾灯开关
	雾灯灯泡烧毁	采用直观检查或用万用表检查灯泡的阻值	更换灯泡
	雾灯灯座搭铁不良	① 打开雾灯，使用万用表的电压挡，测量搭铁线与搭铁之间的电压降（应当小于 0.5V）。 ② 测量雾灯灯座搭铁线与车身搭铁之间的电阻值，应当几乎为 0Ω	清洁并紧固搭铁点或更换搭铁线

2．前雾灯亮但后雾灯不亮

前雾灯亮但后雾灯不亮的故障诊断如表 7-18 所示。

表 7-18　前雾灯亮但后雾灯不亮的故障诊断表

故障现象	故障原因	检测方法	故障排除
前雾灯亮但后雾灯不亮	雾灯熔断器熔断	两次用万用表检查熔断器检查端与搭铁之间的电压，应当都等于电源电压，否则熔断器熔断	更换熔断器
	雾灯开关损坏	将雾灯开关，测量雾灯开关电源输入插脚与雾灯开关后雾灯输出插脚的电阻值，应当为 0Ω	更换雾灯开关
	雾灯灯泡烧毁	采用直观检查或用万用表检查灯泡的阻值	更换灯泡
	雾灯灯座搭铁不良	① 打开雾灯，使用万用表的电压挡，测量搭铁线与搭铁之间的电压降（应当小于 0.5V）。 ② 测量雾灯灯座搭铁线与车身搭铁之间的电阻值，应当几乎为 0Ω	清洁并紧固搭铁点或更换搭铁线

3．前雾灯不亮但后雾灯亮

前雾灯不亮但后雾灯亮的故障诊断如表 7-19 所示。

表 7-19　前雾灯不亮但后雾灯亮的故障诊断

故障现象	故障原因	检测方法	故障排除
前雾灯不亮但后雾灯亮	雾灯熔丝熔断	两次用万用表检查熔断器检查端与搭铁之间的电压，应当都等于电源电压，否则熔断器熔断	更换熔断器
	雾灯开关损坏	将雾灯开关，测量雾灯开关电源输入插脚与雾灯开关前雾灯输出插脚的电阻值，应当为 0Ω	更换雾灯开关
	雾灯灯泡烧毁	采用直观检查或用万用表的电阻挡检查灯泡的阻值	更换灯泡
	雾灯灯座搭铁不良	① 打开雾灯，使用万用表的电压挡，测量搭铁线与搭铁之间的电压降（应当小于 0.5V）。 ② 测量雾灯灯座搭铁线与车身搭铁之间的电阻值，应当几乎为 0Ω	清洁并紧固搭铁点或更换搭铁线

（二）雾灯校准程序

新前雾灯总成安装后，车前部进行保养或维修有可能扰动前雾灯安装支架时，均应进行前雾灯校准。下面以别克君威轿车为例，校准前雾灯总成（表 7-20），以达到良好的道路照明效果。对本车型车辆，前雾灯总成校准没有水平调整。

表 7-20　别克君威轿车雾灯校准程序

工　序	操作内容	
1	准备	（1）如果在车辆上执行了其他维修应确保将所有部件安装就位
		（2）确保燃油液面不到半箱燃油量
		（3）将车辆置水平地面距目标屏幕 1.52 m（5ft）
		（4）停止车辆上其他操作
		（5）颠簸车辆使悬架定位
		（6）校准雾灯时盖上前大灯
2	接通前雾灯	
3	从前熔断器下沿后端插入螺丝刀接近雾灯垂直调整螺钉	
4	上下调整雾灯直至校准屏幕上高亮度区的上边沿位于水平中心线以下 102mm（4in）处，其在校准屏幕上的允许变动范围为水平中心线下到地面界线（图 7-19）	
5	将前雾灯断开	

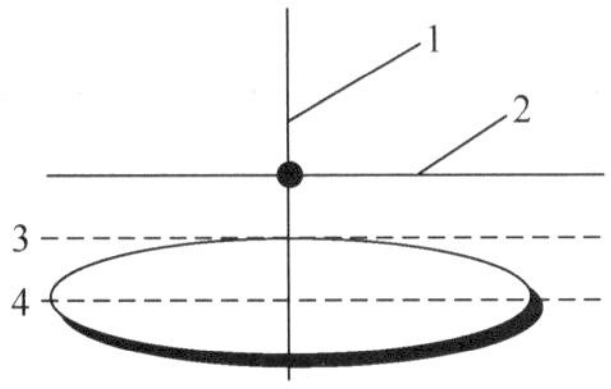

图 7-19　别克君威轿车雾灯校准

1—车辆中心线　2—水平中心线（雾灯灯泡中心）
3—高亮度区上边沿　4—地面界线

实训任务工作单

> 仔细阅读电路图时，首先从图中读出基本信息，并填空。第二步进行初步的电路分析，用彩色的笔逐一描出电流路径，然后写出电流走向。第三步，在全车电路试验台上进行实际测量，通过找线束与中央控制盒的连接点的过程熟悉电路的实际连接关系，并掌握基本的测量技能。
>
> 友情提示

实训任务　电路图识读

> 读电路图的时候，要带着填空题中的问题去读，本项任务完成时，将基本从理论上读懂电路图。
>
> 友情提示

一、仔细阅读电路图

桑塔纳轿车雾灯电路如图 7-20 所示。

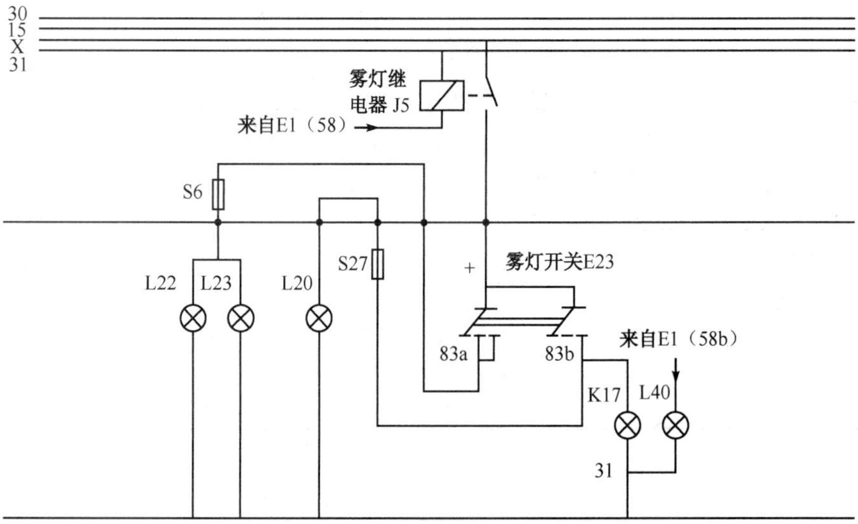

图 7-20　桑塔纳轿车雾灯电路

二、根据图 7-20 所示信息填空

（一）电源

1．熔断器

名称________，位置________，熔断电流________，接受________的控制。
名称________，位置________，熔断电流________，接受________的控制。

2．继电气

名称________，位置________，插脚数量________，插脚名称________，接受________的控制。

（二）开关

1．开关名称________，挡位数量________。
2．插脚的数量________，名称________。
3．在图 7-21 中标注出 E23 开关插脚的名称。
4．请写出 E23 的检查方法（表 7-21）。

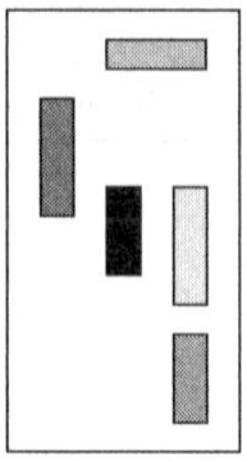

图 7-21　E23 开关插脚布置

表 7-21　E23 的检查方法

1					
2					
3					
	+	83a	83b	58b	31

（三）用电气

用电气名称________插脚的名称________，数量________。

（四）在电路图中用彩笔标出电流路径，并根据要求写出规定电流路径。

1．前雾灯电路

2．后雾灯电路

3．请在电路简图中标注出各处线路与中央线路板接点的名称

答案：

（一）电源

1．熔断器

名称<u>　S6　</u>，位置<u>　熔断器盒　</u>，熔断电流<u>　15A　</u>，接受<u>　E23　</u>的控制。
名称<u>　S27　</u>，位置<u>　熔断器盒外　</u>，熔断电流<u>　10A　</u>，接受<u>　E23　</u>的控制。

2．继电气

名称<u>　J5　</u>，位置<u>　熔断器盒第 7 个位置　</u>，插脚数量<u>　4　</u>，插脚名称<u>　85、86、30、87　</u>，接受<u>　灯光开关 E1　</u>的控制。

（二）开关

1. 开关名称 E23 ，挡位数量 3 。
2. 插脚的数量 5 ，名称 +、83a、83b、58b、31 。
3. E23 插脚的名称如图 7-22 所示。
4. E23 的检查方法如表 7-22 所示。

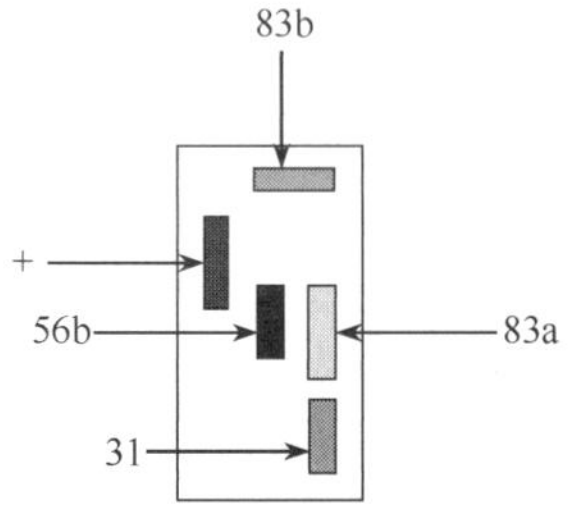

图 7-22　E23 开关插脚布置

表 7-22　E23 的检查方法

1					
2	○—	—○			
3	○—	—○—	—○		
	+	83a	83b	58b	31

（三）用电气

用电气名称 前雾灯及后雾灯 插脚的名称 无 ，数量 三个 。

（四）在电路图中用彩笔标出电流路径（略）根据要求写出的规定电流路径如下：

1．前雾灯电路

保险盒(X)→E23(+)→E23(83a)→S6→ { L22→搭铁 ; L23→搭铁 }

2．后雾灯电路

保险盒(X)→E23(+)→E23(83b)→S27→L20→搭铁

3．各处线路与中央线路板接点的名称如下：

从左开始依次为 C22　E10　B2　B16　B20

课题三　转向灯及危险警报灯电路

学习目标

1. 掌握转向及危险警报灯电路正常工作过程时电流的路径；
2. 读懂转向灯为及危险警报灯电路图中的基本信息；
3. 掌握电路实际连接关系；
4. 能作电路分析。

知识结构

转向灯及危险警报灯电路知识结构如表 7-23 所示。

表 7-23　转向灯及危险警报灯电路知识结构

项　目	内　容
工作条件	① 转向信号灯是在点火开关处于工作挡（运行）时使用。 ② 危险警告灯可以任何时候使用
使用场合	① 转向信号灯在转向时使用。 ② 危险警告灯的使用场合主要有：本车有故障或危险不能行驶；本车有牵引别车的任务，需要别车注意；本车优先通过，需别车回避
检测转向灯泡	常在转向闪光器中设有监测装置。如有转向灯泡烧坏，则使转向信号及指示灯的频率明显加快或变慢用以提醒驾驶员更换灯泡

案例导入

小张在休息日开车带全家郊游，但在高速路上发现机油警报灯亮了，小张于是在高速停车带靠边停车，之后先打开危险警报灯开关，然后打开发动机舱盖，拔出机油尺检查，发现机油液面很低了，在关发动机盖时又发现危险警报灯并没亮，上车试了一下转向灯，发现转向灯正常，但危险警报灯没亮，小张纳闷，这可怪了，出现什么故障了呢？

一、转向灯及危险警报灯电路的基本类型及其组成（表 7-24）

表 7-24　转向灯及危险警报灯电路的基本类型及其组成

类　型	组　成
灯光开关直接控制型	包括：电源、熔断器、转向开关、危险警报开关、灯泡、导线及连接器、闪光继电气及转向指示灯
车身模块控制型	包括：电源、熔断器、转向开关、危险警报开关、灯泡、导线及连接器、闪光继电气、转向指示灯及车身控制模块

二、转向灯及危险警报灯电路实例

转向灯及危险警报灯工作电路如图 7-23 所示。

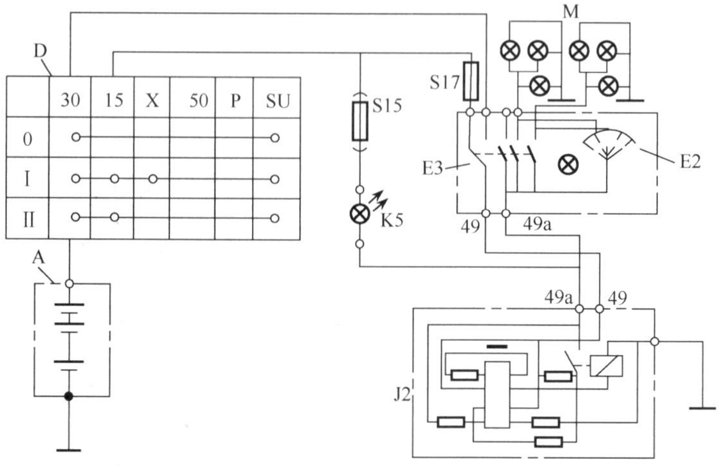

图 7-23　转向灯及危险警报灯工作电路

A—蓄电池；D—点火开关；S15、S17—熔断器；M—转向灯泡；K5—转向指示灯；
E3—危险警报灯开关；E2—转向灯开关；J12—闪光器

转向信号灯及危险警报灯工作电路工作过程如表 7-25 所示。

表 7-25　转向信号灯及危险警报灯工作电路工作过程

转向开关（危险警报灯）位置	电 流 路 径	转向灯状态
（1）当点火开关转至点火挡时。 （2）如果车辆向左转弯行驶，将转向开关 E2 手柄向下搬动	蓄电池正极（+）→点火开关 15 端子→熔断器 S17→危险报警灯开关 E3 的常闭触点→闪光器 49 端子→闪光器→闪光器 49a 端子→转向灯开关 E2 的左侧触点→左侧转向灯及转向指示灯→搭铁→蓄电池负极（–）	左侧转向灯及转向指示灯闪亮
（1）无论点火开关处于什么位置。 （2）当汽车发生故障或有紧急情况时，打开报警灯信号开关 E3	蓄电池正极（+）→点火开关 30 端子→危险报警灯开关 E3→闪光器 49 端子→闪光器→闪光器 49a 端子→危险报警灯开关 E3→转向灯及转向指示灯→搭铁→蓄电池负极（–）	前后、左右 4 个转向灯及转向指示灯同时闪亮

三、转向灯及危险警报灯的常见故障与检修

（一）故障诊断表

1. 左右转向灯全不亮

左右转向灯全不亮的故障诊断如表 7-26 所示。

表 7-26　左右转向灯全不亮的故障诊断表

故 障 现 象	故 障 原 因	检 测 方 法	故 障 排 除
左右转向灯全不亮	（1）转向信号灯熔断器熔断	两次用万用表检查熔断器检查端与搭铁之间的电压，应当都等于电源电压，否则熔断器熔断	更换熔断器
	（2）蓄电池至转向开关之间线路有断路、接触不良的地方	断开导线插接器，测量两端导线的电阻值（无穷大表示断路；接近 0Ω表明良好）	将导线插接器连接牢固
	（3）转向灯控制开关损坏	根据转向灯控制开关工作表检查各挡位时，插脚之间的导通情况，如与工作表不同，表明零灯开关损坏；同时导通时的阻值应几乎为 0Ω，否则也表明零灯开关损坏	更换转向灯开关
	（4）闪光器损坏	对闪光器进行功能检查： ① 将闪光器的 49 插脚接蓄电池正极 ② 将闪光器的 31 插脚接蓄电池负极 ③ 将闪光器的 49a 插脚接灯泡一端，灯另一端搭铁，灯应当闪亮，否则闪光器损坏（应当使用与转向灯灯泡功率相同的灯泡）	更换闪光器
	（5）配线或接地故障	断开导线插接器，测量导线与搭铁之间的电阻值（无穷大表示良好，0Ω表示搭铁短路）	清洁并紧固搭铁点或更换搭铁线

2. 左（或右）转向灯不亮

左（或右）转向灯不亮的故障诊断如表 7-27 所示。

表 7-27　左（或右）转向灯不亮的故障诊断表

故障现象	故障原因	检测方法	故障排除
左（或右）转向灯不亮	（1）导线接头脱落	用手触摸导线接头是否牢固	将导线插接器连接牢固
	（2）闪光器不良	对闪光器进行功能检查： ① 将闪光器的 49 插脚接蓄电池正极 ② 将闪光器的 31 插脚接蓄电池负极 ③ 将闪光器的 49a 插脚接灯泡一端，灯另一端搭铁，灯应当闪亮，否则闪光器损坏（应当使用与转向灯灯泡功率相同的灯泡）	更换闪光器
左（或右）转向灯不亮	（3）搭铁不良	① 打转向灯，使用万用表的电压挡，测量搭铁线与搭铁之间的电压降（应当小于 0.5V）。 ② 测量转向灯搭铁线与车身搭铁之间的电阻值，应当几乎为 0Ω	清洁并紧固搭铁点或更换搭铁线
	（4）转向灯灯泡烧坏	采用直观检查或用万用表检查灯泡的阻值	更换灯泡

3．亮灭次数减少（闪烁频率慢）

亮灭次数减少（闪烁频率慢）的故障诊断如表 7-28 所示。

表 7-28　亮灭次数减少（闪烁频率慢）的故障诊断表

故障现象	故障原因	检测方法	故障排除
亮灭次数减少（闪烁频率慢）	（1）转向灯灯泡功率选用不当	直接在灯泡上读出转向灯灯泡功率（功率过大）	更换灯泡
	（2）电源电压过低	使用万用表的电压挡测量发电机的输出电压（一般应为 13.9～14.7V）	应调整或更换发电机调节器

4．亮灭次数增加（闪烁频率快）

亮灭次数增加（闪烁频率快）的故障诊断如表 7-29 所示。

表 7-29　亮灭次数增加（闪烁频率快）的故障诊断表

故障现象	故障原因	检测方法	故障排除
亮灭次数增加（闪烁频率快）	（1）转向灯灯泡功率选用不当	直接在灯泡上读出转向灯灯泡功率（功率过小）	更换灯泡
	（2）某转向灯灯泡烧坏	直观检查灯泡灯丝或用万用表的电阻挡检查灯泡的阻值	更换灯泡
	（3）搭铁不良	① 打转向灯，使用万用表的电压挡，测量搭铁线与搭铁之间的电压降（应当小于 0.5V）； ② 测量转向灯搭铁线与车身搭铁之间的电阻值，应当几乎为 0Ω	清洁并紧固搭铁点或更换搭铁线
	（4）电源电压过高	使用万用表的电压挡测量发电机的输出电压（一般应为 13.9～14.7V）	应调整发电机电压调节器

5．转向信号系统有时工作有时不工作

转向信号系统有时工作有时不工作的故障诊断如表 7-30 所示。

表 7-30 转向信号系统有时工作有时不工作的故障诊断表

故障现象	故障原因	检测方法	故障排除
转向信号系统有时工作有时不工作	（1）闪光器搭铁不良（对晶体管或电子带继电气式闪光器）	① 打开转向灯，使用万用表的电压挡，测量闪光器搭铁插脚与搭铁之间的电压降（应当小于 0.5V）； ② 测量闪光器搭铁插脚与车身搭铁之间的电阻值，应当几乎为 0Ω	清洁并紧固搭铁点或更换搭铁线
	（2）导线接触不良或断路	断开导线插接器，测量两端导线的电阻值（无穷大表示断路；接近 0Ω表明良好）	将导线插接器（导线）连接牢固

6．转向灯常亮

转向灯常亮的故障诊断如表 7-31 所示。

表 7-31 转向灯常亮的故障诊断表

故障现象	故障原因	检测方法	故障排除
转向灯常亮	（1）闪光器故障	对闪光器进行功能检查： ① 将闪光器的 49 插脚接蓄电池正极； ② 将闪光器的 31 插脚接蓄电池负极； ③ 将闪光器的 49a 插脚接灯泡一端，灯另一端搭铁，灯应当闪亮，否则闪光器损坏（应当使用与转向灯灯泡功率相同的灯泡）	更换闪光器
	（2）发电机调节器的限额电压过高	使用万用表的电压挡测量发电机的输出电压（一般应为 13.9～14.7V）	应调整发电机电压调节器
	（3）转向开关故障	根据转向灯控制开关工作表检查各挡位时，插脚之间的导通情况，如与工作表不同，表明零灯开关损坏；同时导通时的阻值应几乎为 0Ω，否则也表明零灯开关损坏	更换转向灯开关
	（4）短路故障	断开导线插接器，测量导线与搭铁之间的电阻值（无穷大表示良好，0Ω表示搭铁短路）	将导线短路处用绝缘胶布做绝缘处理

7．转向灯的熔断器熔断，更换后再次熔断

转向灯的熔断器熔断，更换后再次熔断的故障诊断如表 7-32 所示。

表 7-32 转向灯的熔断器熔断，更换后再次熔断的故障诊断表

故障现象	故障原因	检测方法	故障排除
转向灯的熔断器熔断；更换后再次熔断	（1）转向灯电路的电源线直接搭铁	断开导线插接器，测量导线与搭铁之间的电阻值（无穷大表示良好，0 表示搭铁短路）	将导线短路处用绝缘胶布做绝缘处理
	（2）灯泡或灯座短路	① 检查几个灯泡的阻值是否一致（阻值过小为短路）； ② 拔下转向灯线束插接器，使用万用表电阻挡测量灯座电源与搭铁触点之间的阻值(无穷大为良好，0Ω为短路)	灯泡或灯座
	（3）转向开关搭铁	① 断开转向灯开关的连接线束； ② 使用万用表的电阻挡，逐一测量各插脚与搭铁之间的电阻值（无穷大为良好，0Ω为短路）	更换转向灯开关

续表

故障现象	故障原因	检测方法	故障排除
转向灯的熔断器熔断；更换后再次熔断	(4)闪光器不良	对闪光器进行功能检查： ① 将闪光器的49插脚接蓄电池正极； ② 将闪光器的31插脚接蓄电池负极； ③ 将闪光器的49a插脚接灯泡一端，灯另一端搭铁，灯应当闪亮，否则闪光器损坏（应当使用与转向灯灯泡功率相同的灯泡）	更换闪光器

8. 开小灯时转向灯亮（不闪），开转向灯时小灯亮

开小灯时转向灯亮（不闪），开转向灯时小灯亮的故障诊断如表7-33所示。

表7-33　开小灯时转向灯亮（不闪），开转向灯时小灯亮的故障诊断表

故障现象	故障原因	检测方法	故障排除
开小灯时转向灯亮（不闪）；开转向灯时小灯亮	双丝灯搭铁不良（非公共搭铁灯系的双丝灯泡）	① 打开转向灯，使用万用表的电压挡，测量闪光器搭铁插脚与搭铁之间的电压降（应当小于0.5V）； ② 测量灯泡座搭铁线与车身搭铁之间的电阻值，应当几乎为0Ω	清洁并紧固搭铁点或更换搭铁线

实训任务工作单

友情提示

阅读电路图时，应首先从图中读出基本信息，并填空。第二步进行初步的电路分析，用彩色的笔逐一描出电流路径，然后写出电流走向。第三步，在全车电路试验台上进行实际测量，通过找线束与中央控制盒的连接点的过程熟悉电路的实际连接关系，并掌握基本的测量技能。

实训任务　电路图识读

友情提示

读电路图的时，应带着填空题中的问题去读，当本项任务完成时，将基本从理论上可读懂电路图。

一、仔细阅读电路图

桑塔纳轿车转向及危险警报灯电路如图7-24所示。

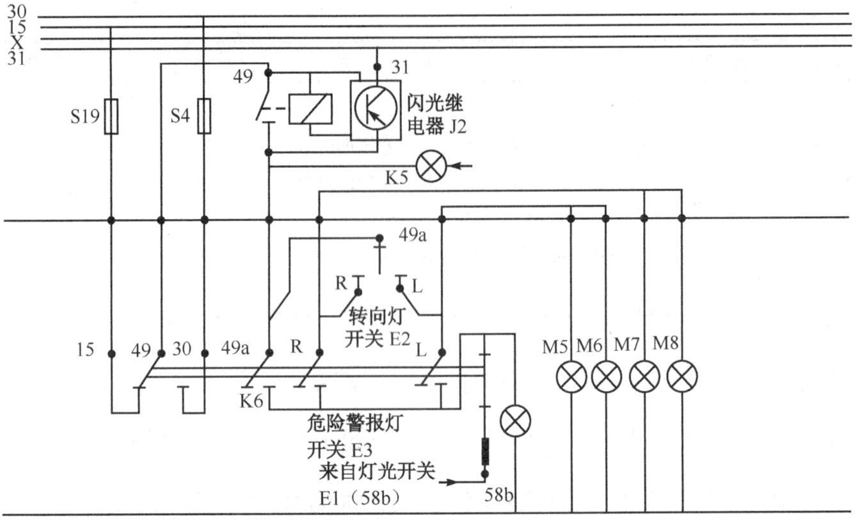

图 7-24　桑塔纳轿车转向及危险警报灯电路

二、根据图 7-24 所示信息填空

（一）电源

1. 熔断器

名称________，位置________，熔断电流________，接受________的控制。
名称________，位置________，熔断电流________，接受________的控制。

2. 继电气

名称________，位置________，插脚数量________，插脚名称________，接受________的控制。

（二）开关

1. 开关名称________，挡位数量________。
2. 插脚的数量________，名称________。
3. 请在图 7-25 中标注出 E3 的插脚的名称。
4. 请在表 7-34 中写出 E3 的检查方法。

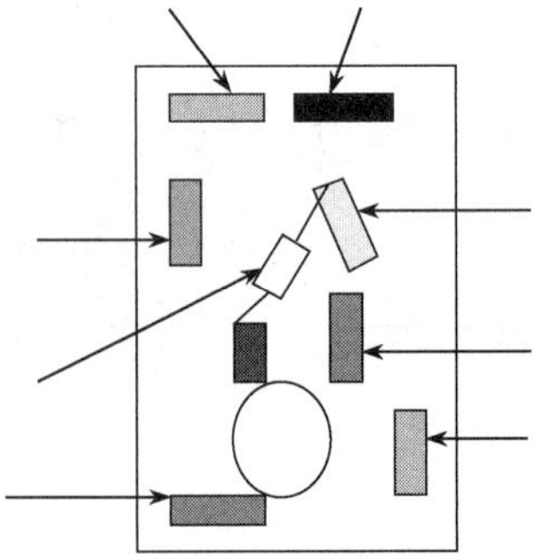

图 7-25　E3 开关的插脚布置

表 7-34　E3 的检查方法

1							
2							
	15	30	49	49a	R	L	58b

（三）用电气

插脚的名称________，数量________。

（四）在电路图中用彩笔标出电流路径，并根据要求写出规定电流路径

1．转向灯电路（左）

2．危险警告灯电路

答案：

（一）电源

1．熔断器

名称 S19 ，位置 熔断器盒第 19 位置 ，熔断电流 15A ，接受 点火开关 的控制。

名称 S4 ，位置 熔断器盒第 4 位置 ，熔断电流 10A ，接受 不受控制 的控制。

2．继电气

名称 J2 ，位置 12 ，插脚数量 3 ，插脚名称 49、49a、31 ，接受 E2 或 E3 的控制。

（二）开关

1．开关名称 E3 和 E_2 ，挡位数量 E3 为 2 挡 E_2 为 2 挡 。

2．插脚的数量 E_3 为 7 E_2 为 3 E_2 插脚为 49a、R、L，名称 E3 插脚为 R、L、15、30、49、49a、58b 。

3．危险警报灯开关 E3 的插脚名称如图 7-26 所示。

4．危险警报灯开关 E3 的检查方法如表 7-35 所示。

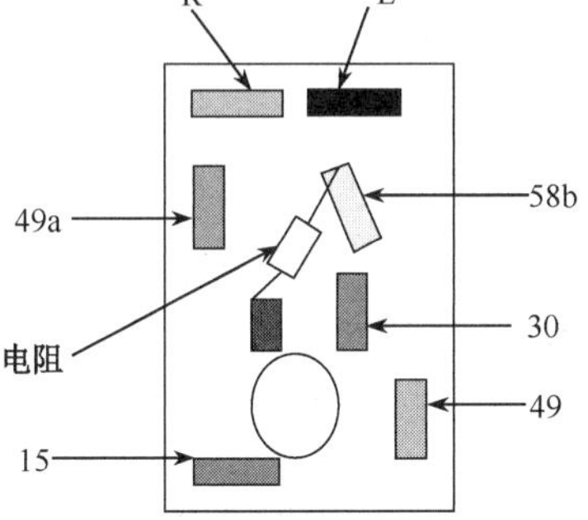

图 7-26 危险警报灯开关 E3 开关的插脚布置

表 7-35 危险警报灯开关 E3 的检查方法

1	○	—	○				
2		○	○	○	○	○	
	15	30	49	49a	R	L	58b

（三）用电气

插脚的名称 <u>无</u> ，数量 <u>6</u> 。

（四）在电路图中用彩笔标出电流路径（略），根据要求写出规定电流路径如下：

1．转向灯电路（左）

熔断器盒 15→S19→E3(15)→E3(49)→J2(49)→J2(49a)→E2(49a)→E2(L)→熔断器盒
- M5→搭铁
- M6→搭铁

2．危险警告灯电路

熔断器盒 30→S4→E3(30)→E3(49)→J2(49)→J2(49a)→E3(49a)
- E3(R)→熔断器盒
  - M7→搭铁
  - M8→搭铁
- E3(L)→熔断器盒
  - M5→搭铁
  - M6→搭铁

模块八

仪表及指示灯、报警灯系统

课题一　汽车报警灯与指示灯系统结构与原理

学习目标

1. 了解常见的报警灯与指示灯的图标及含义；
2. 掌握传统报警灯、指示灯结构与工作原理；
3. 掌握由仪表控制单元控制的报警灯与指示灯的工作原理；
4. 掌握汽车保养灯归零的方法。

知识结构

汽车报警灯与指示灯系统结构与原理知识结构如表 8-1 所示。

表 8-1　汽车报警灯与指示灯系统结构与原理知识结构

项　目	内　容
系统作用	① 被监测的系统或总成工作不正常时，开关自动接通，使报警灯发亮； ② 当汽车、发动机或其中的某个系统处于工作状态时，为了告知驾驶员该系统正处于工作状态（如转向指示灯、远光指示灯等）
主要类型	传统报警灯及指示灯　仪表控制单元控制的报警灯及指示灯

案例导入

小张的朋友新买了一辆奥迪 A5 轿车，他对于没有开过的汽车总是想试驾一下。征得朋友的同意后小张准备开上车去兜风。打开点火开关准备启动发动机，这时发现车的仪表板上亮的报警灯与指示灯还真不少（图 8-1），特别是有一些还是从前没有见过的，好学习的小张准备在网上查一下资料好好了解以下它们的用途。

一、汽车指示灯及报警灯系统概述

当汽车、发动机或其中的某个系统处于不良或特殊状态时，为了警示并引起驾驶员的注意，保证车辆可靠工作和安全行驶，在现代的汽车上安装了多种报警装置。报警装置传统上由报警灯和报警开关组成，被监测的系统或总成工作不正常时，开关自动接通，使报警灯发亮；当汽车、发动机或其中的某个系统处于工作状态时，为了告知驾驶员该系统正处于工作状态（如转向指示灯、远光指示灯等），汽车仪表上安装了相应的指示灯。随着汽车技术的发展，特别是汽车局域网技术的完善与普及，报警灯与指示灯的点亮由仪表控制单元接收到的CAN 总线（图 8-2）及传感器发出相应数据决定是否点亮。常见的报警灯与指示灯的作用及图形如表 8-2 所示。

图 8-1　奥迪 A5 汽车仪表上的指示灯与报警灯

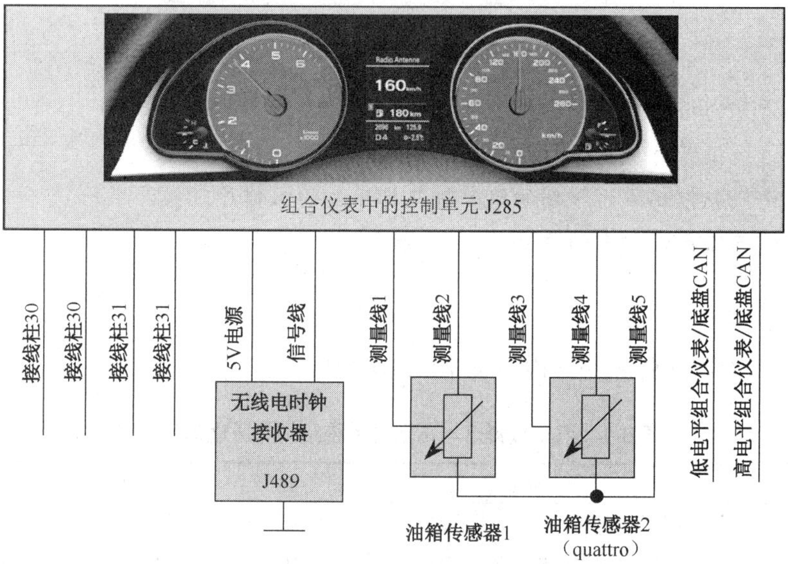

图 8-2　奥迪 A5 轿车仪表控制单元及连接电路

表 8-2　常见的报警灯与指示灯的作用及图形

序　号	名　称	图　形	作　用
1	充电指示灯		指示充电系统工作状况，出现故障时点亮
2	机油压力报警灯		指示发动机的机油压力，当机油压力低于规定标准值时点亮
3	发动机故障灯		指示发动机工作状况，打开点火开关车辆自检时，灯会点亮数秒，随后熄灭。如果未亮或者启动后仍不灭，表明发动机机械或电控系统出现故障
4	驻车制动报警灯		指示手刹位置，拉紧手刹时灯点亮
5	车门未关报警灯		指示未关上的车门
6	油量指示灯		指示油箱内储油的多少

续表

序　　号	名　　称	图　　形	作　　用
7	洗涤器液面过低报警灯		指示洗涤器内液面的高度，当液面过低时点亮
8	ABS 指示灯		指示 ABS 系统的工作状况，打开点火开关，车辆自检时，ABS 灯会点亮数秒，随后熄灭。如果未闪亮或者启动后仍不灭，表明 ABS 系统出现故障
9	EPC（发动机功率控制系统）指示灯		指示 EPC 系统工作状况，当 EPC 系统出现故障时点亮
10	气囊指示灯		指示气囊系统出现故障
11	安全带指示灯		指示安全带的使用情况，当未系安全带时该灯点亮
12	水温指示灯		指示发动机的水温，当水温过高时点亮
13	远光指示灯		指示远光灯的工作状态，远光灯点亮时指示灯点亮
14	转向指示灯		指示转向灯点亮的方向
15	雾灯指示灯		指示雾灯的工作状况，前雾或后雾灯点亮时该指示灯也点亮
16	示宽灯指示灯		指示示宽灯指示灯工作状况，示宽灯点亮时该灯点亮

二、传统报警灯电路

传统报警灯通常是由一个控制开关（或是可变电阻）、指示灯及连接电路组成，结构比较简单。控制开关在被监测部分正常时是打开的，此时报警灯不点亮；当被监测部分异常时，控制开关闭合，指示灯点亮，下面将通过几个具体报警灯电路来理解这一原理。

1. 机油压力报警灯电路

桑塔纳轿车的机油压力报警灯系统如图 8-3 所示，组成部件及功用如表 8-3 所示。

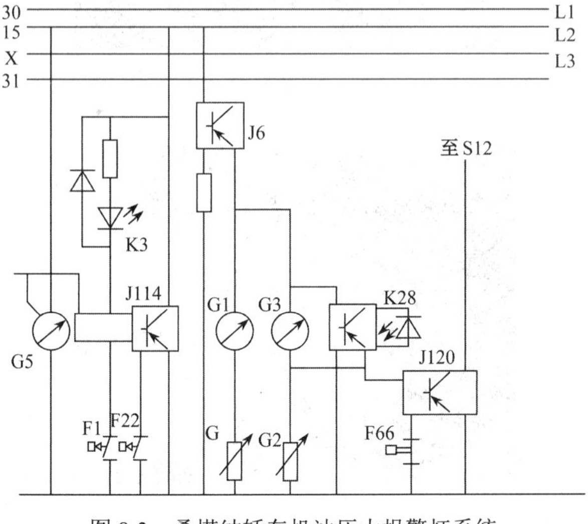

图 8-3　桑塔纳轿车机油压力报警灯系统

表 8-3　桑塔纳轿车机油压力报警灯系统组成部件及功用

组　成	功　用
低压油压开关 F22	低压开关安装在发动机缸盖上（图 8-4），其外壳直接搭铁。低压油压开关为常闭型开关，当油压低于 0.03MPa 时常闭（发动机未发动）。当油压高于 0.03MPa 时，开关打开。低油压开关上的导线进入中央线路板后导入组合仪表盘，接通到油压控制器，送入低油压信号
高压油压开关 F1	高压开关（图 8-5）安装在机油滤清器支架上，其外壳直接搭铁。高压油压开关为常开型开关，当油压低于 0.18MPa 时，开关常开，当油压高于 0.18MPa 时开关闭合。高压开关上的导线进入中央线路板后导入组合仪表盘，接通到油压控制器，送入高油压信号
油压检查控制器 J114	油压检查控制器（图 8-6）安装在车速里程表的框架上
机油压力报警灯 K3	红色机油压力报警灯位于仪表板上

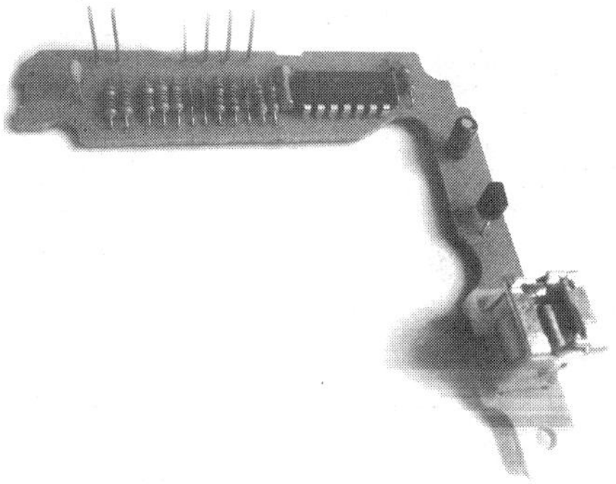

图 8-4　油压检查控制器

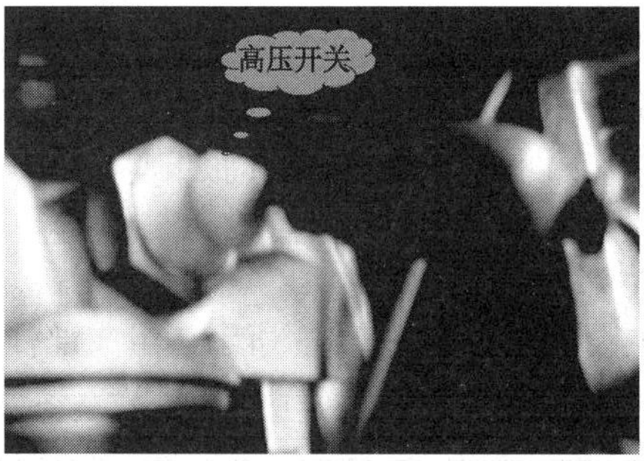

图 8-5　高压开关

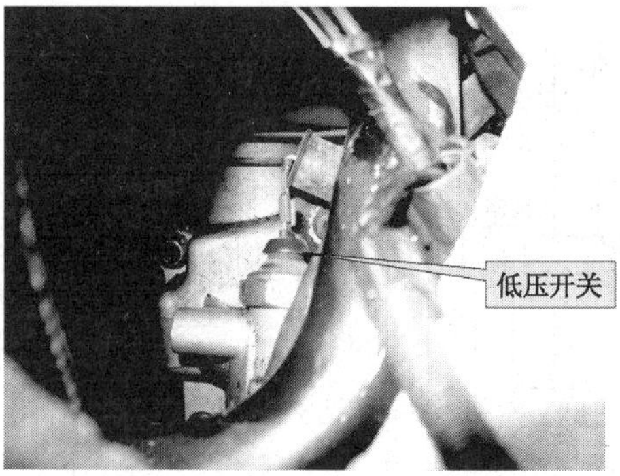

图 8-6　低压开关

2. 燃油箱存油量报警灯

燃油箱存油量报警灯电路如图 8-7 所示，工作原理如表 8-4 所示。

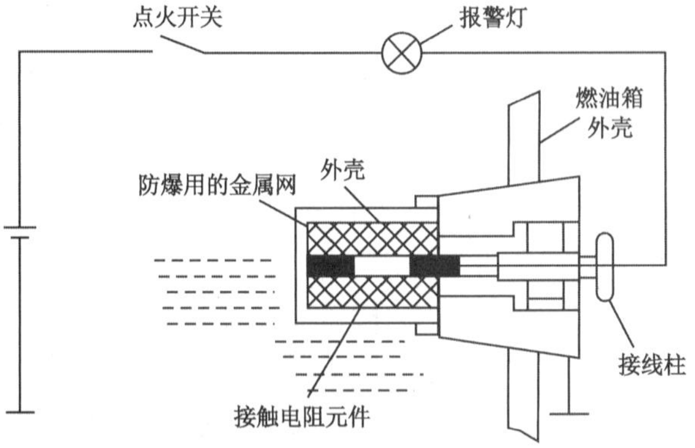

图 8-7　燃油箱存油量报警灯电路

表 8-4　燃油箱存油量报警灯电路组成及工作原理

组　成	由燃油箱热敏电阻式传感器和报警灯组成
工作原理	当燃油箱内燃油量多时，热敏电阻元件浸没在燃油中散热快，其温度较低，电阻值大，报警灯处于熄灭状态。 当燃油减少到规定值以下时，热敏电阻元件露出油面，散热慢，温度升高，电阻值减小，电路中电流增大，报警灯发亮，提醒驾驶员及时加油

3. 冷却液温度报警灯

冷却液温度报警灯的电路如图 8-8 所示，组成及工作原理如表 8-5 所示。

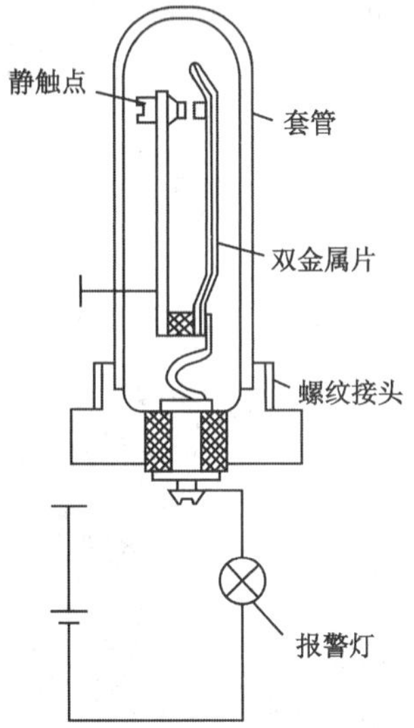

图 8-8　冷却液温度报警灯电路

表 8-5　冷却液温度报警灯电路组成及工作原理

组　成	由双金属片式水温传感器和报警灯组成
工作原理	冷却液温度正常时，传感器因温度低，双金属片几乎不变形，触点分开，报警灯不亮。如果冷却液温度升高到 95℃以上时，双金属片由于温度升高，触点闭合，红色报警灯便通电发亮，以警告驾驶员采取适当降温措施

4．制动信号灯断线报警灯

制动信号灯断线报警灯如图 8-9 所示，组成及工作原理如表 8-6 所示。

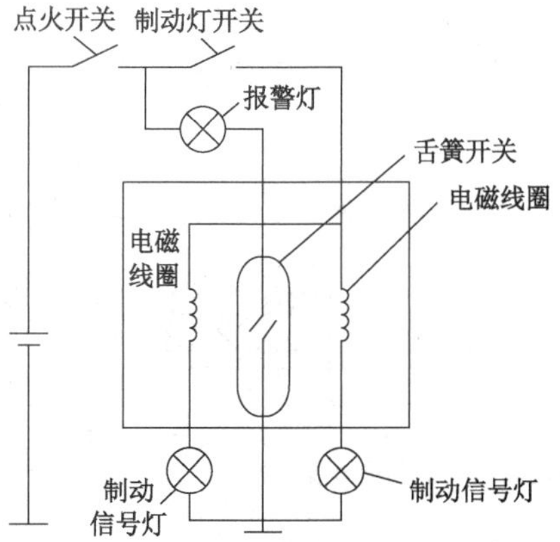

图 8-9 制动信号灯断线报警灯电路

表 8-6 制动信号灯断线报警灯电路组成及工作原理

组　成	两个电磁线圈、舌簧开关和报警灯组成
工作原理	两个电磁线圈，分别与左右两侧的制动信号灯串联。在正常制动时，踩下制动踏板，制动灯开关接通，电流分别流经电磁线圈，此时两线圈产生磁场相互抵消，所以报警灯不亮；当有一侧制动灯电路断路（灯丝烧断）制动时，该侧的电磁线圈无电流通过，另一侧线圈产生的磁场吸动舌簧开关使其触电闭合，报警灯点亮

三、由仪表控制单元控制的指示灯

在很多轿车当中，仪表由专门的控制单元进行控制，控制单元接收传感器传来的测量参数进行判断后决定是否点亮指示灯。此时指示灯同仪表及控制单元作为一个整体，不可单独维修更换。图 8-10 为威驰仪表总成及附件，其仪表由仪表 ECU 控制，指示灯也由仪表 ECU 根据接收的信号来控制点亮（图 8-11）。

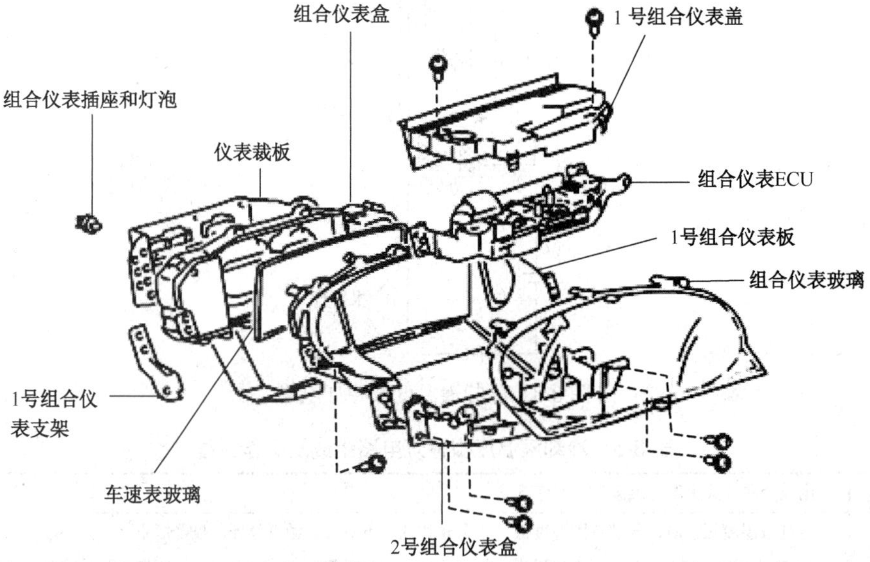

图 8-10 威驰仪表总成及附件

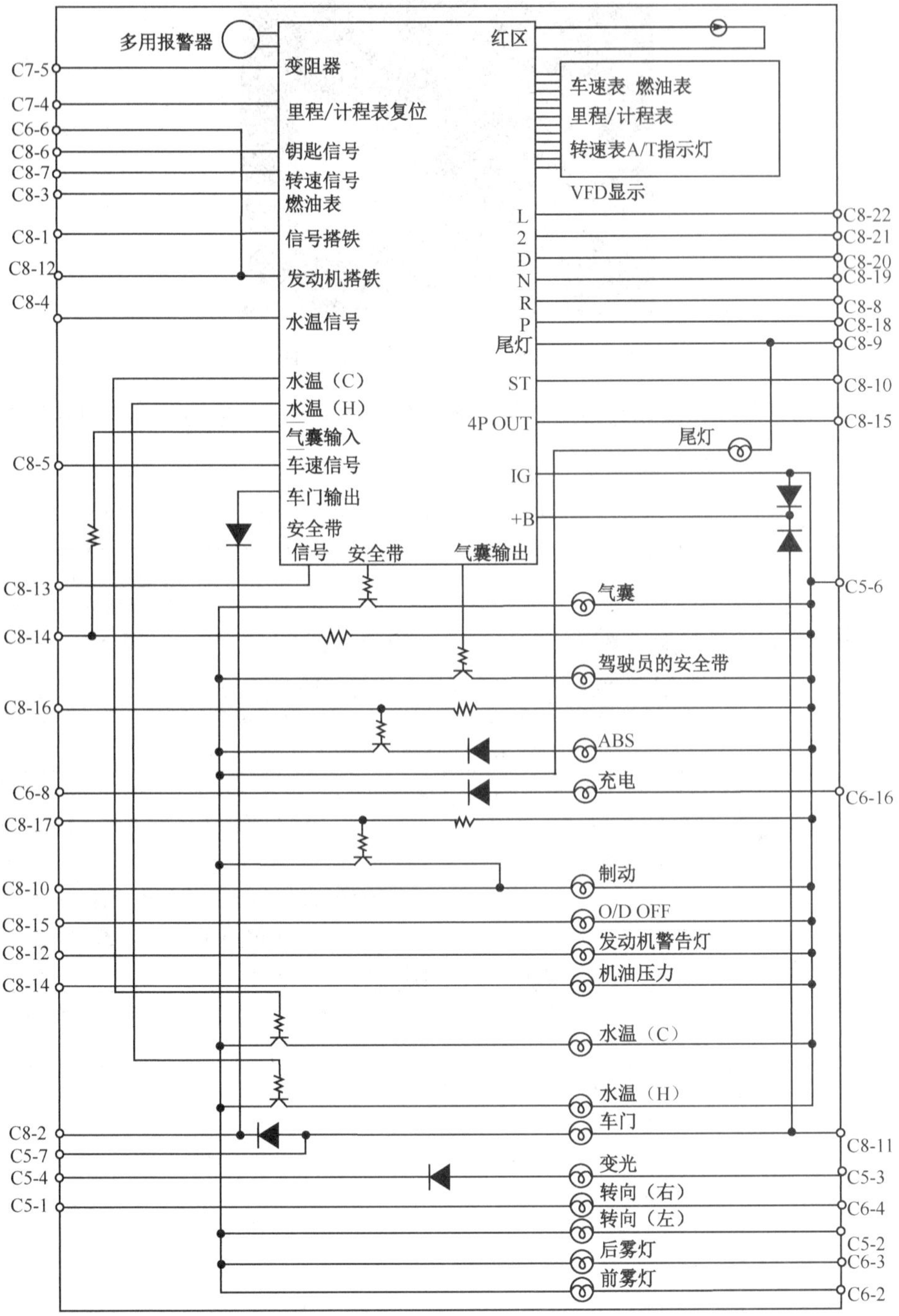

图 8-11 威驰数字仪表 ECU 端子连接

四、保养灯及其归零

现在的汽车大多都有保养警示灯（图 8-12 中的扳手形符号），保养灯就像个计数器，分时间和里程两种模式，汽车行走一定的时间或里程后会亮起来提醒驾驶员对汽车进行相应的保养。每次保养后，都需要把以前的记录清除归零，才能重新计算。

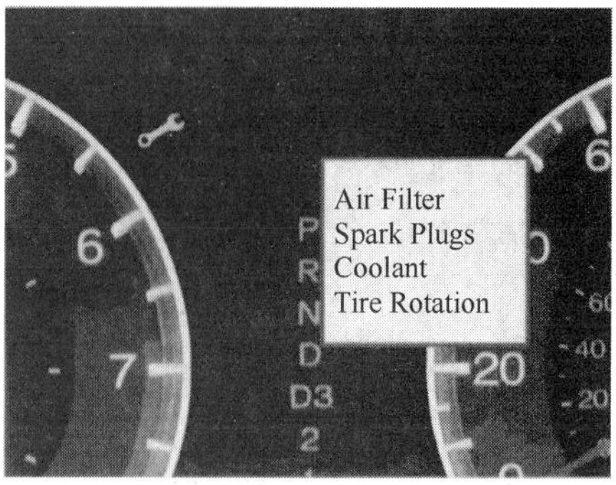

图 8-12　本田雅阁（第八代）保养提醒系统

保养灯的归零有手工操作与使用专用诊断设备两种，下面（表 8-7）以别克荣御轿车为例介绍保养灯归零的方法。

表 8-7　别克荣御轿车保养灯归零步骤

序　号	项　目	内　容
1	保养显示	系统检查：当点火开关接通时，将执行车辆系统检查并在显示屏上显示状态。如果没有警告或保养提示，显示屏上将出现一系列欢迎屏幕，显示“Buick”文字，并最后显示“BUICK SYSTEM CHECK OK!（别克系统检查正常!）”。
		如果激活保养提示，将显示 10s（图 8-13）。当保养提示屏幕显示超时或者按下“MODE（模式）”按钮后，显示屏进入系统检查和欢迎屏幕
		如果系统检查发现了故障，将立即显示相应的警告信息。如果显示了警告信息，应按“MODE（模式）”按钮进行确认（每条警告信息按一下），显示屏跳到点火开关上次断开前所显示的最后一个信息中心屏幕
2	保养到期前	车辆里程表读数决定保养是否到期。多功能显示器（MFD）将在保养到期前 1000km 时显示保养提示。多功能显示器将显示保养间隔到期，图 8-12 中的扳手将闪烁。无论何时接通或关闭点火开关，保养提示都将显示 l0s 直至将其复位
3	保养到期	保养到期时，整个图标都将闪烁。无论何时接通或关闭点火开火，保养提示都将显示 10s 直至将其复位
4	保养过期	保养过期但过期里程少于 5000km 时，无论何时接通或关闭点火开关，多功能显示器都将闪烁图标 10s 直至保养提示复位
		保养过期且过期里程大于 5000km 时，无论何时接通或关闭点火开关，多功能显示器都将闪烁图标 10s 直至保养提示复位。该事件将被永久记录在组合仪表存储器中
6	保养提示复位程序	（1）关闭点火开关。 （2）同时按住驾驶员信息中心上的▲和▼按钮。 （3）在按住两个按钮的同时，接通点火开关。 （4）约 3s 后，松开两个按钮。 （5）出现保养菜单，询问您是否想复位。 （6）按住“SET（设定）”按钮 3s 以上。 （7）按“MODE（模式）”按钮。 （8）关闭点火开关。
7	保养复位显示	保养提示复位后，多功能显示器将显示“保养提示复位无项目”（Service Reset No Items），如图 8-14 所示 2s 后，多功能显示器将运行系统检查

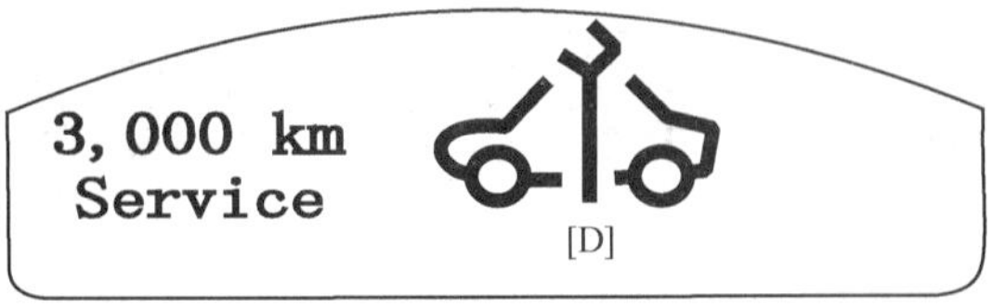

图 8-13　别克荣御轿车保养提示

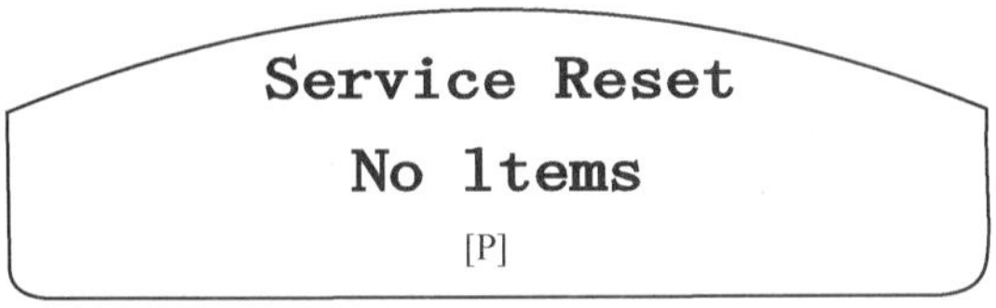

图 8-14　别克荣御轿车保养复位显示

重要注意事项：保养到期提示复位后，将清除发动机控制模块（ECM）/动力系统控制模块（PCM）的响应并记录末次变化后的里程表读数。这些可通过 Tech2 完成。下次保养到期提示将在预定的下次保养到期前 1000km 时才出现。

实训任务工作单

实训任务　指示灯的识读

写出下列指示灯的名称

 ____________

 ____________

 ____________

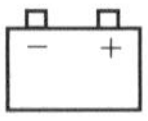 ____________

 ____________

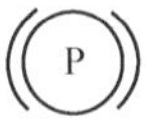 ____________

答案：

 电控行车稳定系统（ESP）

 轮胎气压监控显示

 远光指示灯

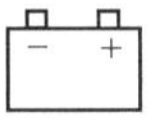 充电指示灯

 机油压力报警灯

 驻车制动指示灯

课题二　汽车仪表系统结构与原理

学习目标

1. 了解常见仪表的作用；
2. 掌握传统机电模拟式仪表的结构与工作原理；
3. 掌握数字组合仪表的结构；
4. 了解 LED 及 LCD 的结构与工作原理。

知识结构

汽车仪表系统结构与原理知识结构如表 8-8 所示。

表 8-8　汽车仪表系统结构与原理知识结构

项　目	内　容
系统作用	监视车辆重要的参数，进而评价整个汽车的工作情况
主要类型	传统机电模拟式仪表、组合数字式仪表

案例导入

小张通过在网上查阅资料，不但认识了很多新的指示灯的含义及用途，而且还了解到现在很多车的仪表也发生了很大的变化，已经在由传统机电模拟式仪表向数字仪表过渡，那么这两类仪表区别是什么呢？各自的结构特点又是什么呢？

一、汽车仪表系统概述

汽车是一台精密的机械，作为一名驾驶员，通过监视一些重要的参数就能评价整个汽车的工作情况，那这些重要的参数我们从哪里可以得到呢？当然来自各种仪表，组合仪表是供驾驶员使用的信息中心，通常显示水温、发动机转速、车速及行驶里程、燃油存量等信息，如图 8-15 所示。

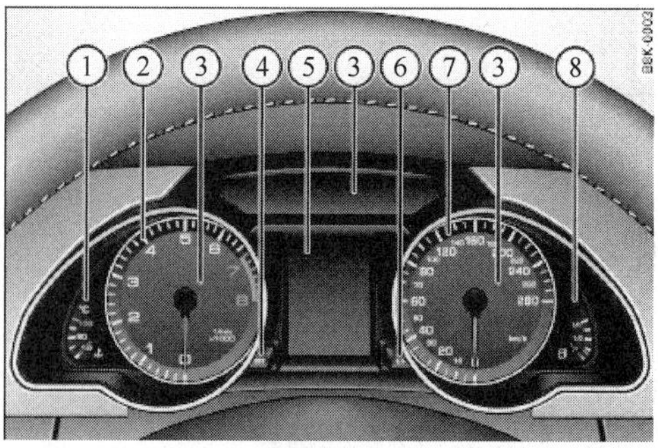

图 8-15　现代的数字化仪表（奥迪 A5）

1—冷却液温度表；2—转速表；3—指示灯；4—设置按钮；
5—显示屏（驾驶员信息系统；日期和时间显示；里程显示）；6—单次行驶里程表复位按钮；7—车速表；8—燃油存量

传统的汽车仪表一般是机电模拟式仪表，只能为驾驶员提供汽车行驶中必要而又少量的信息，早已满足不了汽车新技术、高速度的要求，现代的数字化仪表将逐渐取代传统的机电式仪表。

二、传统机电模拟式仪表

（一）电流表

电流表用来指示蓄电池的充放电电流值，同时还用以监视充电系统是否正常工作的仪表。具体结构及原理如表 8-9 所示。

表 8-9　电流表分类结构及原理

分　类	结　构	工作原理	备　注
电磁式电流表（动铁式）	黄铜板条或铅合金架固定在绝缘底板上，两端与接线柱相连（图 8-16 和图 8-17），下边前侧夹有永久磁铁。下边的后侧支撑有转轴，在转轴上装有带指针的软钢转子	当没有电流流过电流表时，软钢转子就被永久磁铁磁化而相互吸引，使指针保持在中间“0”的位置	
		当铅蓄电池向外供电时，放电电流通过黄铜板条产生的磁场与永久磁场形成一个合成磁场（图 8-18a）。在合成磁场吸引下，软钢转子顺时针偏转一个与合成磁场方向一致的角度。于是转子就带动指针指向刻度板“–”的一侧，放电电流越大，合成磁场越强，电流表指针偏转角度也越大，指示放电电流数值也越大	
		当发电机向铅蓄电池充电时，其电流流向相反，则电流表指针朝逆时针方向偏转（图 8-18b），指向刻度板“+”的一侧。充电电流越大，指针的偏转角度也越大	
动磁式电流表（图 8-19）	与电磁式电流表结构基本相同，只是指针是永久磁铁	没有电流通过电流表时，永久磁铁转子通过磁轭构成磁回路，使指针保持在中间的位置	量程较大
		当蓄电池向外供电时，放电电流通过导电板产生磁场，使永磁转子带动指针向“–”侧偏转。放电电流越大，指针偏转角度越大，指示放电电流的数值也越大	
		当发电机向蓄电池充电时，充电电流通过导电板产生的磁场传指针向“+”侧偏转，指示出充电电流的大小	

图 8-16　电磁式电流表

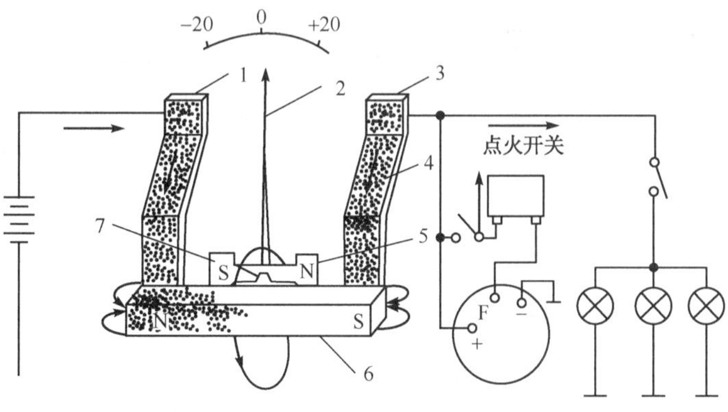

图 8-17　电磁式电流表电路

1、3—接线柱；2—指针；4—黄铜板条；5—软钢转子；6—永久磁铁；7—转轴

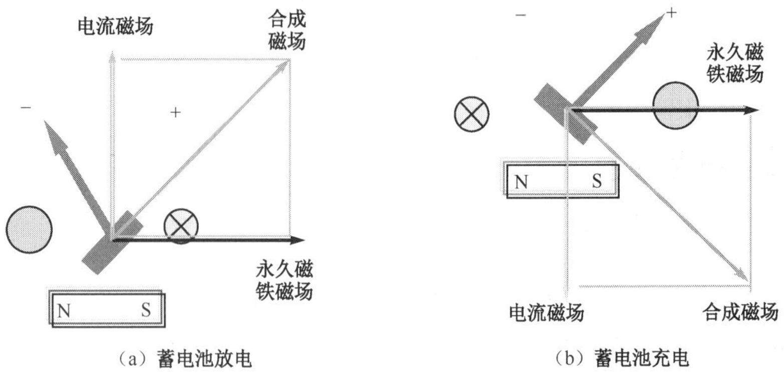

图 8-18　电磁式电流表工作原理

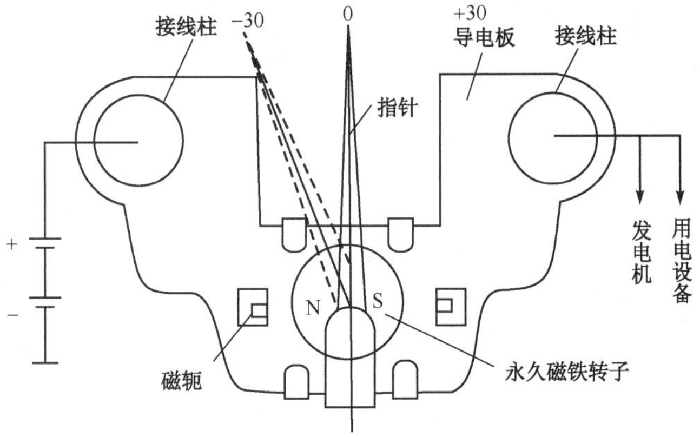

图 8-19　动磁式电流表

（二）水温表

水温表用来指示发动机冷却水工作温度的仪表。水温表根据其原理的不同可以分为：电热式仪表、电磁式仪表两类，水温传感器根据其原理不同可分为：双金属片式和热敏电阻式两类。常见的组合形式为：电磁式水温表加热敏电阻式水温传感器（图 8-20）；电热式水温表（需要配备仪表稳压器）加热敏电阻式水温传感器（图 8-21），具体工作原理如表 8-10 所示。

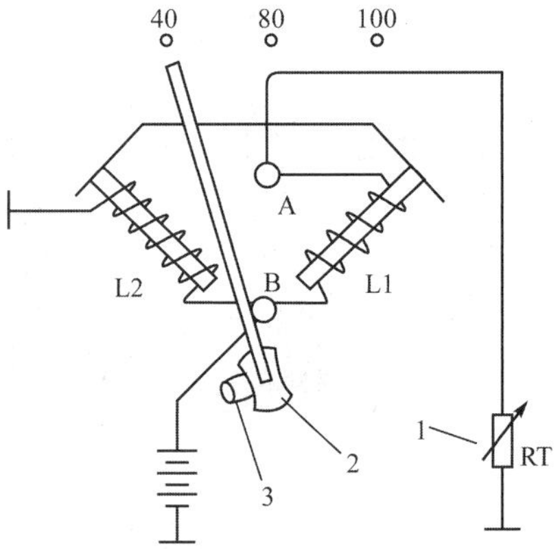

图 8-20　电磁式水温表加热敏电阻式水温传感器

1—热敏电阻水温传感器；2—转子；3—平衡块；L1 与 L2—线圈；A、B—接线柱

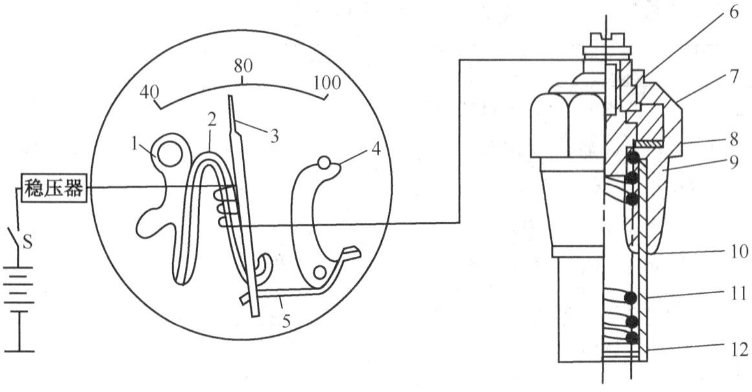

图 8-21　电热式水温表加热敏电阻式水温传感器

1，4—调整扇齿；2—双金属片；3—指针；5—弹簧片；6—端钮总成；
7，8—垫圈；9—外壳；10—绝缘衬纸；11—弹簧；12—热敏电阻

表 8-10　水温表分类及工作原理

分　类	工 作 原 理
电磁式水温表加热敏电阻水温传感器	水温低时，热敏电阻阻值较大，流经 L1 与 L2 线圈的电流相差不多，由于 L1 线圈的匝数多，所以产生的磁场强，吸引指针向左运动指示低水温。 水温高，热敏电阻阻值变小，流经线圈 L2 的电流增大，衔铁被 L2 吸引，指针向右偏转，指向高水温
电热式水温表加热敏电阻式水温传感器	当水温低时，热敏电阻阻值大，通过指示器加热线圈的电流小，产生的热量少，双金属片变形小，指针仅微动，指示低温。 随着水温的升高，热敏电阻阻值减少，通过加热线圈的电流加大，使双金属片变形加大，带动指针向高刻度方向移动，指示高温

（三）燃油表

燃油表是用来指示油箱中燃油量的仪表，按其原理的不同分为电热式燃油表与电磁式燃油表两种，按与传感器的搭配形式不同分为有：电热式燃油表加滑动电阻传感器（图 8-22）和电磁式燃油表加滑动电阻传感器（图 8-23），具体原理如表 8-11 所示。

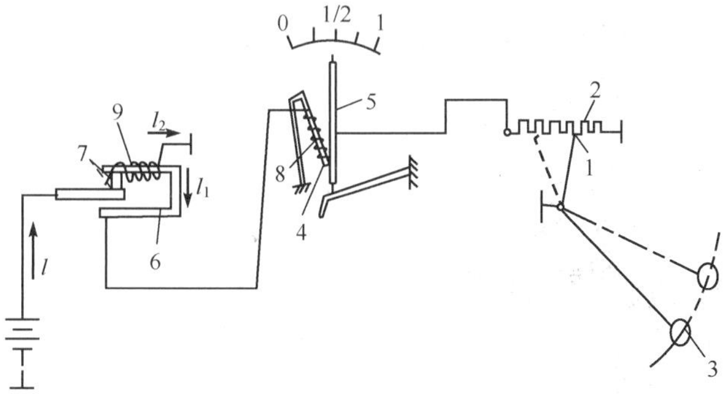

图 8-22　电热式燃油表

1—液面传感器滑动触片；2—可变电阻；3—浮子；4—表头双金属片；5—燃油表指针

表 8-11　燃油表分类及原理

类　别	原　理	备　注
电热式燃油表加滑动电阻传感器（图 8-21）	当低油量时浮子处于较低位置，滑动接触片触头位于可变电阻的右端，此时电阻最大（例如桑塔纳 2000 轿车当燃油表显示满载时，变阻器阻值为 50Ω；当燃油表显示空载时，变阻器阻值为 560Ω），而电流量最小，表头里的电阻丝散热量少，使表头里的双金属片产生变形较小，指针则处于接近“0”位	须配备仪表稳压器
	当加油后，油面高度增加时，浮子上升，触头逐步向左移动，回路电阻减小，电流增大，双金属片热变形增大，指针随之右移，当油箱加满时，指针移到最大刻度“1”上	
电磁式燃油表加滑动电阻传感器（图 8-22）	当油箱无油时，浮子下降至最低位置，滑片滑至最右端，可变电阻被短路，右线圈两端都搭铁，无电流通过，不产生电磁力，而左线圈在全电压下工作，电流达到最大值，电磁力也达最大值，吸引转子转至左极限位置，指针指为“0”，即无油	
	油箱有油时，浮子上升，滑片左移，使可变电阻部分接入电路。此时左线圈 3 由于串联了电阻，线圈内电流相应减小，电磁力减弱，而右线圈中有电流通过。因此，转子在合成磁场的作用下向右偏移，指示油箱的存油量。当油箱满油时，浮子升至最高位置，可变电阻全部接入电路，右线圈电流达最大值，而左线圈电流则为最小值，所以转子将转至右极限位置，指针指为“1”，即油箱满	

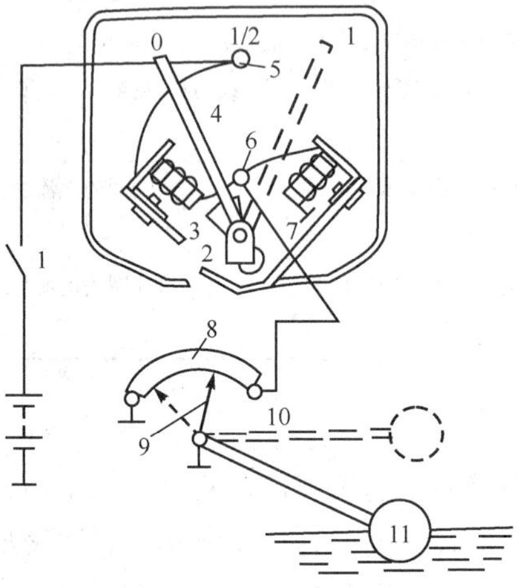

图 8-23　电磁式燃油表

1—点火开关；2—转子；3—左线圈；4—指针；5，6，10—接线柱；7—右线圈；8—可变电阻；9—滑片；11—浮子

（四）车速里程表

车速里程表是用来指示汽车瞬时速度和累计汽车行驶里程的仪表，它由车速表和里程表两部分组成。常见的车速里程表有三类：磁感应式车速里程表、电传动动圈式车速里程表、电子式车速里程表。

1．磁感应式车速里程表（图 8-24）

磁感应式车速里程表结构及工作原理如表 8-12 所示。

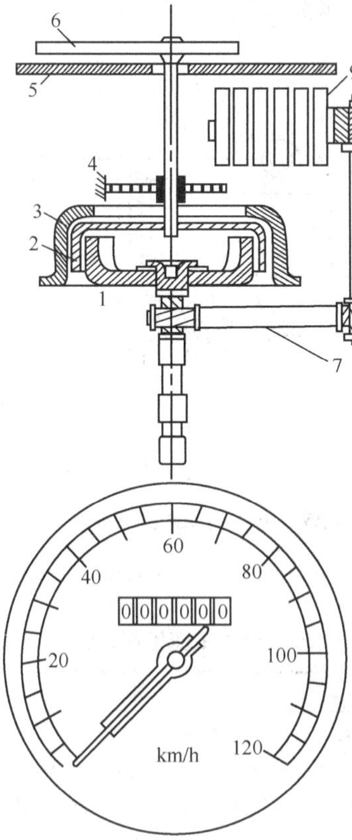

图 8-24　磁感应式车速里程表

1—U 形永久磁铁；2—感应罩；3—护罩；4—盘形弹簧；5—标度盘；
6—车速表指针；7，8—蜗轮蜗杆；9—数字轮

表 8-12　磁感应式车速里程表结构及工作原理

名　称		基本结构	工作原理
磁感应式车速里程表	磁感应式车速表	磁感应式车速里程表由汽车变速器通过一根软轴驱动。车速表中感应罩倒扣在永久磁铁上，它们之间有一定的均匀气隙。感应罩顶面中心固装着小轴，小轴上装有游丝和指针，刻度盘上标有 0、20、…、120，甚至 180，单位是 km / h	当汽车行驶时，转矩由变速器经软轴传至车速里程表的转轴带动 U 形永久磁铁旋转，磁力线在感应罩上产生涡流及涡流磁场，它与永久磁铁磁场相互作用，使感应罩产生转矩，克服游丝的弹力，带动指针偏转一个角度，指示汽车的瞬时行驶速度。汽车速度越高，永久磁铁旋转越快，感应罩上产生的转矩也就越大，使指针的摆角加大，指示高车速值。反之，车速低时，永久磁铁旋转慢，感应罩上转矩小，指针偏摆少，指示低车速值
	里程表	里程表则由三套按一定传动比设计的蜗轮蜗杆装置和一个计数器组成。它由车速表转轴带动旋转，其数值从刻度板的小窗口显示出来	车速里程表的转轴也驱动三套蜗轮蜗杆降速机构，带动计数器累计行驶里程。起始计数值 1 / 10km，并按 10 进位递增，最大值可达 10 万或 100 万千米

2．电传动动圈式车速里程表

电传动动圈式车速里程表（图 8-25）由变速器上的传感器和仪表板上的指示器组成。指示器由二极管桥式整流器、降压电阻、动圈、指针、永久磁铁和游丝等组成。工作原理

如表 8-13 所示。

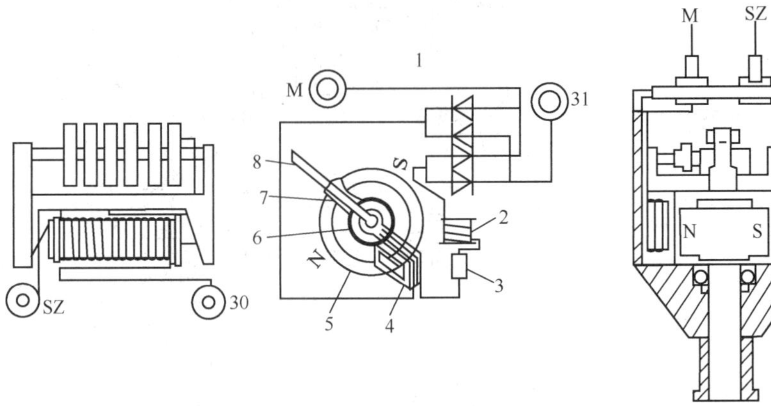

图 8-25　电传动动圈式车速里程表

1—整流器；2—线圈电阻；3—电阻；4—动圈；5—永久磁铁；6—游丝；7—配重；8—指针

表 8-13　电传动动圈式车速里程表结构及工作原理

名称		基本原理
电传动动圈式车速里程表	电传动动圈式车速表	汽车行驶时，变速器带动永久磁铁转动，永久磁铁的磁力线切割线圈，由此产生的交流电经接线柱 M 输出，经整流后的直流电通过游丝进入动圈产生磁场。动圈磁场和永久磁铁的磁场相互作用产生转矩，推动动圈沿顺时针方向转动，速度越快，传感器产生的电压越高，输入动圈的直流电压也越高，电流加大，产生的转矩随之增加，指针的偏转角也增大。反之，车速降低时，动圈转矩减小，指针在游丝的弹力作用下向零位方向偏转
	里程表	里程表由一个电磁铁不断吸引与断开，推动走动叉来不断拨动由 6 个计数轮组成的里程计，而电磁铁电源的接通与断开由感应器中的断电气控制。断电气和车速表的微型发电机同装在一个机构内，一起工作

3．电子式车速里程表

电子式车速里程表结构（桑塔纳 2000 系列轿车）如图 8-26 所示，工作原理如表 8-14 所示。

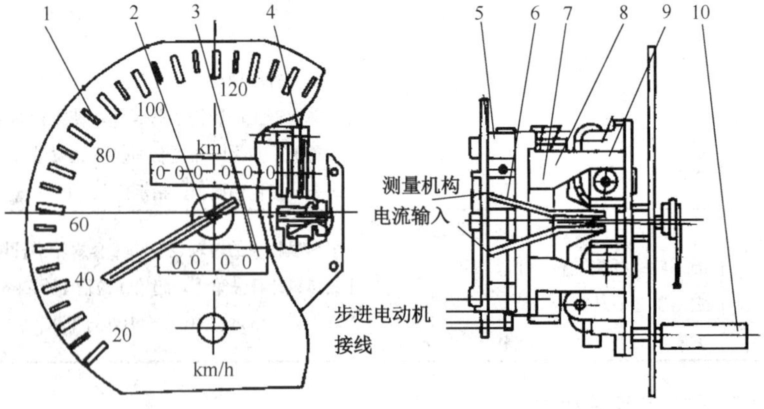

图 8-26　电子式车速里程表

1—刻度盘；2—指针组合；3—里程计数器；4—行星齿轮系；5—线路板组合；6—步进电动机；7—座架；8—动圈式测量机构；9—计数器组合；10—日程复位机构

表 8-14　电子式车速里程表结构及工作原理

名　称	结　构	工 作 原 理
电子式车速里程表	由动圈式车速测量机构、行星齿轮减速传动机构带动的十进制记录里程数字轮、处理与速度有关的脉冲信号用线路板组合、与速度有关的霍尔型转速传感器以及步进电动机等组成	电子里程表是以动圈式测量机构指示车速，步进电动机通过行星齿轮系减速数字轮记录里程，安装在变速器上的车速传感器将车速转化为脉冲信号，经由电子元器件组成的电路处理后，输出电流驱动动圈式测量机构，带动指针偏转一定的角度。由于车速传感器产生的脉冲频率经电路处理后，与输出的电流相对应，因此指针指示相应的车速，而里程记录是将输入的脉冲频率，由电路分频处理后，驱动步进电动机，经行星齿轮减速分别累计里程及日程里程

三、组合数字式仪表

（一）组合数字式仪表概述（表 8-15）

组合数字式仪表采用步进电动机结构形式，所有传感器的模拟或数字信号全部转化成驱动步进电动机的数字信号，由中央处理器 CPU 处理完后，将驱动信号输送到各自的步进电动机式指示仪表并使之工作，这种用全数字技术驱动的指示仪表精度高，统一机芯结构成本低。在很多轿车当中，仪表由专门的控制单元进行控制，控制单元接收传感器传来的被测量参数进行判断后决定是否点亮指示灯。

表 8-15　组合数字式仪表概述

项　目	内　容
显示信息形式	车速、发动机转速、水温和油量信息采用步进电动机来仿效模拟面板和指针显示板的性能以及视觉效果。里程信息采用 LCD 显示，开关量或报警信号采用 LED 显示
硬件结构	汽车数字仪表硬件结构如图 8-27 所示，其中，发动机转速信号和前后灯信号是从 CAN 总线（发动机电控模块和前后灯电控模块）获取，而车速信号、水温、油量和其他开关量信号从相应的传感器获取，采用步进表头显示，串口 EEPROM 用于存储里程信息
主要生产厂	德科、马瑞利、芜湖西门子 VDO、伟世通、博世等

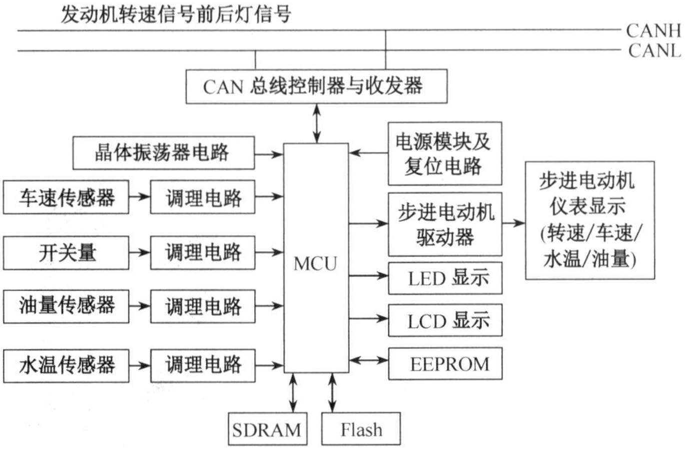

图 8-27　汽车数字仪表硬件结构

（二）仪表步进电动机

仪表步进电动机作用、驱动形式及工作过程如表 8-16 所示。

表 8-16 仪表步进电动机作用、驱动形式及工作过程

项　目	内　容
作用	步进电动机是将电脉冲信号转变为角位移或线位移的开环控制元件
驱动形式	仪表步进电动机（图 8-28）属于步进电动机中体积、功耗较小的类别，可以由单片机或专用芯片的引脚直接驱动，不需外接驱动器，因而在仪表中被用于指针的旋转控制
工作过程	在非超载的情况下，电动机转速、停止的位置只取决于脉冲信号的频率和脉冲数，而不受负载变化的影响，即给电动机某相线圈加一脉冲信号，电动机则转过一个步距角。这一线性关系的存在，加上步进电动机只有周期性的误差而无累积误差等特点，使得在速度、位置等控制领域用步进电动机来控制变得非常简单。虽然步进电动机已被广泛地应用，但步进电动机并不像普通的直流电动机、交流电动机那样在常规下使用。它必须在双环形脉冲信号、功率驱动电路等组成控制系统下使用

图 8-28 里程表步进电动机

（三）液晶显示器 LCD（Liquid Crystal Display）

在大多数数字仪表板中，是用卤钨灯不断地照着 LCD 的后面玻璃，但其工作原理各种仪表板稍有不同。当未触发字符段时，光不能穿过不透光的液晶而字段发黑；当方波电压加至液晶时，加电压处的液晶的光缝对齐，使光能透过字段，如图 8-29 所示。为使在不同的环境照明情况下 LCD 有适当的亮度，卤钨灯的光强用脉宽调制法进行调节。为此，用光电池感受车内光强值，此信息用微处理器处理，以确定显示器的光线强度。附加的光强调节将由驾驶员调节灯光开关的变阻器来实现。加至液晶的方波电压，是通过两块偏光镜与前、后玻璃板的导电字段轮廓线的接触来提供的。前玻璃板有显示字符轮廓形状的金属镀膜，后玻璃板也有金属镀膜。显示的颜色通常由显示器前面所放的滤色膜来决定。具体原理及结构如表 8-17 所示。

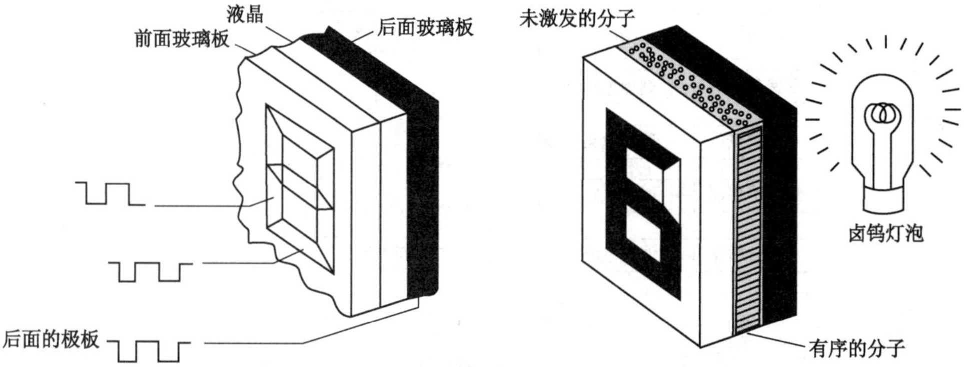

图 8-29 液晶七段码显示器原理

表 8-17　液晶显示器概述

项　目	内　容
液晶特性	液晶是一种有机化合物，这种有机物质在一定的温度范围内，既具有液体的流动性和连续性，又具有某些晶体的光学性质。LCD 就是利用这种物质在电场的作用下能产生特殊的电光效应而制成的
偏振片材料	二向色性的有机晶体，如硫酸碘奎宁、电气石、或聚乙烯醇薄膜在碘溶液中浸泡后，在高温下拉伸、烘干，然后粘在两个玻璃片之间就形成了偏振片
结构	LCD 的基本结构由内表面刻有透明电极（典型图形为 7 段字形）的两块平板玻璃中间注入薄薄（约 10×10^{-6}mm 厚）的液晶层构成。它的上、下表面各放了一块偏振片（起偏振片、检偏振片）。下偏振片下面常常再放一块高效的反射器件，以获得良好的清晰度
工作原理	LCD 采用表面排列技术，对刻有透明电极的玻璃进行表面处理，使液晶分子在液晶盒内的排列方向呈 90° 扭曲。线性偏振光进入扭曲的液晶盒后，偏振面旋转 90°。加上电场后，由于正介电各向异性液晶分子的取向具有和电场方向排列一致的性质，故扭曲结构消失，线性偏振光可以直接通过液晶盒。去掉电场后，液晶分子的排列又恢复扭曲，使线性偏振光的偏振面旋转 90°。因此，当扭曲液晶盒置于起、检偏振片之间时，改变两块偏振片的相对位置（正交或平行），就可得到白底黑字（正常开启）或黑底白字（正常关闭）的显示形式。扭曲效应 LCD 工作原理如图 8-30 所示，两块偏振片正交排列，故可获得白底黑字的显示形式
优缺点	液晶数字显示器是一种被动式显示器件，它本身不发光，仅调制环境光。因此，可在室内外明亮环境中使用，而且显示的清晰度不随环境亮度的增加而减弱，在太阳光下也能清晰地显示。LCD 的驱动电压低（3～6V），功耗极微（0.3～100pW），这也是 LCD 的主要优点。缺点是液晶为非发光型物质，夜间必须要使用灯光照明，低温条件下灵敏度较低，有时甚至不能正常工作

（四）发光二极管（LED）

发光二极管简称为 LED，在电路及仪器中作为指示灯，或者组成文字或数字显示。LCD 工作原理图如图 8-30 所示。

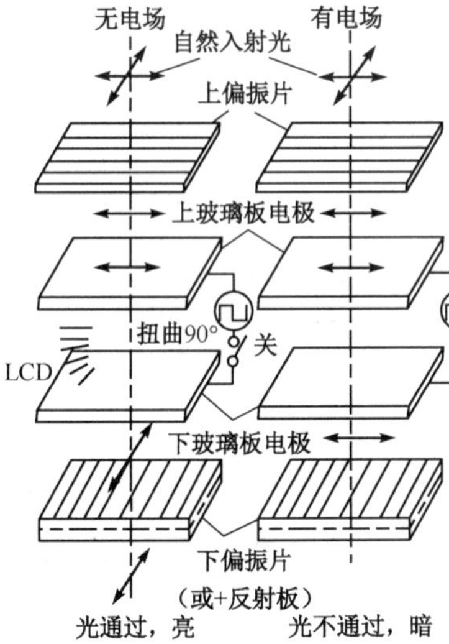

图 8-30　LCD 工作原理图

发光二极管材料、原理及种类如表 8-18 所示。

表 8-18　发光二极管材料、原理及种类

项　目	内　容
材料	由镓（Ga）与砷（As）、磷（P）的化合物制成
原理	它是半导体二极管的一种，可以把电能转化成光能。发光二极管与普通二极管一样是由一个 PN 结组成，也具有单向导电性。当给发光二极管加上正向电压后，从 P 区注入到 N 区的空穴和由 N 区注入到 P 区的电子，在 PN 结附近数微米内分别与 N 区的电子和 P 区的空穴复合，产生自发辐射的荧光
种类	现在已有红外、红、黄、绿及蓝光发光二极管，但其中蓝光二极管成本、价格很高，使用不普遍

发光二极管、液晶显示器件与真空荧光显示器（图 8-31）等均可以用字符段显示法（图 8-32 为八只发光二极管组成的数字显示板）、点阵显示法、特殊符号显示法、图形显示法显示方法提供给驾驶员。

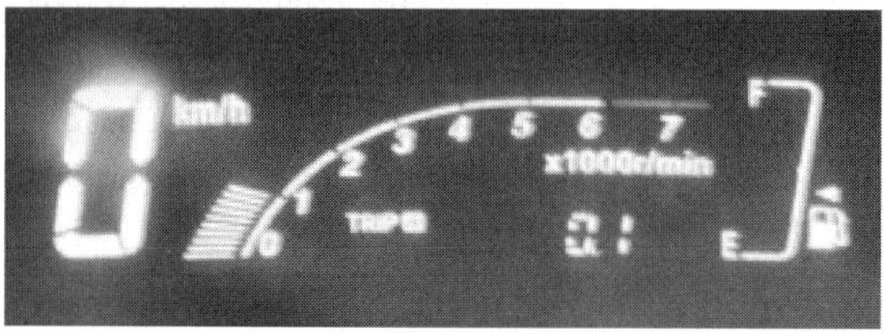

图 8-31　真空荧光显示器

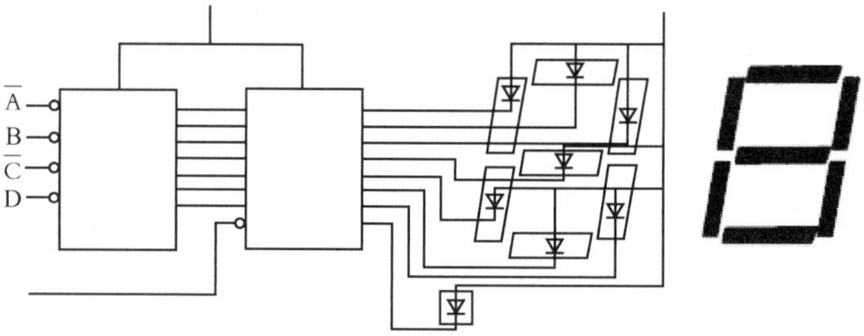

图 8-32　八只发光二极管组成的数字显示板

四、驾驶员抬头显示技术 HUD（Head Up Display）

HUD 系统作用、历史发展及工作原理如表 8-19 所示。

表 8-19　HUD 系统作用、历史发展及工作原理

项　目	内　容
作用	将有关信息显示在前风挡玻璃的驾驶员平视范围上，且显示位置、显示亮度可调，这样可以避免低头看仪表，从而缩短眼球对前方的视觉盲区时间，减少因低头走神引起的交通事故
历史发展	HUD 最初的应用就是在战斗机上，最早出现在轿车上是在 20 世纪 80 年代末。1988 年 HUD 作为一项安全特性出现在通用旗下的奥兹莫比 Cutlass Supreme 车型上
工作原理（图 8-33）	HUD 系统其实严格说来并不是单一的一个电子系统（图 8-34），其成像的关键是在光学和材料学方面，一种透明的高折射率镀膜才是其真正的成像根基。这种膜并非单独存在，它是特殊前风挡玻璃的表层功能部分，这种汽车风挡玻璃生产主要采用有浸渍法和网印法等。由于它含有氧化的锑和硅，所以它的折射率介于 1.8～2.2，大于普通前风挡玻璃 1.52 的折射率，所以表面的反射率就可以增大，再经过多次光干涉就可在远处成像

图 8-33　HUD 系统结构原理图

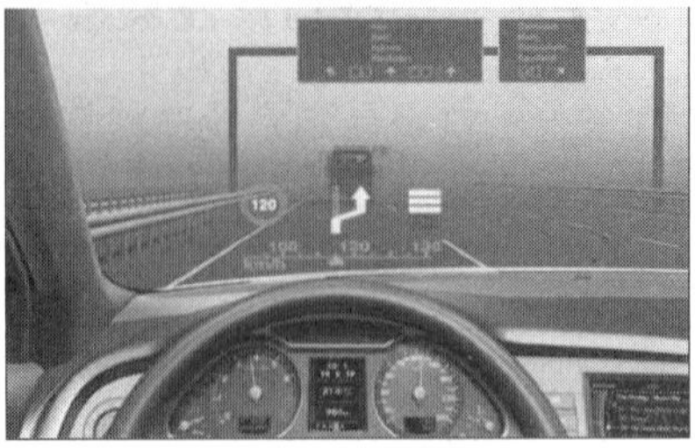

图 8-34　奥迪 HUD 系统

课题三　汽车仪表系统故障诊断

学习目标

1. 了解仪表维修的注意事项；
2. 掌握仪表故障诊断的方法；
3. 掌握仪表故障检查工具的使用方法；
4. 掌握汽车仪表故障诊断的流程。

知识结构

汽车仪表系统故障诊断知识结构如表 8-20 所示。

表 8-20　汽车仪表系统故障诊断知识结构

项　目	内　容
电子仪表检修工具	快速检测器、电脑快速测试器、液晶显示仪表测试器
维修主要事项	① 严格遵守手册规定 ② 使用高阻抗仪器 ③ 断电检查仪表 ④ 防止静电 ⑤ 防止反电势 ⑥ 避免直接输入电源电压

案例导入

小张的朋友有一辆帕萨特 B5 轿车，可是最近发现汽油表所显示的油量比实际的多，朋友知道小张对车了解较多就来请教他。出现这种情况是不是需要更换仪表或传感器，能不能通过调整来解决问题呢？

一、汽车仪表系统故障诊断概述

现代汽车上所用的电子仪表与传统的电磁式指针仪表的目的是相同的，即向驾驶员显示汽车工作信息，对汽车电子仪表进行检修时，应像电磁仪表一样，先确保发动机的状况完全正常。在假定某些电子仪表有故障之前，应先测试发动机状况。

汽车电子仪表系统装有一个自诊断程序或测试工序，可找出仪表系统的问题，并能将故障用故障码储存起来或用文字显示出来。

二、电子仪表系统检修注意事项

汽车电子仪表显示系统在检修中需注意以下事项（表 8-21）。

表 8-21　汽车电子仪表显示系统在检修中注意事项

序　号	注意事项	内　容
1	严格遵守手册规定	汽车电子化仪表比较精密，对检修技术要求较高，检修时应遵照各汽车维修手册中的有关规定，必要时，电子化仪表装置应送专业维修单位检修
2	使用高阻抗仪器	在检查电压、电阻时，应使用高阻抗仪器（不能使用简易仪表），若检修汽车仪表时使用不当，常常会造成微机电路的严重损坏，因此，进行仪表检修时应特别注意这一点
3	断电检查仪表	对需要检修的电子仪表板拆卸时，首先应切断电源，而后按拆卸顺序进行拆卸。应特别注意拆卸时不能敲打、振动，以防损坏电子元器件
4	防止静电	在拆装仪表板总成之前，脱开连接器或端子时，应先脱开蓄电池端子。更换电子仪表元器件时，应小心静电造成元器件的损坏。在处理电子式车速 / 里程表的电路板时，必须使用原来的塑料盒，以免因静电感应而损坏。若不慎碰触电路板的接头时，将会使仪表的读数消除，此时就必须送专业维修后才能使用
5	防止反电势	发动机运行时不能将蓄电池断开，因为这会引起瞬间的反电势，导致仪表损坏
6	避免直接输入电源电压	汽车电子化仪表显示板与母板（逻辑电路板）不仅较容易损坏，而且价格也较贵，因此，在使用与检修时应多加小心。除非有特殊说明，否则不能将蓄电池的全部电压加在仪表板的任何输入端

三、仪表故障检测工具

汽车的很多电子仪表板都是由微机进行控制的，同时具有自检功能。只要给出指令，电子仪表板的电子控制器便对其主显示装置进行系统的检查，若出现故障，便以不同的方式警告驾驶员，显示系统出现故障，同时将出现故障码储存，以便维修时将故障码调出，找出故障的部位。当确认仪表板有故障时，应进行检测（表 8-22）。

表 8-22　电子仪表检修工具及功用

序　号	检测工具	功　用
1	快速检测器	快速检测器能发出模拟各种传感器的信号，用它能够迅速检测出故障的部位。如在使用检测器向仪表板输入信号时，仪表板能够正常显示，说明传感器或其电路有故障。若显示器仍不能显示，再将检测器直接接在仪表板的有关输入插座上，此时若显示器能正常显示，说明线束和连接器有故障，否则表明仪表板有故障
2	电脑快速测试器	这种测试器能够模拟燃油的流量和车速传感器的信号。同样把测试器所发出的信号从不同部位输入，即可检验传感器、线束、电脑和显示装置工作是否正常
3	液晶显示仪表测试器	该测试器在测试时接在仪表板上，能为仪表板和信息中心提供参照输入信号，可检测出信息中心的工作状态。这种测试的目的是对仪表板有无故障做进一步的验证

四、仪表故障的诊断方法

一般来说，使用电子化仪表的汽车都采用电子控制，其中包括对电子化仪表系统的控制，即来自各种传感器信号处理和仪表的显示都是由微机控制的。使用微机控制的汽车一般都具有故障自诊断系统，包括对电子化仪表系统进行自检，检查电子仪表系统功能是否正常，并对其故障进行诊断，对于多数车辆来说，只要按下计算机上的相应按钮，即开始对汽车进行自检，若有故障，就可以读出故障码，然后通过查阅有关手册，就可以了解故障码代表的故障原因，找出相应的处理方法。对于汽车仪表装置的故障诊断，除了依靠车载计算机自诊断系统进行自诊断以外，还可以使用专门的检测设备，对其进行检测和诊断。这些检测设备属于外接设备，可以直接插入汽车微机的相应插槽内使用。现在汽车上的电气仪表的作用越来越大，随之产生的故障也相应增多。

汽车电子仪表显示系统的故障，一般都出在传感器、连接器、导线、个别仪表及显示器上（表 8-23）。检修时应先将传感器电路断开或拆下，用检测设备对它们进行逐个检查。

表 8-23　汽车电子仪表显示系统故障诊断表

序　号	故障现象	检测方法
1	燃油表、润滑油表和温度表显示最大读数，在发动机启动后仍然保持在那个位置	应查找电子模块后面的接头是否连接不良或接头未接上
2	燃油表、润滑油表或温度表不工作	通过将点火开关打开，并将发送装置上的传感器线搭铁来检查传感器是否失效。如果传感器线搭铁时仪表读数最大，则应更换传感器
3	速度表和里程表不工作或工作不稳定	检查距离传感器线路。如果线路良好，则从汽车上拆下传感器，并将它接到电阻表的最低挡，注意不要使用 12V 试灯，因为它会损坏传感器；慢慢将传感器轴转动 1 圈，注意观察指针的摆动，应有 8 个脉冲，每次读数应等于或小于 1 / 2Ω，如果读数大于这个值或在轴转动 1 圈时没有 8 个脉冲，则应更换传感器
4	前照灯开关打开或调整灯光亮度的变阻器转动时，如仪表显示不暗下来	检查前照灯线路熔断器；检查前照灯开关到仪表板的线路的连接是否松动或有故障；测试前照灯开关；如果发动机转速表不工作，则检查仪表板到转速传感器的线路连接情况，如果发动机是电子燃油喷射式的，则还应检查仪表板到电子燃油喷射动力模块的连接情况
5	传感器的检测	首先将传感器的电路断开或拆下传感器，用仪器进行逐个检查。对各种电阻式传感器的检查，通常是采用测量其电阻值的方法来判断它的好坏，即把所测得的电阻值与其规定的标准电阻值进行比较，判断传感器有无故障，若所测的值小于规定的数值，表明传感器内部短路。传感器一般是不可拆、不可维修的元件，若有故障只能更换新件
6	连接器的检查	采用电子仪表的汽车，往往需要很多连接器把电线束连到仪表板上。这些连接器一般都采用不同颜色，以便辨认它属于哪一部分的连接。为保证其连接可靠、牢固，连接器上都设有闭锁装置。检查时可用眼看或手摸的方法进行，连接器装置要齐全、完好，插头、插座应接触可靠、无锈蚀。仪表电路工作中用手触摸连接器，应没有明显的温度感觉，若温度过高，说明该连接器接触不良，应查明原因予以排除
7	显示器故障检修	一旦电子仪表板上的显示装置部分笔画、线路出现故障，应将仪表板上显示器件调整到静态显示状态，仔细观察是否还有别的故障，就此时出现的故障，使用检测设备对与此相关的电路或装置进行认真检查。若仅有一两笔画或线段不发亮或不显示，则说明逻辑电路板通过多路传输的脉冲信号正确，可能是显示装置的部分线段。工作不正常，遇此情况应做进一步检查，属于接触不良的应加以紧固，确保其电路畅通；若是电子器件本身的问题，通常应更换显示器件或电路板

五、仪表系统故障诊断实例

下面将通过帕萨特轿车组合仪表的检测与诊断，了解仪表检修的一般内容及流程。

（一）组合仪表自诊断

1．自诊断操作流程

组合仪表的自诊断系统能方便进行故障查询。如果在受监控的传感器或部件中出现故障，带有故障类别说明的故障就以故障代码的形式存储在存储器中，故障存储器同时可以存储最多 4 个故障代码。如果有时出现的故障代码，在紧接着的 50 次启动过程之内不再出现，故障存储器将自动清除它们。

表 8-24　自诊断操作流程

序　号	项　目	内　容
1	条件	所有的熔断器正常
		电源电压正常（至少 9.0V）
2	所需的专用工具	故障阅读仪 V.A.G1551
		电缆线 V.A.G1551 / 3
3	操作步骤	拆下驻车制动操作手柄右边诊断插座上面的罩盖，把带电缆线 V.A.G155l / 3 的故障阅读仪 V.A.G1551 的插头插到诊断插座上，如图 8-35 所示
		接通点火开关，显示器上将交替显示（1、2 交替显示）： V.A.G-EIGENDLAGNOSE　帮助 1-快速数据传输 2-闪光代码输出
4	注意	如显示器中未出现显示，根据电路图，检查用于 V.A.G1551 的电源
		通过故障阅读仪的帮助（帮助程序）按钮，可以查询附加的操作说明
		按“→”键，可以进行下一步程序流程（程序运行）
		在“快速数据传输”操作状态 1 中，可以执行“自动校验功能流程”功能“00"。与此同时，自动查询所有车辆的控制单元

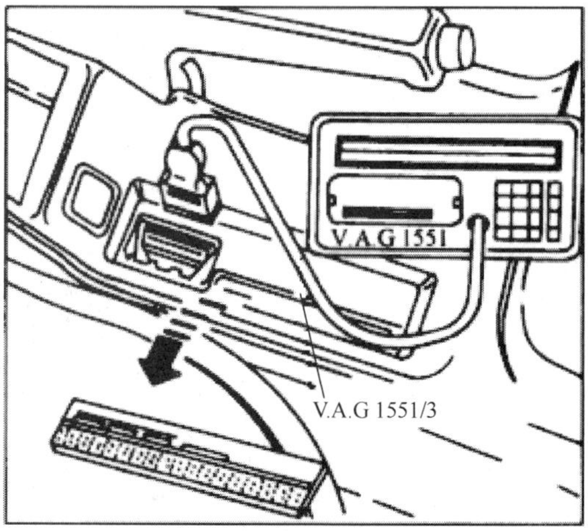

图 8-35　连接故障阅读仪 V.A.G155l

2．故障码及其分析排除（表 8-25）

表 8-25　故障码及其分析排除

V.A.G1551 打印输出	可能故障原因	可能发生的后果	故 障 排 除
01039 用于冷却液温度指示（器）G2 的传感器 —在搭铁后短路 —目前不可试验的	G2 和组合仪表之间的线路断路或短路 —用于冷却液温度 G2 的传感器有故障 —冷却液温度在 0℃之下	最低的冷却液温指示值（读数值）	—按照电路图规定的故障查询 —替换用于冷却液温度 G2 的传感器 —使车辆运行 15min，并且重新查询故障存储器

续表

V.A.G1551 打印输出	可能故障原因	可能发生的后果	故障排除
01086 用于车速表 G22 的传感器 —信号过大	用于车速表 G22 的传感器有故障	不正确的（错误的）速度指示	替换用于车速表 G22 的传感器
00771 用于汽油液面指示 G 的传感器 —在相加后中断 / 短路 —在搭铁后短路	—G 和组合仪表之间的线路断路或短路； —用于汽油液面指示 G 的传感器有故障	汽油存量指示值 0（“空的”），用于汽油存量的报警信号灯发光	—按照电路图规定的故障查询； —替换用于汽油液面指示 G 的传感器
00779 外界温度（外部环境温度）传感器 —中断 / 短路 —在搭铁后短路	—线路中断 / 短路； —传感器 G17 有故障	无指示值（外界温度指示的显示器）	—按照电路图规定故障查询； —替换传感器 G17
65535 控制单元故障		组合仪表有缺陷	更换（修理）组合仪表
其他的错误代码	如果显示错误代码是没有包括在这个故障阅读仪中，就参见防盗装置的自诊断		

3. 读测试数据块

读测试数据块操作流程如表 8-26 所示。

表 8-26 读测试数据块操作流程

序号	操作及显示
1	进行初始操作，当显示器上显示： 快速数据传输　　帮助 选择功能××
2	按“08”键，选择功能“读测试数据块”，显示器上将显示： 快速数据传输　　Q 读出 08 测试数据块
3	按“Q”键确认，显示器上将显示： 读出测量数据块 输入显示组群数 ××× 选择所需要的显示组编号，可选择的显示组编号如表 8-27 所示，并且按“Q”键确认
4	在 VDO 组合仪表的情况下，一个测试数据块示例： 按“002”键，选择“显示组 2”，显示器上将显示： 读出测量数据块　　2　→ 820km　411　　19.0 第一项 820km 为行驶过的里程，第二项 411 为汽油储存量指示，第三项 19.0℃为外界温度
5	在 Magneti—Marelli 仪表板（M73）情况下，一个测试数据块的示例： 按“002”键，选择“显示组 2”，显示器上将显示： 读出测量数据块　　2　→ 820km　411　250Ω　19.0 第一项 820km 为行驶过的里程，第二项 411 为汽油储存量指示，第三项 250Ω 为用于汽油储存量指示 G 的传感器的电阻值，第四项 19.0℃为外界温度

续表

序　号		操作及显示
6	注意事项	在显示器上，始终显示着传感器的实际值，因为在组合仪表上表示滤波后的数值，所以，这些数值可能变化
		如果实际的冷却液温度为75～107℃，在组合仪表上就总是显示90℃
		在用于汽油储存量指示的传感器断路或短路情况下，在使用VDO组合仪表的车辆时，“OL”被显示在字段2中，并且字段3保持空白
		在使用Magneti—Marelli组合仪表（M73）的车辆路况下显示“67L”。显示区域3在短路情况下时，显示8Ω，在断路情况下显示大于350Ω
		其他的显示组群都是可能的，但对于故障查询来说，并不需要

可选择的显示组编号一览表如表8-27所示。

表8-27　可选择的显示组编号一览表

显　示　组	显示中的标记字段
001	1=速度（单位：km / h） 2=发动机转数（单位：r / min） 3=油压开关2（单位：min） 4=时钟（VDO中无）
002	1=路程计数器（单位：km） 2=汽油储存量（单位：L） 3=生产商代码M73：使用于汽油储存量显示G传感器的电阻值 3=生产商代码VDO：外界温度（单位：℃） 4=生产商代码M73：外界温度（单位：℃）
003	1=冷却液温度（单位：℃）

（二）执行部件诊断

1．概述

执行部件测试作用及注意事项如表8-28所示。

表8-28　执行部件测试作用及注意事项

项　目	内　容
作用	执行部件诊断是电气试验的一个部分，车速表、转速表、冷却液温度指示器、汽油液面指示器、显示器显示（里程显示多功能显示和数字时钟）、油压报警蜂鸣器等部件进行诊断；在中档组合仪表中，可对汽油存量的指示灯、冷却液温度指示 / 冷却液缺乏指示的指示灯、机油压力的指示灯、双回路制动和驻车制动的指示灯以及所有适用于车辆的各种选装设备的指示灯进行诊断；在高档组合仪表中，还可检查指示灯和导航的显示设备
注意事项	在发动机运转或车辆运动情况下不可以进行或中断组合仪表的部件诊断

如果部件诊断中出现一个故障，就必须更换组合部件。如果部件没有出现过故障，就必须检查组合仪表的电源线和插头连接。

2．操作流程

执行部件测试操作流程如表8-29所示。

表 8-29 执行部件测试操作流程

序号	操作及显示	执行效果表现
1	连接故障阅读仪 V.A.G1551，按“1”键，选择“快速数据传输”操作状态，接通点火，并按“17”键，选择“组合仪表”地址词，时显示器上将显示： 快速数据传输　帮助 选择功能××	
2	按“03”键，选择功能“执行部件诊断”，显示器上将显示： 快速数据传输　Q 03 一部件诊断	
3	按“Q”键确认，显示器上将显示： 快速数据传输　→ 模拟显示	所有必须检查的指示灯都熄灭。 冷却液温度指针的运转经过整个指示范围（读数范围），转速表指针的运转经过整个指示范围，车速表指针的运转经过整个指示范围，汽油液位指示器指针的运转经过整个指示范围。 在指示范围的运转之后显示如下的固定值：冷却液温度显示为 90℃；转速表为 3000r / min；车速表为 100km / h；汽油液面显示为 1 / 2。 注意：在每一个点火开关的接通和断开情况下，一个已开始的指示动作被中止执行
4	按“→”键，显示器将显示： 部件诊断　→ 组合仪表控制灯试验	对于中档组合仪表，适用于冷却液温度指示 / 冷却液缺乏（不足）指示、双回路装置和驻车制动装置的指示灯、油压的指示灯、汽油液面的指示灯。如被激活，将持续不断地发光
5	按“→”键，显示器将显示： 部件诊断　→ 报警声	油压报警蜂鸣器被激活，间隔地响起一个报警声音
6	按“→”键，显示器将显示： 部件诊断　→ 字段检测	对于中档组合仪表，所有速度指示器和转速表中的液晶显示被激活，并且可见。对于高档组合仪表，所有显示设备的字段可以看见的，上面的指示范围为红色，下面的指示范围为绿色
7	按“→”键，显示器将显示： 部件诊断　→ 冷却介质一超温试验	安全断路，即空调压缩机的断开大约 5s 以后启动。另外在带有制造厂代码 M73 的组合仪表情况下，组合仪表中过热报警在安全断路之后大约 5s 激活和闪光，同时响起一声报警信号
8	按“→”键，在带有制造厂代码 VDO 的组合仪表情况下显示器上显示： 功能是未知的或　→ 此时不能记忆输出 在带有制造厂代码 M73 的组合仪表情况下显示器上显示： 部件诊断　→ END(结束)	通过操作“→”键，结束适用于 VDO 的组合仪表的部件诊断

（三）匹配

1. 对行驶里程显示进行匹配

更换组合仪表后需要对行驶里程显示进行匹配，注意事项如表8-30所示。

表8-30　行驶里程显示进行匹配注意事项

序　号	注 意 事 项
1	车辆所走过的总里程可以从有故障的组合仪表上读出或者根据维护计划加以测定
2	新组合仪表所显示的总路程在匹配之前不许超过100km
3	新组合仪表所输入的总路程必须大于100km
4	总里程的匹配只能一次，并且只能以递增方式进行
5	使用故障阅读仪V.A.G1551的“C”键，可以中断匹配
6	在确认输入后再进行修改是不可能的，在这种情况下，仪表板部件必须用一个新的部件加以代替

示例：有故障的组合仪表为89627km。这个里程数值可以按表8-31所示被传输到新的组合仪表上。

表8-31　行驶里程显示进行匹配流程

序　号	操作及显示
1	接通故障阅读仪V.A.G1551，按“1”键，选择“快速数据传输”操作状态，接通点火开关，按“17”键，输入“组合仪表”地址词，按“Q”键确认，不断按“→”键，直到显示器上显示： 快速数据传输　　　帮助 选择功能××
2	按“11”键，并按“Q”键确认，显示器上将显示： 快速数据传输　　　Q 11—注册—过程
3	按“Q”键确认，显示器上将显示： 注册—过程　　　Q 输入代码编号
3	对于VDO组合仪表，这时必须输入代码编号13861。对于Magneti-Marelli组合仪表，这时必须输入防盗装置的密码。 对于一个VDO组合仪表的显示器上显示： 注册—过程　　　Q 输入代码编号13861 对于Magneti-Marelli组合仪表的显示器上显示（例如：密码5678）： 注册—过程　　　Q 输入代码编号05678 注意：如果这时输入3次错误的代码编号或密码，在里程显示上就出现“FAILL（失效）”。在这种情况下，必须断开点火开关和重新接通点火开关，并且使用正确的代码编号或密码重返注册过程
4	按“Q”键确认，显示器上将显示： 快速数据传输　　　帮助 选择功能××

续表

序　　号	操作及显示
5	按“10”键，选择功能“适配”，显示器上将显示： 快速数据传输　　　Q 10—匹配
6	按“Q”键确认，显示器上将显示： 匹配 输入通道号××
7	按“09”键，并按“Q”键确认显示器上将显示： 通道 9　匹配　0　→ <-1　3->
8	按“→”键，继续运行程序，显示器上将显示： 通道 9　匹配　0 输入匹配值×××××
9	通过键盘输入匹配值，里程的最后的数值必须被四舍五入到 10km 上，在这种情况下，对于里程数值 89627 来说，出现匹配值应为 08963，即显示器上显示： 通道 9　匹配　0　Q 输入匹配值 08963
10	按“Q"键确认，显示器上将显示： 通道 9　匹配　8963　Q <-1　3-> 所输入的里程数值这时在组合仪表部件的显示器上显示，如显示的里程数值是不正常的，应按“C”键，并且使用正确的匹配值重复输入
11	如在组合仪表的显示中显示的里程数值是正常时，按“Q”键确认，显示器上将显示： 通道 9　匹配　8963　Q 存储修改的数值吗？
12	按“Q”键，显示器上将显示： 通道 9　匹配　8963　→ 修改的数值是存储的
13	按“→”键，结束里程显示的适配

2．燃油表匹配

如果汽油表所显示的油量太高或太低，必要时就可以在组合仪表中校正汽油储存指示的指针位置，进行组合仪表部件诊断。如果部件诊断没有出现故障，就必须检查用于汽油储存量指示的传感器功能（在测试数据块中，检验适用于汽油储存量指示的传感器电阻值）。如在测试数据块中不显示有关汽油储存量指示的传感器的短路和断路，则应按表 8-32 所示方法继续检查。

表 8-32 燃油表匹配流程

序　号	操作及显示
1	断开点火开关
2	完全倒空燃油箱，然后装入 10L 汽油（V.A.G1443A）
3	连接故障阅读仪 V.A.G1551，按“1”键，选择“快速数据传输”操作状态，接通点火开关，按“17”键，输入“组合仪表”地址词，显示器上将显示： 快速数据传输　　Q 17 组合仪表
4	按“Q”键确认，显示器上将显示： 3B091988 B5-KOMBIINSTR M73 VA2→ 编码 00042　　WSC00000
5	按“→”键，显示器上将显示： IMMO-IDENTNR:VWZ5Z0T4311017 →
6	按“→”键，显示器上将显示： 快速数据传输　　帮助 选择功能××
7	按“10”键，选择功能“匹配”，显示器上将显示： 快速数据传输　　Q 10—匹配
8	按“Q”键确认，显示器上将显示： 匹配 输入通道号××
9	按“30”键，并按“Q”键确认，对于 Magneti-Marelli 组合仪表（M73），显示器上将显示： 通道 30　匹配　0　→ <-1　3-> 按“1”键，可以修改向下一直到数值 120 为止的匹配值，使用“3”键。可以修改向上一直到数值 136 为止的匹配值。 对于 VDO 组合仪表（以下步骤以 VDO 组合仪表为例），显示器上将显示： 通道 30　匹配　128 <-1　3->
10	如果指针如图 8-36 所示在右边红色的刻度线（备用）上，燃油表匹配就是正确的
11	按“Q”键确认，显示器上将显示： 通道 30　匹配　130　Q 存储修改的数值吗？

续表

序　号	操作及显示
12	按“Q”键确认，显示器上将显示： 通道 30　匹配　130　→ 修改的数值是存储的
13	按“→”键，结束燃油表匹配，只有当燃油表不能正确地加以匹配时，才更换传感器

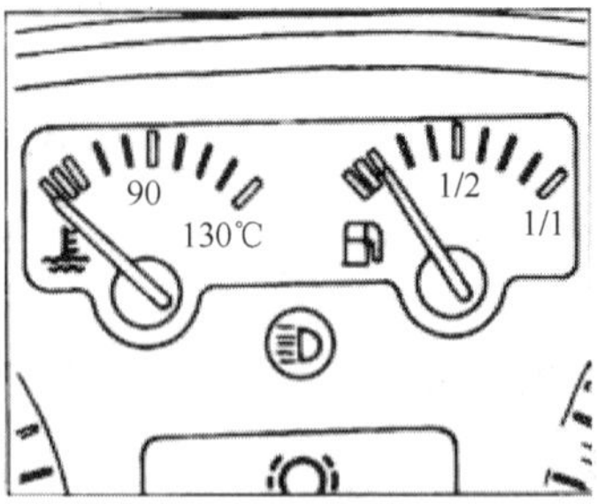

图 8-36　燃油表匹配

实训任务工作单

实训任务　威驰轿车仪表车速表故障的检修

图 8-37 为威驰轿车仪表车速表电路，请完成以下任务

1．组合仪表的检查

数字仪表连接端子如图 8-38 所示。数字仪表车速表检查步骤如表 8-33 所示。

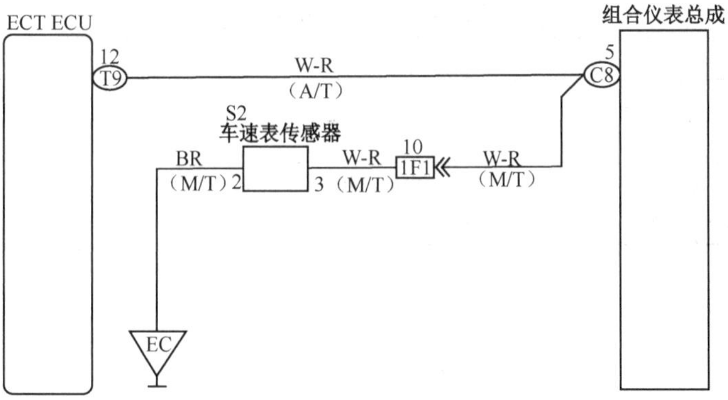

图 8-37　数字仪表车速表电路图

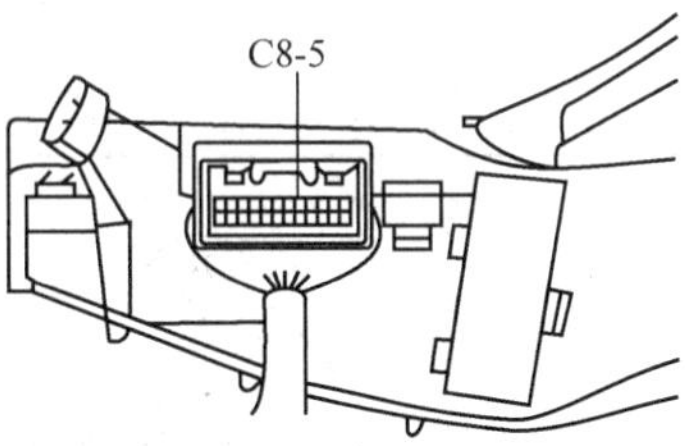

图 8-38　数字仪表连接端子

表 8-33　数字仪表车速表检查步骤

序　号	操 作 步 骤
1	拆下组合仪表总成，保持连接器连接
2	支起前轮
3	把换挡杆推入空挡

续表

序号	操作步骤
4	打开点火开关
5	慢慢转动车轮，测量 C8 第 5 脚与搭铁之间的电压（图 8-38），电压应交替变化如图 8-39 所示，请实际测量并画在图 8-40 处，如果正常（数字仪表），检查和更换组合仪表 ECU。如果不正常（M/T）转到步骤 3；如果不正常（A/T）转到步骤 2

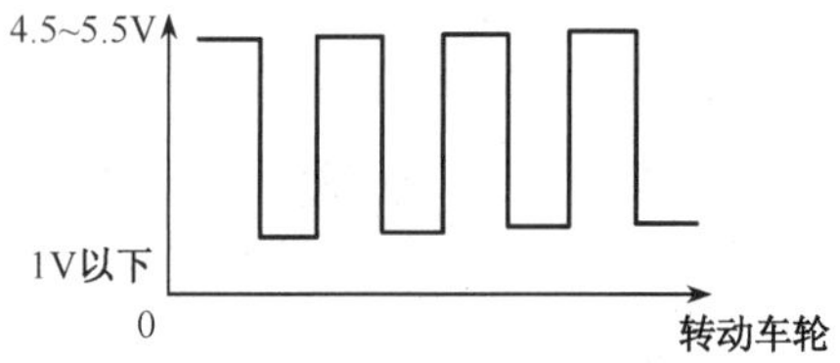

图 8-39　电压交替变化

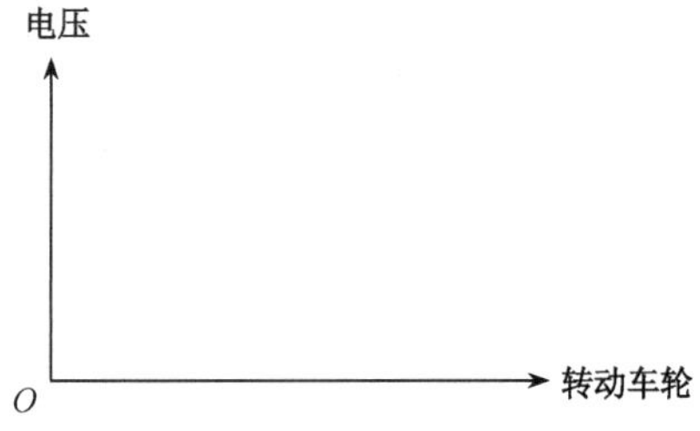

图 8-40　C8 第 5 脚实测电压

2. 检查故障码输出

检查 ECT ECU 是否输出故障码。

如果输出故障码，转到电控自动变速器故障码一览表；如果输出正常故障码，修理或更换线束或连接器。

3. 检查车速传感器电压

车速传感器电压检查步骤如表 8-34 所示。

表 8-34　车速传感器电压检查步骤

序号	操作步骤
1	支起前轮
2	把换挡杆推入空挡
3	打开点火开关
4	慢慢转动车轮，测量车速传感器端子 2 和 3（图 8-41）之间的电压，电压应交替变化如图 8-39 所示，请实际测量并画在图 8-42 处，如果不正常检查和更换车速传感器；如果正常，修理或更换线束或连接器

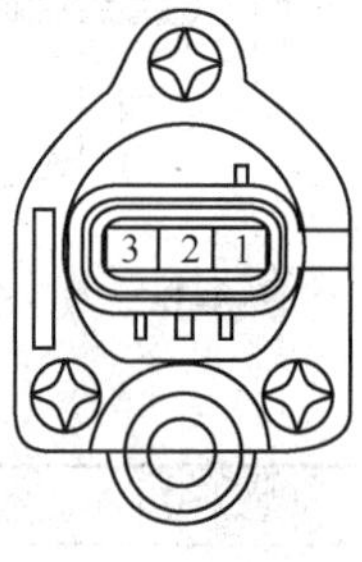

图 8-41　车速传感器

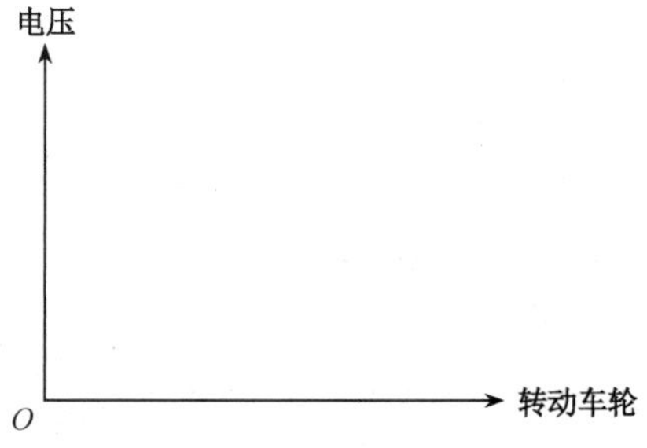

图 8-42　车速传感器实测电压

模块九

汽车其他电气装置

课题一　风窗刮水器及洗涤器电路

学习目标

1. 掌握风窗刮水器及洗涤器电路正常工作时电流的路径情况；
2. 读懂风窗刮水器及洗涤器电路图中基本信息；
3. 掌握线路实际连接关系；
4. 能作电路分析。

知识结构

风窗刮水器及洗涤器系统知识结构如表 9-1 所示。

表 9-1　风窗刮水器及洗涤器系统知识结构

风窗刮水器及洗涤器	基本用途	（1）刮除挡风玻璃上的雨水、积雪、尘土，确保驾驶员有良好的视野。 （2）清洁挡风玻璃表面。
	刮水器结构	刮水电动机、传动机构、雨刮
	洗涤器结构	永磁直流电动机、离心泵
	功　率	雨刮电动机为 15～80W

案例导入

雨季又到来了，不期而至的雨水除去了夏日的炎热，同时也给在雨中驾驶汽车的小张不小的考验。本来早就应当在雨季之前检查雨刷的性能，可还没来得及就赶上了大雨。小张打开雨刷器到快挡，雨刷很快除去了风窗上的雨滴。不一会儿雨就小了很多，小张想把雨刷器调到慢挡，可是当他操作完毕后发现雨刷器反而不工作了，小张又开至快挡，快挡依然可以工作，这是什么原因呢？

一、风窗刮水器及洗涤器电路系统概述

表 9-2　风窗刮水器及洗涤器电路系统概述

项　目	内　容
开关基本功能	① 风窗刮水器开关应当基本具有快、慢、间歇等挡位
刮水电动机	① 一般采用三刷式电动机实现高低速运动； ② 刮水电动机应当具有自动复位功能

二、风窗刮水器及洗涤器电路系统的控制类型及其组成（表 9-3）

表 9-3 风窗刮水器及洗涤器电路系统的控制类型及其组成

类 型	组 成
开关直接控制型	电源、熔断器、刮水器开关、洗涤器开关、刮水器电动机、洗涤器电动机、导线及连接器、继电气
车身模块控制型	电源、熔断器、刮水器开关、洗涤器开关、刮水器电动机、洗涤器电动机、导线及连接器、继电气、车身控制模块

三、风窗刮水器及洗涤器电路实例

风窗刮水器及洗涤器电路如图 9-1 所示。

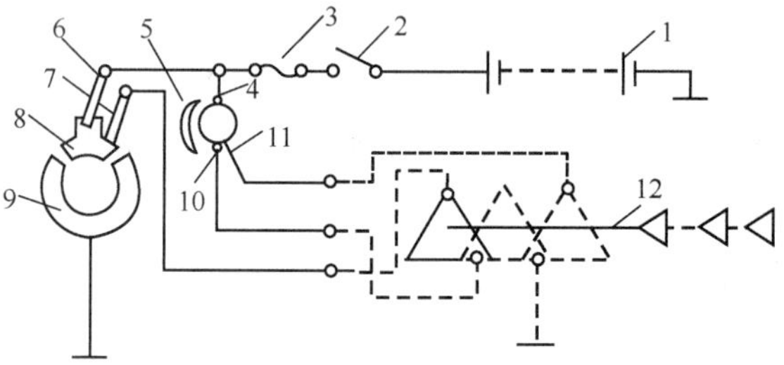

图 9-1 风窗刮水器及洗涤器电路

1—蓄电池；2—电源开关；3—熔断器；4、10、11—电刷；5—永久磁铁；6、7—自动复位触片；8、9—自动复位滑片；12—刮水器变速开关

风窗刮水器及洗涤器电路工作过程如表 9-4 所示。

表 9-4 风窗刮水器及洗涤器电路工作过程

雨刷器开关位置	电 流 路 径	雨刷器状态
（1）当电源开关接通 （2）刮水器变速开关 12 接到“I”挡时	电流由蓄电池正极→电源开关 2→熔断器 3→电刷 4→电枢→电刷 10→变速开关“I”挡搭铁，最后回到负极	雨刷器低速转动
变速开关 12 拉到“II”挡位置	电流由蓄电池正极→电源开关 2→熔断器 3→电刷 4→电枢→电刷 11→变速开关“II”挡，回到负极	雨刷器高速转动
当变速开关拨到“0”时，如果刮水片没有停到适当位置，此时复位开关触片 7 与滑片 9 接触	电流从蓄电池→电源开关→熔断器 3→电刷 4、10 触片 7→滑片 9→搭铁，电动机继续转动。当摇臂摆到应停位置时，触片 7 与滑片 9 脱开，同时触片 6、7 和滑片 8 接触，使电枢短路，刮水片停到挡风玻璃下缘的适当位置	雨刷器自动复位

四、风窗刮水器及洗涤器电路故障诊断与排除

1. 刮水电动机不转

刮水电动机不转故障诊断如表 9-5 所示。

表 9-5 刮水电动机不转故障诊断表

故障现象		故障原因	检测方法	故障排除
刮水电动机不转	各挡位均不转	（1）熔断器熔断	两次用万用表检查熔断器检查端与搭铁之间的电压，应当都等于电源电压，否则熔断器熔断	更换熔断器
		（2）导线断路或插接器松脱	断开导线插接器，测量两端导线的电阻值（无穷大表示断路；接近0Ω表明良好）	将导线插接器（导线）连接牢固
		（3）刮水器控制开关损坏或接触不良	根据刮水器控制开关工作表检查各挡位时，插脚之间的导通情况，如与工作表不同，表明开关损坏；导通时的阻值应几乎为0Ω，否则也表明零灯开关损坏	更换雨刷器开关
		（4）电动机电刷与换向器接触不良	拆解，目测接触情况	更换雨刷器电动机
		（5）电动机电枢绕组卡死或烧坏	断开导线插接器，测量导线与搭铁之间的电阻值（无穷大表示良好，0Ω表示搭铁短路）	更换雨刷器电动机
		（6）延时继电气损坏	将继电气拆下，单独接线检查工作情况或用其他的继电气替代检查	更换继电气
		（7）传动机构损坏	目测传动机构各部件的工作情况	检修或更换
	快速挡转，低速挡不转	（8）雨刷继电气损坏	将继电气拆下，单独接线检查工作情况或用其他的继电气替代检查，或通过替换法排除	更换继电气
		（9）刮水器控制开关损坏或接触不良	根据刮水器控制开关工作表检查各挡位时，插脚之间的导通情况，如与工作表不同，表明总开关损坏；同时导通时的阻值应几乎为0Ω，否则也表明开关损坏	更换刮水器开关
	低速挡转，高速挡不转	（10）刮水器控制开关损坏或接触不良	根据刮水器控制开关工作表检查各挡位时，插脚之间的导通情况，如与工作表不同，表明总开关损坏；同时导通时的阻值应几乎为0Ω，否则也表明开关损坏	更换刮水器开关

2．刮水器动作迟缓

刮水器动作迟缓故障诊断如表 9-6 所示。

表 9-6 刮水器动作迟缓故障诊断表

故障现象	故障原因	检测方法	故障排除
刮水器动作迟缓	（1）蓄电池亏电或开关接触不良	① 采用高率放电气检查蓄电池性能。 ② 根据刮水器控制开关工作表检查各挡阻值应几乎为0Ω，否则表明点灯开关接触不良	对蓄电池进行充电或更换；更换雨刷器开关
	（2）雨刷与挡风玻璃接触面过脏	直观检查	清理脏物
	（3）电动机轴承或传动机构润滑不良	用手直接驱动各机构检查机械运动阻力	加润滑油
	（4）电动机电刷接触不良	拆解，目测接触情况	更换电刷或弹簧
	（5）电枢绕组短路或搭铁	使用万用表的电阻挡测量换向片与铁芯之间的阻值，无穷大为良好，否则为搭铁	更换雨刷器电动机

3．雨刷停位不当

雨刷停位不当故障诊断如表 9-7 所示。

表 9-7　雨刷停位不当故障诊断表

故障现象	故障原因	检测方法	故障排除
雨刷停位不当	（1）停位触点接触不良	用万用表测量触点间的电阻值，应当几乎为 0Ω	清洁并调整触点
	（2）传动机构磨损或变形	断开导线插接器，测量两端导线的电阻值（无穷大表示断路；接近 0Ω表明良好）	更换传动机构
	（3）电动机停位装置损坏		更换雨刷器

实训任务工作单

> 仔细阅读电路图时，首先从图中读出基本信息，并填空。第二步进行初步的电路分析，用彩色的笔逐一描出电流路径，然后写出电流走向。第三步，在全车电路试验台上进行实际测量，通过找线束与中央控制盒的连接点的过程熟悉电路的实际连接关系，并掌握基本的测量技能。
>
> 友情提示

实训任务　电路图识读

> 读电路图时，应带着填空题中的问题去读，当本项任务完成时，可基本从理论上读懂电路图。
>
> 友情提示

一、仔细阅读电路图

桑塔纳轿车刮水器及洗涤器电路如图 9-2 所示。

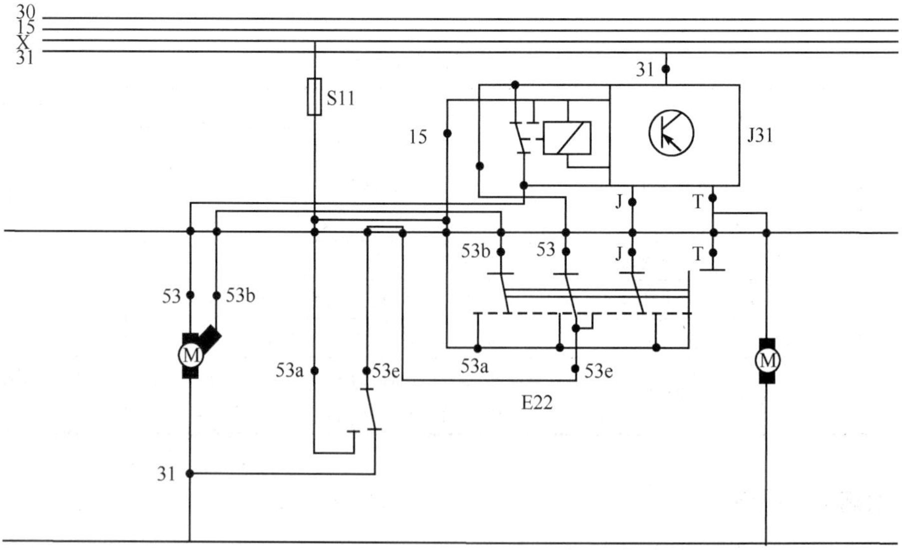

图 9-2　桑塔纳轿车刮水器及洗涤器电路

二、根据图 9-2 中所示信息填空

（一）电源

1．熔断器

名称________，位置________，熔断电流________，接受________的控制。

2．继电气

名称________，位置________，插脚数量________，插脚名称________，接受________的控制。

（二）开关

1．开关名称________，挡位数量________。
2．插脚的数量________，名称________。
3．在图 9-3 中标注出插脚的名称。
4．请在表 9-8 中写出 E22 的检查方法。

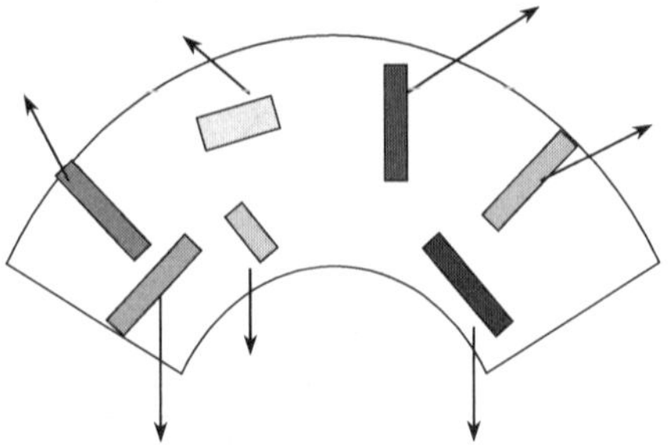

图 9-3　刮水器开关 E22 插脚布置图

表 9-8　刮水器开关 E22 的检查

1						
2						
3						
4						
抬起开关						
	53a	53e	53b	53	J	T

（三）用电气

用电气名称________，插脚的数量________，名称________。

（四）在电路图中用彩笔标出电流路径，并根据要求写出规定电流路径。

1．快挡电路

2．慢挡电路

答案

三、根据图 9-2 中所示信息填空

（一）电源

1．熔断器

名称__S11__，位置__熔断器盒第 11 个位置__，熔断电流__15A__，接受__点火开关__的

控制。

2．继电气

名称 J31 ，位置 熔断器盒继电气第 11 个位置 ，插脚数量 6 ，插脚名称 15、31、53S、53M、J、T ，接受 E22 的控制。

（二）开关

1．开关名称 E22 ，挡位数量 4 。

2．插脚的数量 7 ，名称 53、53a、53b、53e、31、J、T 。

3．在图 9-3 中标注的插脚的名称如图 9-4 所示。

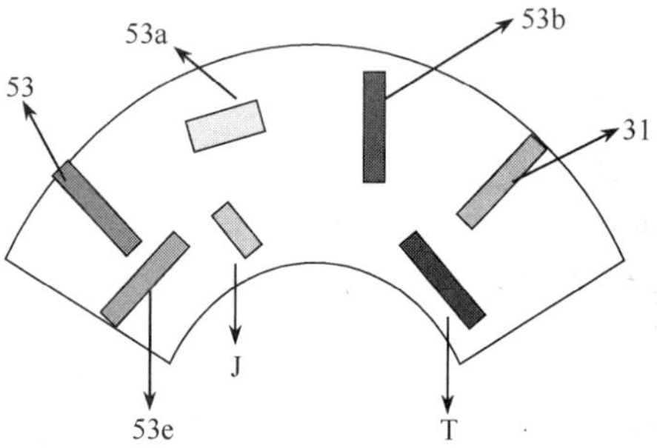

图 9-4　刮水器开关 E22 插脚布置图

4．在表 9-8 中写出 E22 的检查方法如表 9-9 所示。

表 9-9　刮水器开关 E22 的检查

1	○		○			
2	○			○		
3		○		○		
4	○				○	
		○		○		
抬起开关	○					○
	53a	53e	53b	53	J	T

（三）用电气

用电气名称 前风窗刮水器电动机 ，插脚的数量 5 ，名称 53、53a、53b、53e、31 。

（四）在电路图中用彩笔标出电流路径（略），根据要求写出的规定电流路径如下：

1．快挡电路

保险盒（X）→S11→E22(53a)→E22(53b)→M(53b)→M→M(31)→E

2．慢挡电路

保险盒（X）→S11→E22(53a)→E22(53)→J31(53S)→J31(53M)→M(53)→M→M(31)→E

课题二　汽车电动车窗

学习目标

1. 了解汽车电动车窗的机构及类型；
2. 掌握汽车电动车窗的功能及ECU控制过程；
3. 掌握电动车窗故障的检测与排除方法；
4. 掌握电动车窗电路的基本分析。

案例导入

小张准备借朋友的桑塔纳2000GSi，他给朋友打了个电话，刚说要借车的事情，朋友忙说车不知出什么故障了，中控门锁和电动车窗都不工作了，正想请喜欢汽车的小张帮忙看一看。

一、汽车电动车窗概述（表9-10）

表9-10　汽车电动车窗概述

项　目	内　容
系统组成	车窗、车窗玻璃升降器、电动机、继电气、开关、控制模块等
车窗玻璃升降器类型	钢丝滚筒式（图9-5）和交叉传动臂式（图9-6）
功能	每个车窗可以实现单独升降控制，驾驶员可以控制所有车窗的升降
	驾驶员能够控制后排两车窗升降器是否可以工作（安全）
	在点火开关关闭一段内，电动车窗可以工作
	自动返回控制（防夹手功能）
	车窗的点动与连续下降（一般为前排车窗）
基本工作过程	汽车上的车窗控制电路非常简单，每个车门安装一个三位开关，用来控制两个继电气。当开关处于“关”的位置时，两个继电气都断开，电动机停止转动；当摇杆处于下降位置时，“下降”继电气通电，电动机朝下降的方向转动，使车窗下行；反之，当摇杆处于“上升”位置时，“上升”继电气通电，电动机朝上升的方向转动，使车窗上行

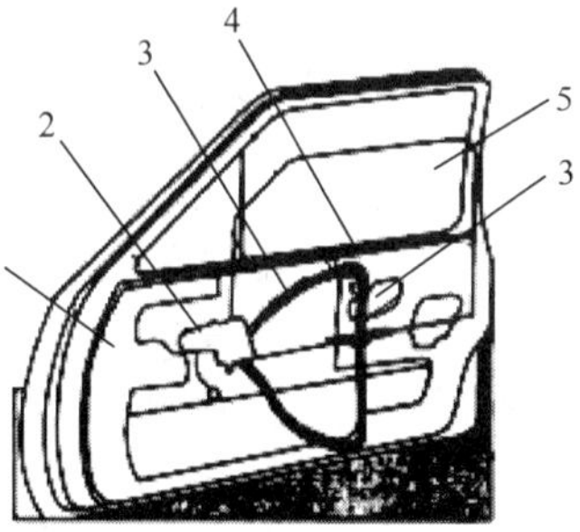

图9-5　钢丝滚筒式电动车窗玻璃升降器

1—盖板；2—永磁电动机及减速器；
3—导向套；4—钢丝绳；5—玻璃

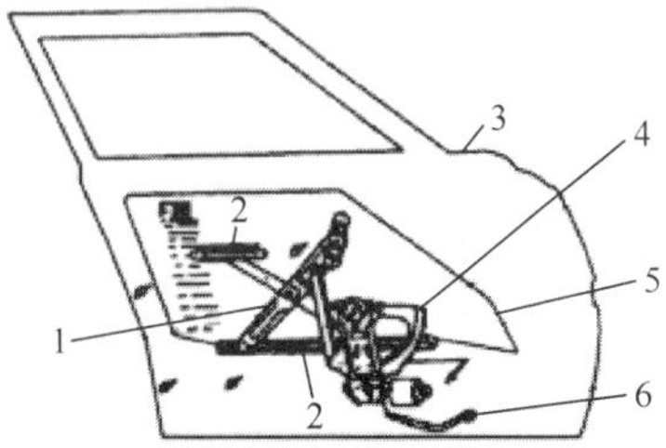

图9-6　交叉传动臂式电动车窗玻璃升降器

1—调整杆；2—支架与导轨；3—车门；
4—驱动齿扇；5—车窗玻璃；6—电动机及插座

二、自动返回控制和单触操作控制

现代汽车的电动车窗系统由专用 ECU 来控制，并提供自动返回控制和单触操作控制功能，具体如表 9-11 所示。

表 9-11　自动返回控制和单触操作控制功能及原理

	自动返回控制	单触操作控制
功能	车窗在运动过程中遇到障碍物，ECU 控制电动机反转，回到初始位置	如果用力操纵车窗升降开关，使开关越过限位槽，然后释放开关，ECU 就会自动完成车窗“上移”或者“下移”的满行程控制
工作原理	当车窗关闭时，ECU 测量电动机的转速，并计算出车窗的加速度和减速度，跟踪车窗在窗梃上的位置。如果车窗的移动速度低于事先设定的阈值，而此时车窗还未到达行程终点，那么车窗有可能遇到了障碍物，ECU 立即控制电动机反向转动，使车窗下移，以清除障碍物。车窗在运动过程中是否遇到障碍物，也可以通过检测电动机的工作电流值大小的方式实现。如果车窗在运动过程中电流过大，则认为车窗遇到障碍，ECU 控制电动机反转，回到初始位置。 整个控制流程如图 9-7 所示。	为了完成这种单触操作控制，ECU 对电动机旋转的转数进行计数，跟踪车窗的位置，直到车窗到达事先设定的极限位置。一些单触操作控制的简单方法是使用定时电路，让电动机连续工作一段时间，当然这段时间必须足够让车窗完成全关或者全开动作。 整个单触操作的控制流程图如图 9-8 所示

ECU 测量电动机转速方法	电动机电刷	在电动机上安装一个额外通信触点和两个电刷，电刷与 ECU 相连。电动机转动时，每个电刷都从触点上获得一组电压脉冲串（0～12V），ECU 则根据这两组脉冲计算出电动机的转速和转动方向
	霍尔效应传感器	在电动机输出轴上安装一块纽扣磁铁，电动机转动时磁铁通过两个霍尔效应传感器（这两个传感器相隔 90°）产生电压脉冲串，ECU 根据相邻最近的两个电压脉冲之间的时间间隔计算出电动机转速，并由这两个脉冲的先后顺序判断出电动机的转动方向
	电流传感器	使用一个阻值很小的电阻作为电流传感器，传感电阻与电动机串联，它上面的压降与电动机的工作电流成正比，可以通过检测电阻两端电压的方式来检测流过电动机的电流。在传感电阻的电压还未到达设定的阈值之前，电动机一直工作，一旦传感电阻的压降达到阈值，说明电动机停转，此时检测车窗位置。如果车窗位置未达到最终位置，说明车窗遇到障碍，车窗自动退回初始位置。如果车窗位置到达行程终点，ECU 立即断开电动机电路

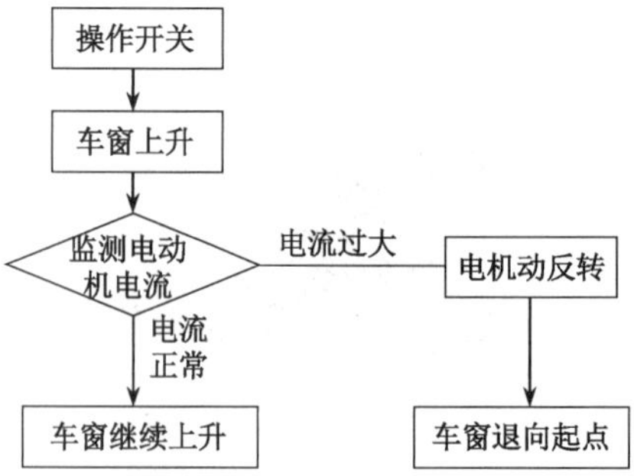

图 9-7　车窗返回控制流程图

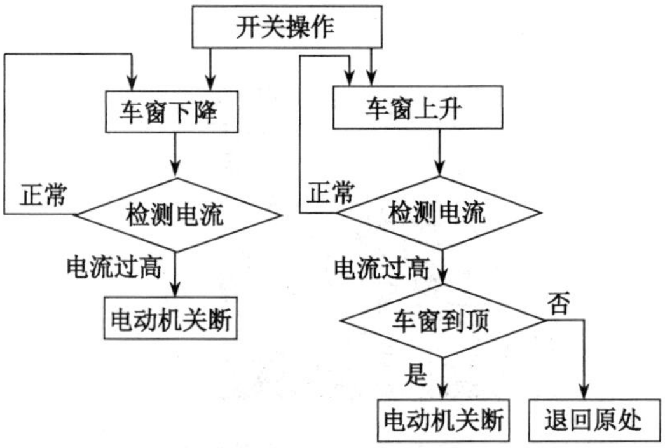

图 9-8　单触操作的控制流程图

三、轿车电动车窗电路实例

下面以别克荣御轿车为例，对轿车电动车窗电路进行初步的分析。

（一）系统功能概述

别克荣御电动车窗系统可以通过电动车窗开关来操作全车的四个位置车窗的上升和下降工作，开关布置情况如图 9-9 所示，其系统组成及功能如表 9-12 所示。

图 9-9　车窗开关位置图

表 9-12　别克荣御电动车窗系统组成及功能

项　目	内　容
系统组成	驾驶员车窗开关、后排乘客车窗开关（左侧和右侧）、前排乘客车窗开关、锁止开关、车身控制模块（车窗继电气）、车窗永磁电动机等组成，具体如图 9-10 所示。
功能	当按住下降按钮 0.4s 时，驾驶员和前排乘客车窗将启动。在点火开关接通时，在下降位置按住驾驶员车窗开关 0.4s 然后松开，车窗将继续下降，直至到达完全下降位置。以上操作也适用于前排乘客车窗和开关
	锁止开关只影响后门车窗的操作。当锁止开关闭合时，后门车窗可通过中央控制台开关或后车门上的翘板开关上升或下降，当再按一次锁止开关，操作后车门上的车窗开关，绿色发光二极管不启亮，后车窗只能使用中央控制台开关上升和下降
	当点火开关关闭时，所有车窗开关将在车门打开后保持有效状态 45s。如果在 45s 内电动车窗开关启动，则将重新计时。注意如果车身控制模块已进入蓄电池节电模式，则当点火开关关闭时，车窗系统的电源将被切断

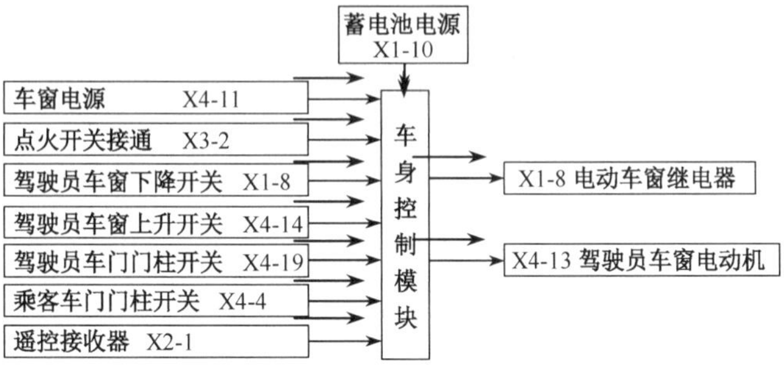

图 9-10　电动车窗系统图

（二）电路图及分析

别克荣御电动车窗电路如图 9-11 所示。别克荣御电动车窗电路分析如表 9-13 所示。

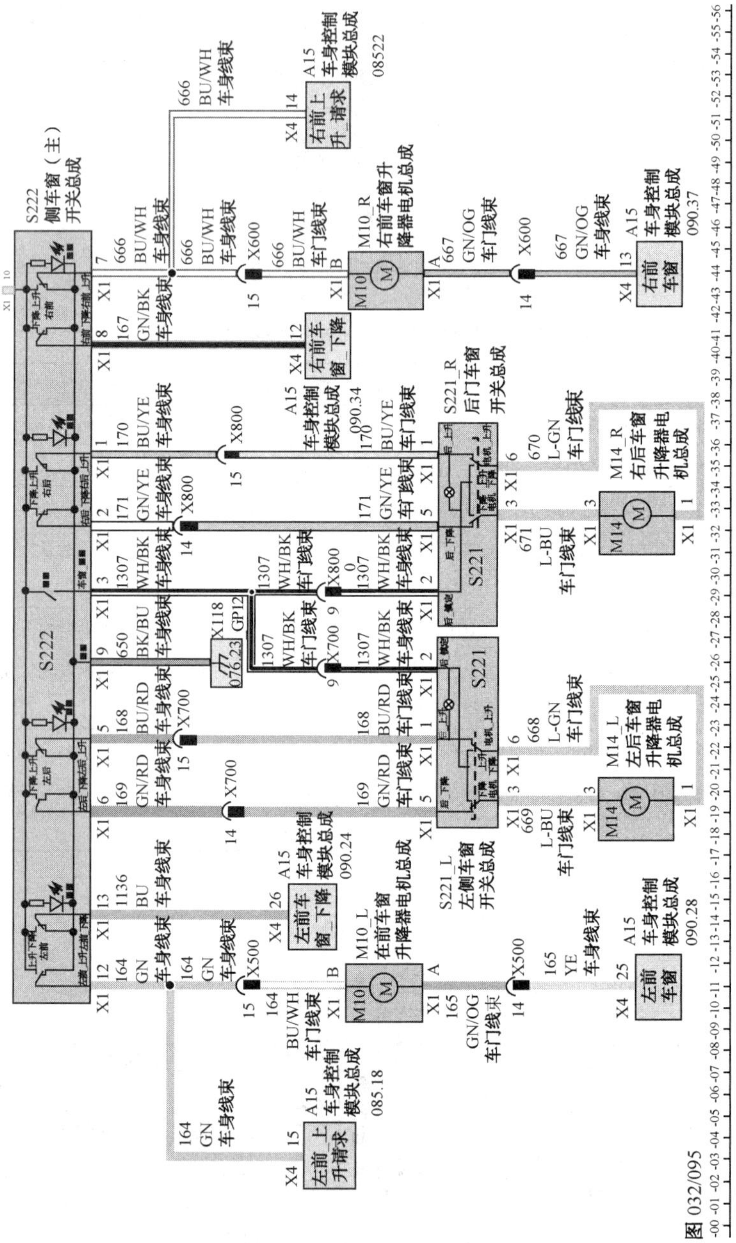

图 9-11 别克荣御电动车窗电路

表 9-13　别克荣御电动车窗电路分析

序　号	项　目	内　容
1	电源电路	当点火开关转至接通或启动位置时，蓄电池电压将从点火开关通过电路 300 施加到车身控制模块端子 X3-2 上。当车身控制模块接收到点火开关接通输入时，继电气线圈将通过电路 1351 和车身控制模块端子 X1-8 接地，从而接通了电动车窗继电气。当电动车窗继电气线圈通电后，继电气触点闭合，从而使电压通过易熔线 F105 和断路器 F1 施加到电动车窗开关上。而车窗开关发光二极管的另一侧已搭铁，因此发光二极管点亮，指示系统已启用
2	下降信号输入（右前侧）	当按下右前车窗下降开关时，电压从电动车窗继电气施加到车窗开关端子 X1-10（电路 638）上。此电压还施加到车身控制模块端子 X4-12 上，作为车窗下降信号输入
3	车身控制模块驱动车窗电动机工作	当车身控制模块接收到右前或左前车窗下降输入信号时，将使右前或左前内部继电气通电。然后内部继电气触点动作，使蓄电池电压从车身控制模块端子 X4-11，再通过内部继电气触点和车身控制模块端子 X4-13 或 X4-25，提供至右前电动车窗电动机的一侧（电路 667）
4	完全下降（右前侧）	车窗下降开关按下时间小于 0.4s 不会启动自动下降功能。车身控制模块微处理器在端子 X4-12 上感测按钮按下的持续时间。若下降开关按下的时间超过 0.4s，则车身控制模块将接通内部继电气，使车窗完全下降
5	完全下降中的暂停（右前侧）	如果在车窗下降时再次按下下降开关，则车身控制模块微处理器会在端子 X4-12 上感测到这一输入电压，然后使内部继电气断电。当开关松开时，继电气触点断开，电动机将停止运转。如果在车窗下降时快速按下上升按钮，则电动机电枢两侧都出现蓄电池正极电压，电动机也将停止运转。如果在车窗下降时持续按下上升按钮，则车窗下降功能将取消，车窗将上升
6	车窗电动机保护	电动车窗电动机内部带有一个热过载断路器。如果电动车窗开关在上升或下降位置保持 20s 以上，则热断路器将启动（开路）。这可防止电动车窗电动机过热。在经过约 40s 的冷却时间后，热断路器将重新闭合并允许电动机正常运转

（三）电动车窗常见故障及维修

电动车窗常见故障诊断如表 9-14 所示。

表 9-14　电动车窗常见故障诊断表

序　号	故障现象	故障原因	排除方法
1	玻璃升降器不工作	开关损坏	更换损坏的零部件
		线路断路	
		熔断器熔断	更换熔断器或电动机
		电动机损坏	
2	玻璃升降器工作时有异常声响	安装时没有调整好	重新调整升降器的安装螺钉；重新调整卷丝筒内的钢丝绳位置；检查安装支架弧度是否正确
		卷丝筒内钢丝跳槽	
		滑动支架内的传动钢丝夹转动	
		电动机盖板或固定架与玻璃碰擦	
3	电动机正常，升降器不工作	钢丝绳断	更换钢丝绳，重新铆接钢丝夹
		滑动支架断或支架内的传动钢丝夹转动	
4	玻璃升降器工作时发卡，阻力大	导轨凹部有异物	排除异物，修理或更换损坏的零部件
		导轨损坏或变形	
		电动机损坏	
		钢丝绳腐蚀、磨损	

实训任务　电动车窗电路分析

桑塔纳 2000 轿车电动车窗电路如图 9-12 所示。

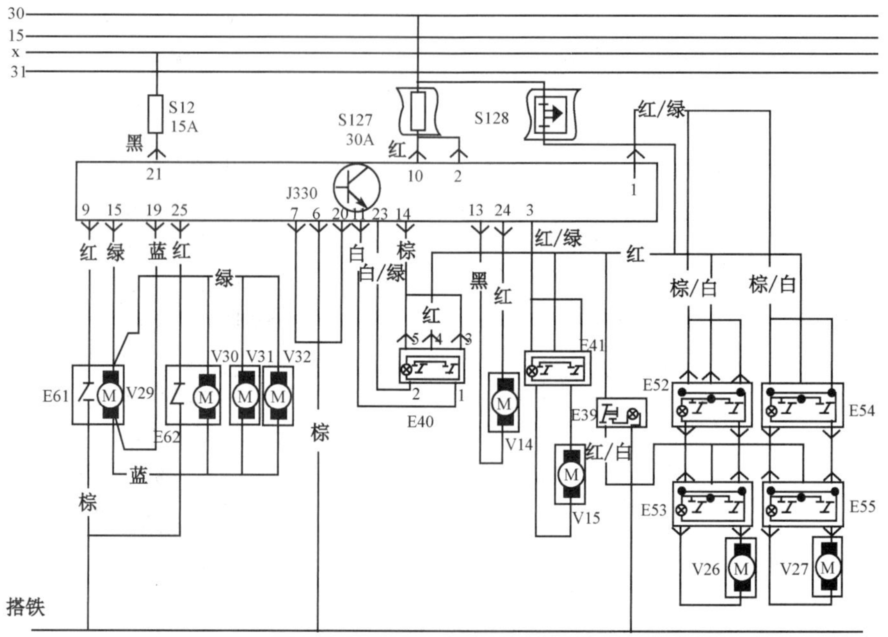

图 9-12　桑塔纳 2000 轿车电动车窗电路

J330—中控锁/摇窗机控制器；S12—控制器熔断器，15A；Sl27—控制器熔断器，30A，S128—电动摇窗机热保护器，20A；E6l、E62—左前、右前中控锁开关；V29、V30、V3l、V32—左前、右前、左后、右后中控锁电动机，E40、E4l—左前、右前摇窗机开关（中央通道上）；E39—后门摇窗机安全开关；E52、E54—左后、右后摇窗机开关（中央通道上），E53、E55—左后、右后摇窗机开关（左后、右后门上），Vl4、Vl5、V26、V27—左前、右前、左后、右后摇窗机电动机

一、请根据电路图找出电动车窗系统的组成部件，填入表 9-15 中

表 9-15　电动车窗系统的组成部件

类　型	代　号	名　称
控制器		
开关		
执行器		

二、请找出 J330-中控锁/摇窗机控制器的电源与搭铁回路

1. 电源

2. 搭铁回路

三、请根据图 9-13 所示的 E40 开关的具体结构，分析其检查方法，填入表 9-16

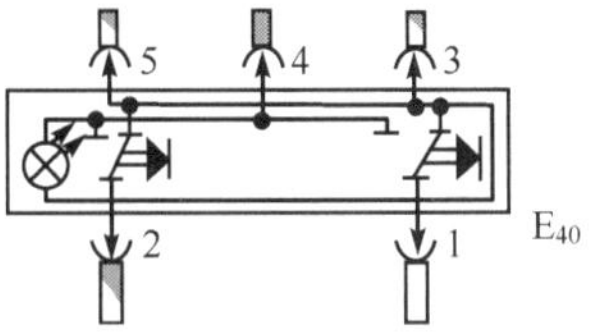

图 9-13　E40 开关电路图

表 9-16　E40 开关的检查

工作状态	导通情况
未按下开关	
按下开关（下降）	
按下开关（上升）	

答案：

一、根据电路图找出电动车窗系统的组成部件，如表 9-17 所示

表 9-17　电动车窗系统的组成部件

类　型	代　号	名　称
控制器	J330	中控锁/摇窗机控制器
开关	E39	后门摇窗机安全开关
	E40	左前摇窗机开关（中央通道上）
	E41	右前摇窗机开关（中央通道上）
	E52	左后摇窗机开关（中央通道上）
	E53	左后摇窗机开关（左后门上）
	E54	右后摇窗机开关（中央通道上）
	E55	右后摇窗机开关（右后门上）
执行器	V14	左前摇窗机电动机
	V15	右前摇窗机电动机
	V26	左后摇窗机电动机
	V27	右后摇窗机电动机

二、请找出 J330-中控锁/摇窗机控制器的电源与搭铁回路

1．电源

S12-控制器熔断器，15A；
S127-控制器熔断器，30A

2．搭铁回路

J330-中控锁/摇窗机控制器的的第 6 针。

三、请根据图 9-13 所示的 E40 开关的具体结构，其检查方法如表 9-18 所示

表 9-18　E40 开关的检查

工作状态	导通情况
未按下开关	1、2、3、5 通
按下开关（下降）	2 与 4 通 1 与 3、5 通
按下开关（上升）	1 与 4 通 2 与 3、5 通

模块十

汽车空调与空调控制系统

课题一　汽车空调系统基础知识

学习目标

1. 掌握汽车空调系统的基本功能；
2. 了解汽车空调系统的特点；
3. 了解汽车空调制冷系统中常用的制冷剂及使用注意事项；
4. 了解冷冻机油的对空调制冷系统的作用；
5. 了解空调系统的布置形式。

知识结构

汽车空调系统基础知识结构如表 10-1 所示。

表 10-1　汽车空调系统基础知识结构

汽车空调系统的基本功能	调节车内温度、调节车内湿度、控制车内空气流通速度、改善车内空气质量
汽车空调系统的组成	暖风系统、制冷系统、送风系统、电气控制系统
制冷剂	134a 的特性及使用注意事项
冷冻机油	冷冻机油的作用及使用注意事项

案例导入

随着汽车不断的发展，人们对汽车的要求越来越高，汽车上的舒适性也得到了较大的提高。汽车的空调系统可以使车内冬暖夏凉，那么空调系统是如何实现这一功能的呢？

一、汽车空调的基本功能

汽车空调的基本功能如表 10-2 所示。

表 10-2　汽车空调的基本功能

序　号	功　能	内　容
1	调节车内温度	汽车空调系统具有调节车内空气温度的能力，可以提高汽车的舒适度。在炎炎的夏日，可以使用制冷系统将车内温度降低；在寒冷的冬天，可以使用暖风系统提高车内的温度。人体感觉最舒服的温度是 20～28℃
2	调节车内湿度	车内湿度是指车内空气中含有的水蒸气量的多少，人体感觉最舒服的相对湿度是 30%～70%。但普通的汽车空调系统中不具有此项功能，只有高级豪华轿车会采用此项功能

续表

序　号	功　能	内　容
3	控制车内空气流通速度	汽车空调系统中设有鼓风机调速系统，可以根据不同的转速调节鼓风机的转速以达到控制车内空气流通速度的目的。此外，在设置通风口的时候考虑到人体生理特点，因为头部对冷比较敏感，脚部对热比较敏感，所以冷风的出风口布置尽量靠上，而暖风的出风口尽量靠近脚部
4	改善车内空气质量	汽车的室内空间有限，当车内乘坐人员较多时，车内会产生大量的二氧化碳，造成缺氧，再加之环境的污染，发动机废气等问题的存在使车内空气质量更加恶劣。因此，在汽车上设置有进风门、排风门、空气过滤装置和空气净化装置，以保证车内空气质量

二、汽车空调系统的组成

1. 暖风系统

暖风系统分为两大类，一类是由利用汽车发动机冷却液的热量加热空气实现，也称为水暖式；另一类是利用燃烧煤油或柴油加热空气实现的，目前大多数车辆采用水暖式。水暖式暖风系统是由加热器（小水箱）、热水阀、水管和发动机冷却液组成，如图 10-1 所示。

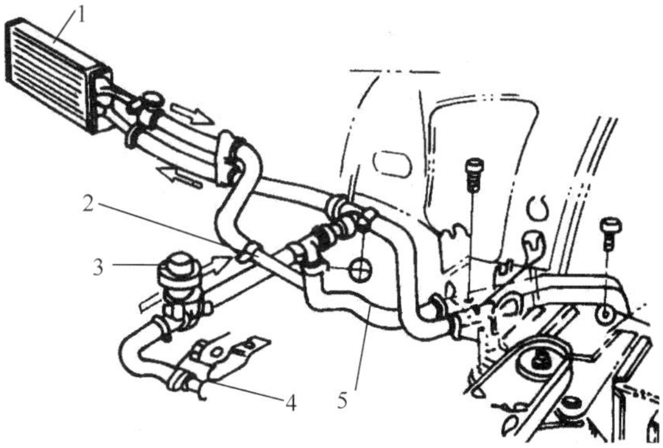

图 10-1　暖风系统

1—暖风水箱；2—回水管；3—调水阀；4—进水管；5—发动机分水管

2. 制冷系统

制冷系统是由压缩机、冷凝器、储液干燥器、膨胀阀、蒸发器、制冷管道、鼓风机、风扇和制冷剂等组成的，如图 10-2 所示。

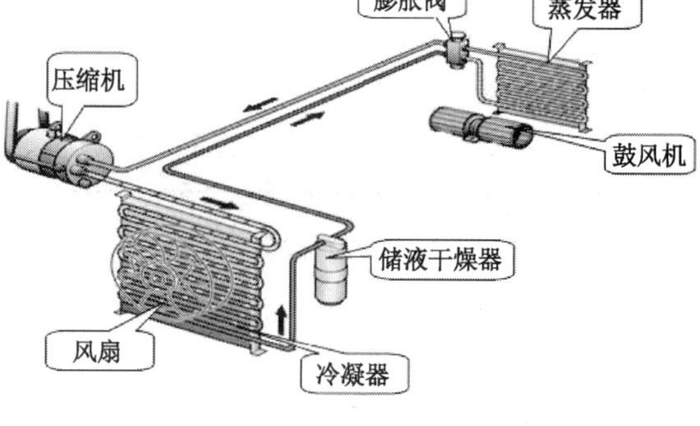

图 10-2　汽车制冷系统基本组成

3．送风系统

送风系统（图 10-3）的作用是将汽车内部或外界的大气利用鼓风机送到蒸发器或暖风加热器处用以改变空气的温度。送风系统由鼓风机、混合风门、进气风门、气流风门和送风管道组成。

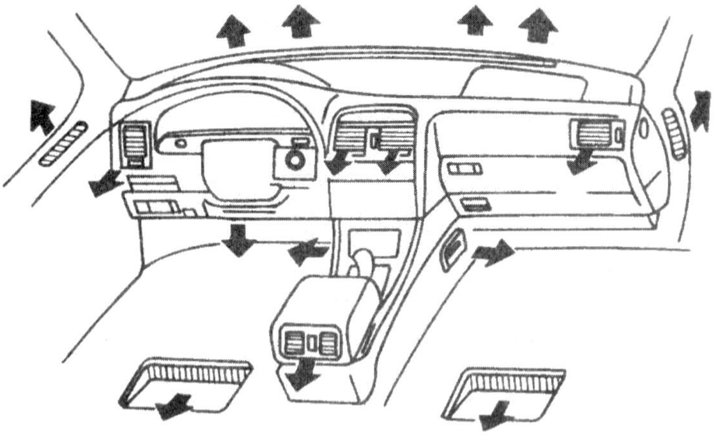

图 10-3　送风系统

4．控制电路

控制电路根据各个传感器传来不同的压力、温度、转速等信号决定压缩机或鼓风机是否工作。控制电路包括 A/C 开关、点火开关、电磁离合器、鼓风机开关及调速电路、传感器、制冷系统高低压开关、温度设定开关、送风方式开关以及各个线路中的继电气。

三、制冷剂

随着人们的环保意识的不断增加，R12 已经不再是制冷系统所选择的制冷剂了，取而代之的是 R134a，分子式为 CF_3CFH_2，学名为四氟氢碳。此种制冷剂的具体介绍如表 10-3 所示。

表 10-3　制冷剂概述

序　号	项　目	内　容
1	优点	① 无毒、无臭、不可燃、不爆炸； ② 分子量、沸点、饱和蒸汽压力、汽化潜热等热力学性能与 R12 相近； ③ 传热性能好； ④ 更有效地携带、散发、吸收热量； ⑤ 可与专门的合成润滑油很好地相溶
2	缺点	① 不可直接与 R12 互换； ② 价格是 R12 的 2~3 倍
3	制冷剂使用注意事项	① 要戴上合适的护目镜； ② 制冷剂钢瓶不要加热到超过 51.7℃； ③ 不要用明火烘烤制冷剂钢瓶； ④ 不能将制冷剂放入大气中； ⑤ 不同的制冷剂不能混合； ⑥ 制冷剂为危险品（可冻伤皮肤）

四、冷冻机油

冷冻机油的作用与使用注意事项如表 10-4 所示。

表 10-4　冷冻机油的作用与使用注意事项

序　号	项　目	内　容
1	冷冻机油的作用	由于压缩机属于高速运转元件，因此压缩机内部会有零件与零件的相互摩擦，伴随零件的相互摩擦也会产生大量的热，同时还会有因摩擦而掉下的金属微小颗粒，这些对压缩机的工作和制冷系统都是有害的。冷冻机油能对制冷系及元件进行润滑、密封、冷却、减振、降低压缩机的噪声的作用
2	冷冻机油的使用及使用注意事项	① 冷冻机油必须与使用的制冷剂相适应，R134a 系统用 PAG 油； ② 不同牌号的冷冻机油不能混合使用，否则会变质； ③ 冷冻机油的吸水性强，使用完毕后必须及时用盖盖好，PAG 油的吸水性比矿物油高 10 倍； ④ 不要将冷冻机油从一个容器倒到另一个容器； ⑤ 不能使用变质的冷冻机油，将冷冻机油滴到纸上有黑色的斑点说明变质； ⑥ 冷冻机油不能制冷，反而妨碍热交换的效果

五、汽车空调系统的布置

1．小型车辆的空调布置方式（图 10-4）

由于空间限制，小型车辆常常采用直联方式驱动压缩机。整个装置布置在轿车车头主发动机侧面，压缩机通过主发动机由 V 形带带动，系统直联式驱动。为了避免影响主发动机怠速稳定性和汽车加速性能，这类车用的压缩机均采用电磁离合器，遇到紧急情况时可自动分离。

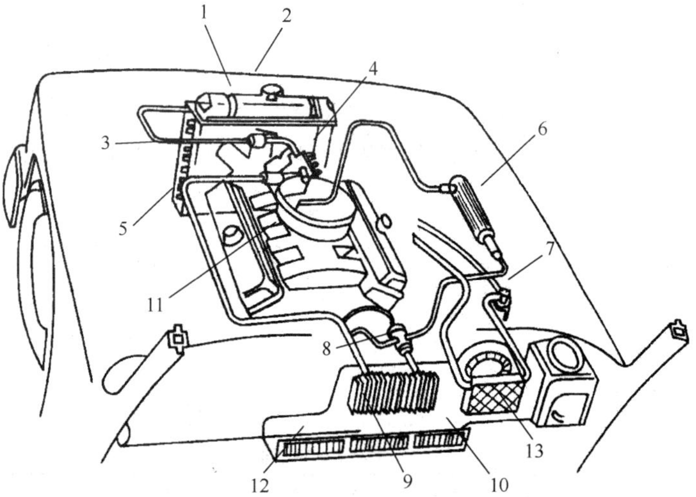

图 10-4　小型车辆的空调布置方式

1—散热器；2—散热器盖；3—冷凝器风扇；4—压缩机；5—冷凝器；6—储液干燥过滤器；7—热水阀；8—膨胀阀；9—蒸发器；10—驾驶室；11—主发动机；12—冷风

2．大中型车辆汽车空调的布置方式

① 分体式汽车空调的布置方式，如图 10-5 所示。

蒸发器和冷凝器机组顶置式分体空调车布置方式：鼓风机、蒸发器和冷凝器机组构成的热交换系统都是纵向排列，这样使车厢内通道中的空气分配均匀。

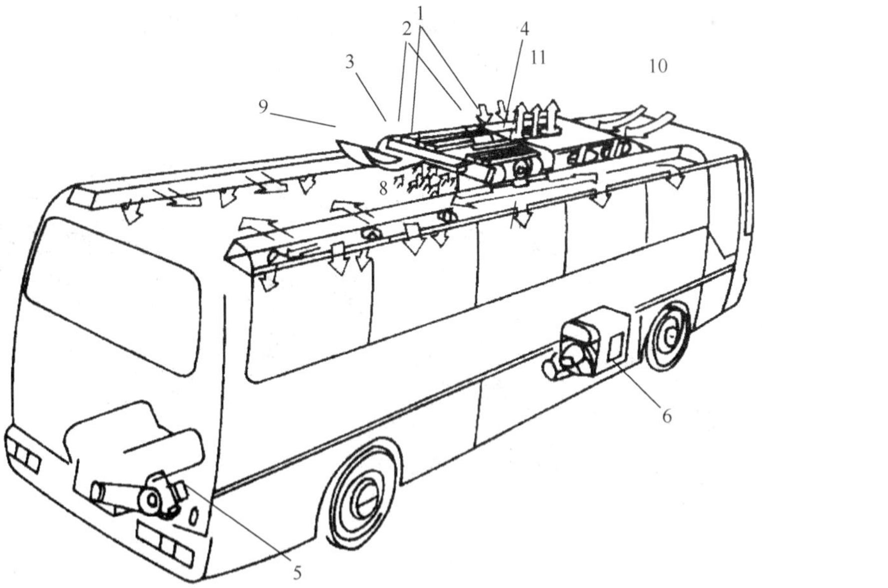

图 10-5　分体式汽车空调的布置方式

1—鼓风机；2—挡板；3—冷凝器装置；4—冷凝器风扇；5—直联式驱动的压缩机；6—独立式驱动压缩机装置；7—滤清空气进行通风；8—回风；9—室外空气进入；10—冷凝器进气；11—冷凝器出气

② 蒸发器顶置式分体空调车布置方式：如图 10-6 所示，压缩机由直联式主发动机驱动，蒸发器分布在中央顶置。

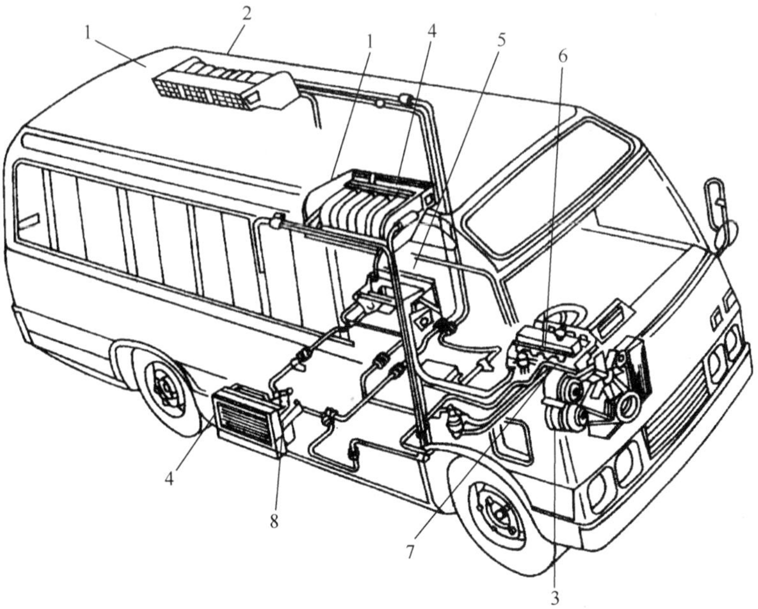

图 10-6　蒸发器顶置式分体空调车布置方式

1、2—蒸发器；3—主发动机；4、5—冷凝器；6—出风口；7—压缩机；8—冷凝器风扇

3. 豪华型客车空调的布置方式

豪华客车对舒适性的要求更高，它的汽车空调系统应具有多功能，以满足这类车的各种要求。它除了能满足车厢内制冷、采暖、换气、除霜外，并能全自动进行室温及湿度的调节。图 10-7 是豪华客车的布置形式。

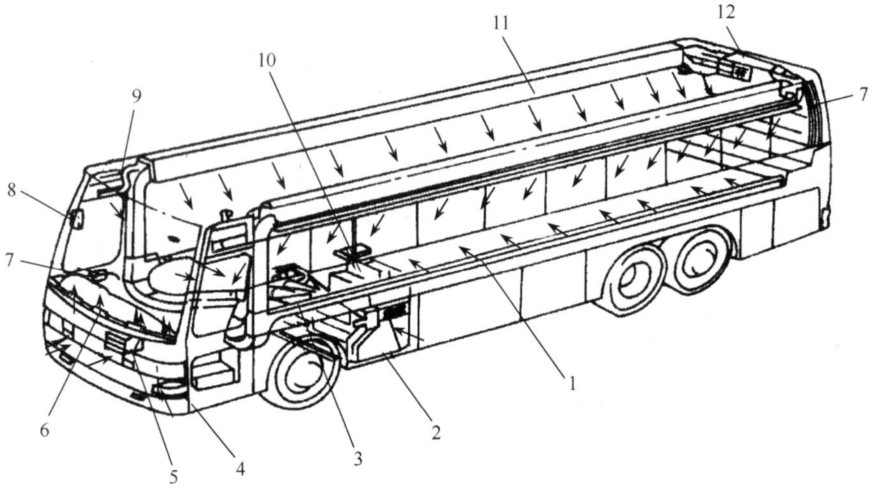

图 10-7　豪华型客车空调的布置方式

1—暖气管；2—空调；3—预热器；4—踏板通风；5—防霜器；6—防霜器导管；7—操纵盘；8—传感器；9—前侧通风；10—控制箱；11—冷气管；12—后部通风

课题二　汽车空调制冷系统

学习目标

1. 掌握汽车空调制冷系统的组成元件及作用；
2. 掌握汽车空调制冷系统组成元件的实际连接关系；
3. 能够区别汽车空调制冷系统的高低压管路；
4. 了解制冷的基本原理。

知识结构

汽车制冷系统知识结构如表 10-5 所示。

表 10-5　汽车制冷系统知识结构

汽车空调制冷系统	基本用途	根据指令，调节乘驾室内温度
	基本组成	压缩机、膨胀阀、储液干燥器、蒸发器、冷凝器、控制装置
	分　类	手动空调系统、自动空调系统

案例导入

陈小姐是某公司的销售部经理，每天都要开车到客户单位或是寻找新的客户，一天下来的行车里程有时能到达 300km 左右。五月的一天，天气特别的热，于是陈小姐就打开了空调，可是过了很久冷风却非常微弱。这是为什么呢？难到空调坏了？于是，打电话向朋友询问，朋友听完她的叙述后，建议她先清洗空调系统的蒸发器，如果没有好转再去 4S 店进行进一步检查。于是陈小姐到了一家洗车店对蒸发器进行了清洗，然后又运行了空调，结果现象消失了。这是为什么呢？

一、汽车空调制冷系统的组成元件及其作用

汽车空调制冷系统主要工作元件有压缩机、冷凝器、储液干燥器、蒸发器、膨胀阀，如图 10-2 所示。这些元件将空调系统分为高压管路和低压管路，以压缩机和蒸发器为分界点，压缩机出口到蒸发器入口属于高压管路，蒸发器出口到压缩机入口属于低压管路。在高低压管路中制冷剂会有不同的状态，正是由于这些不同状态制冷剂的存在才实现了空调系统的制冷，具体工作原理将在后面介绍。

制冷系统组成、作用及安装位置如表 10-6 所示。

表 10-6　制冷系统组成、作用及安装位置

元件名称	基本作用	安装位置
压缩机	改变制冷剂在系统中的压力，建立制冷前提条件；帮助制冷剂在系统中循环	发动机前端，由发动机外围皮带带动
膨胀节流装置	节流降压；调节和控制制冷剂的流量；防止液态制冷剂进入压缩机	蒸发器的入口管路上
蒸发器	空调制冷系统中另一个热交换器，其作用与冷凝器相反，是将经过节流降压后的液态制冷剂在蒸发器内沸腾汽化，吸收蒸发器表面周围空气的热量而使之降温，风机再将冷风吹到车室内，达到降温的目的	*备注
干燥装置	吸收水分、储存制冷剂、滤除杂质； 用在所有使用膨胀阀的制冷系统中	冷凝器出口与蒸发器入口之间
	防止液态制冷剂进入压缩机； 用在所有使用节流管的制冷系统中	蒸发器出口到压缩机进口之间的低压侧
冷凝器	将高温高压的气体冷却液化（工作温度约为 60℃）	散热器前方（水箱前）
鼓风机	将冷风吹入驾驶室	蒸发器前端
风扇	帮助冷凝器散热，降低制冷剂压力	发动机前端
控制装置	保证空调系统正常安全工作； 保证空调系统按照设定温度工作； 保护空调系统元件	*备注

备注：*不同车型安装位置不同，确切位置需要查看维修手册或在车上实际查找。

（一）汽车空调压缩机

1．压缩机工作原理

汽车空调系统所用压缩机种类繁多，且不同的汽车制造厂商所采用的压缩机型号和结构都会有区别，但压缩机的基本工作原理是不会改变的。压缩机通过内部元件先对位置或空间位移实现容积的改变，从而实现压缩、排气、膨胀、吸气四个工作过程。

2．几种常见的压缩机

① 曲轴连杆式压缩机：如图 10-8 所示，曲柄连杆机构是由进排气阀、润滑机构、曲轴密封机构、电磁离合器组成的。

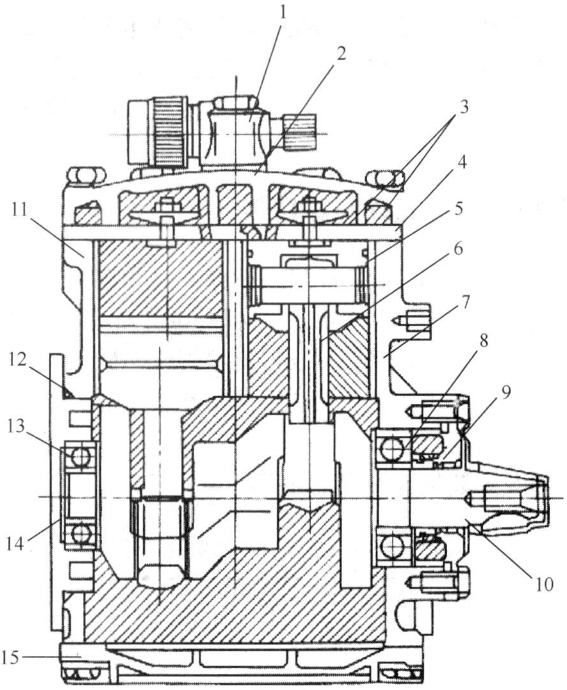

图 10-8　曲轴连杆式压缩机

1—吸、排气口；2—汽缸盖；3—吸、排气阀片；4—阀板；5—活塞；6—连杆；7—汽缸套；8—前轴承；9—轴封；10—曲轴；11—曲轴箱；12—O 形圈；13—后轴承；14—后盖；15—底板

② 斜盘式压缩机：如图 10-9 所示，这种压缩机的特点是将摆盘 17 和楔形传动板 12 的滑动配合面改为滚子轴承，楔形传动板 12 与前缸盖接触面也改为滚子轴承，并将楔形传动板 12 掏空，大部分零件也改用铝合金材料。这样改进后压缩机结构更紧凑，质量更轻，寿命更长，而目价格低廉。此种压缩机还有变量式。

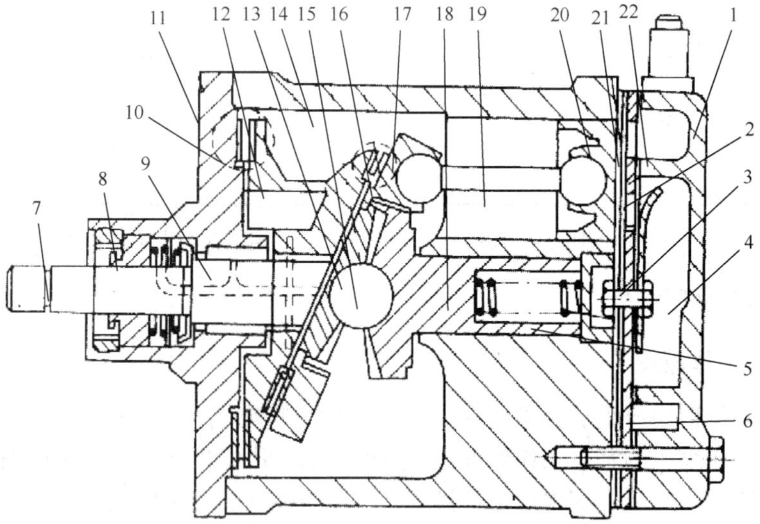

图 10-9　斜盘式压缩机的剖视图

1—后缸盖；2—阀板；3—排气阀片；4—排气腔；5—弹簧；6—后盖缸垫；7—主轴；8—轴封总成；9—滑动轴承；10—端面滚子轴承；11—前缸盖；12—楔形传动板；13—锥齿轮；14—缸体；15—钢球；16—摆盘圆柱滚子轴承；17—摆盘；18—锥齿轮；19—连杆；20—活塞；21—阀板垫；22—吸气腔

③ 旋叶式压缩机：如图 10-10 所示，旋叶式压缩机的主要零部件有缸体、转子、主轴、叶片、排气阀、后端盖、带有离合器的前端盖和主轴的油衬。后端盖和前端盖上有两个滚动轴承支承主轴转动，后端还有一个油气分离器。此种压缩机还有变量式。

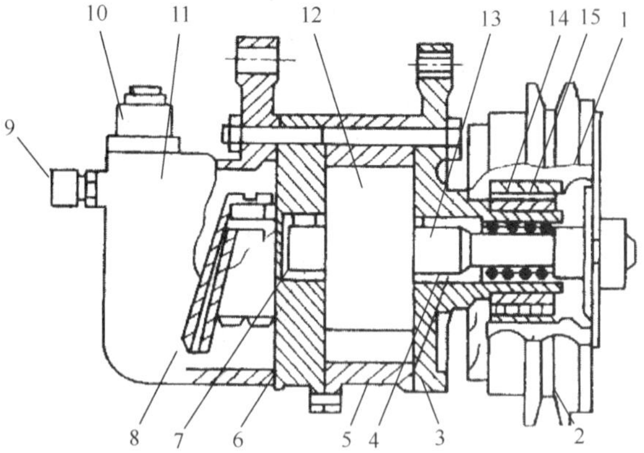

图 10-10　旋叶式压缩机轴向剖视图

1—前板；2—带轮；3—前端盖 4—轴承；5—缸体；6—后盖板；7—轴承；8—吸油；9—排气口；10—进气口；11—后端盖；12—转子；13—主轴；14—带轮轴承；15—轴衬

④ 滚动活塞式压缩机：如图 10-11 所示，滚动活塞式压缩机是一种新型的旋转式压缩机，有单缸、双缸和变容量三种。该种压缩机由于体积小，工作可靠，因此广泛应用于汽车空调及其他空调和冰箱上。此种压缩机同样有定量式和变量式两种。

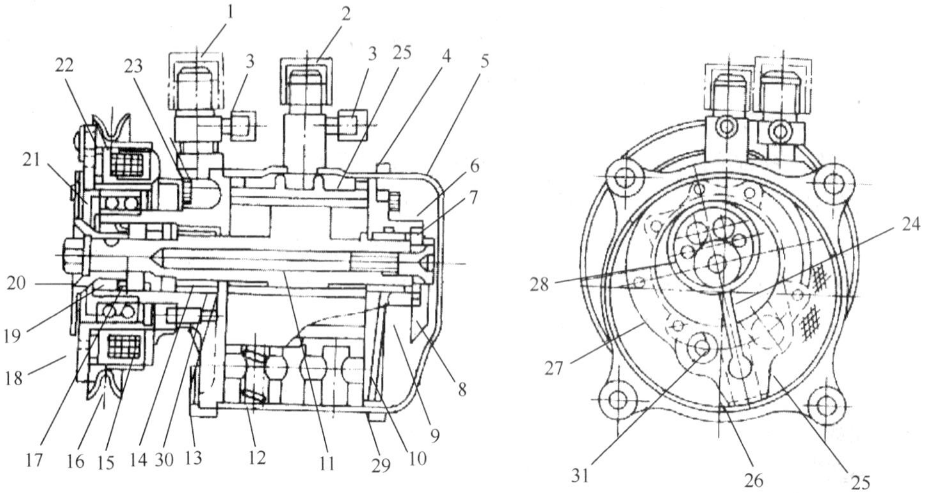

图 10-11　滚动活塞式压缩机

1—进气口；2—排气口；3—检修备用阀；4—安装架；5—后盖套；6—滚动推力轴承；7—轴向止动螺栓；8—平衡块；9—滚动轴承；10—后端盖；11—曲轴；12—叶片弹簧；13—前盖套；14—滚动轴承；15—轴封总成；16—离合器带轮；17—O 形圈；18—离合器压板；19—卡环；20—油封；21—卡环；22—离合器线圈；23—止推密封；24—刮片；25—缸体；26—阀限位器；27—油分离阀；28—旋转活塞；29—吸油孔；30—前端盖；31—排气阀

⑤ 涡旋式压缩机：如图 10-12 所示，涡旋式压缩机是一种新型压缩机，主要适用于汽车空调。它与往复式压缩机相比，具有效率高、噪声低、振动小、质量小、结构简单等优点，是一种先进的压缩机。涡旋式压缩机主要由固定涡旋盘、动涡旋盘、机架、联接器和曲轴等组成。

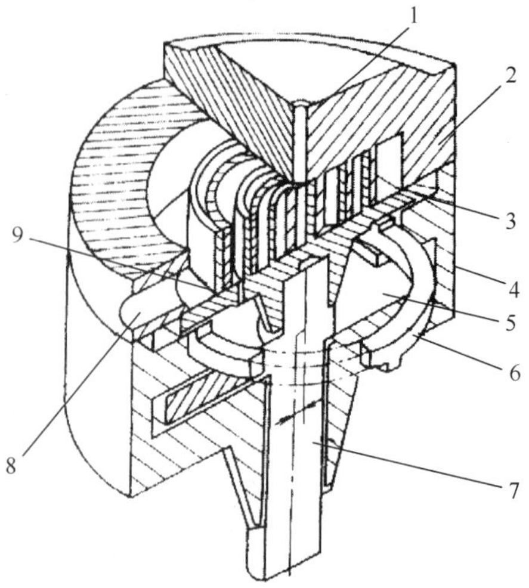

图 10-12　涡旋式压缩机结构简图

1—排出口；2—固定涡旋盘；3—动涡旋盘；4—机架；5—背压腔；6—十字环；7—曲轴；8—吸入口；9—背压孔

（二）膨胀节流装置

1．热力膨胀阀

① 外平衡式膨胀阀：如图 10-13 所示的外平衡式膨胀阀，其结构主要由热敏管、压力弹簧、膜片、均衡管、膜片室、阀门、毛细管等组成。外平衡式膨胀阀的热敏管紧贴在蒸发器的出口处，感应出口的温度。当出口温度低时，作用在膜片上方的压力低，压力弹簧推动阀门将节流口关小；反之，膜片上方的压力增大，膜片克服弹簧力，将节流口开度增大，制冷剂进入蒸发器的量增加。

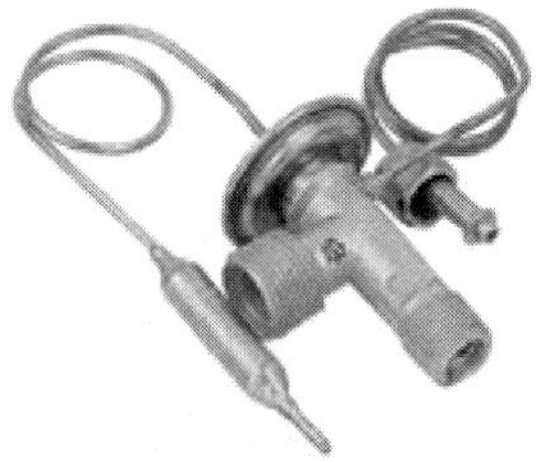

图 10-13　外平衡式膨胀阀

② 内平衡式膨胀阀：如图 10-14 所示的内平衡式膨胀阀，其结构主要由阀门、膜盒、膜片、调节弹簧、毛细管（连感温包）等器件组成，有的在进口处还加设了过滤网。其工作原理与外平衡式膨胀阀相同，但不同的是感温元件安装在蒸发器入口处，由于制冷剂在蒸发器中有热交换，所以会在内部存在一定的压力差和温差，因此精度较低。

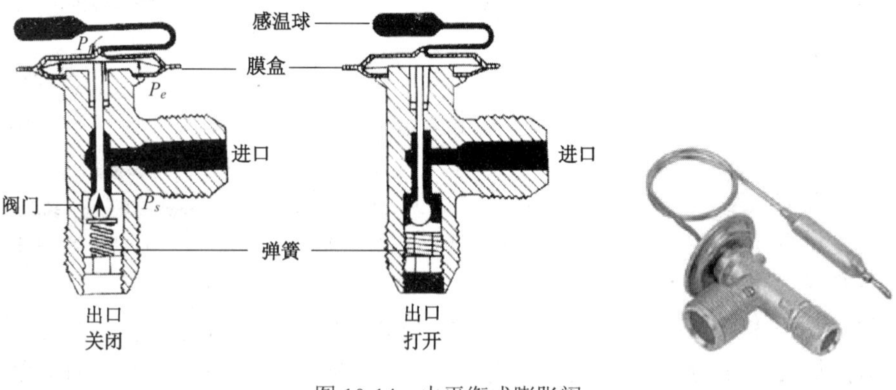

图 10-14　内平衡式膨胀阀

2. 孔管（膨胀节流管）

孔管是一种固定孔口的节流装置，因此当系统中含有水或其他杂质时，此处极易堵塞，其两端都装有过滤网，以防堵塞。孔管直接安装在冷凝器出口和蒸发器进口之间。孔管没有运动部件，结构简单、成本低、可靠性高，同时节省能耗，美国和日本很多高级轿车都采用这种节流方式，如图 10-15 所示。

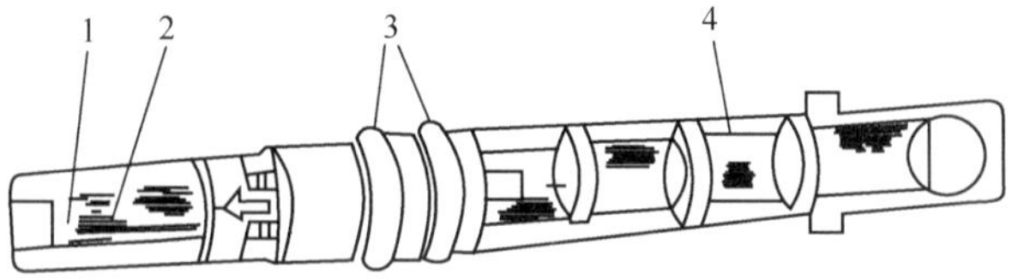

图 10-15　孔管（膨胀节流管）

1—出口滤网；2—孔口；3—密封圈；4—进口滤网

3. H 形膨胀阀

由于阀体内部管路为 H 形，因此膨胀阀因此得名。采用此种膨胀阀体上还装有低压压力开关和恒温控制开关。恒温控制开关上的感温毛细管直接插入蒸发器出气管的凹坑处，此坑中放有润滑脂，这样可以增强感温能力，提高精度。H 形膨胀阀工作原理：如图 10-16 所示，在蒸发器的进口通道上设有一个球型阀，该阀的运动受感温包和球阀弹簧的控制，而感温包直接安装在蒸发器的出口处，能够及时感受到温度的变化。当蒸发器出口的温度低时，感温包内的压力低，弹簧推动球阀将节流口关小，制冷剂进入蒸发器的量减少；反之，当蒸发器出口温度高时，感温包内部压力大，从而推动球阀克服弹簧力将节流口开度增大，制冷剂进入蒸发器的量增大，制冷效果增加。

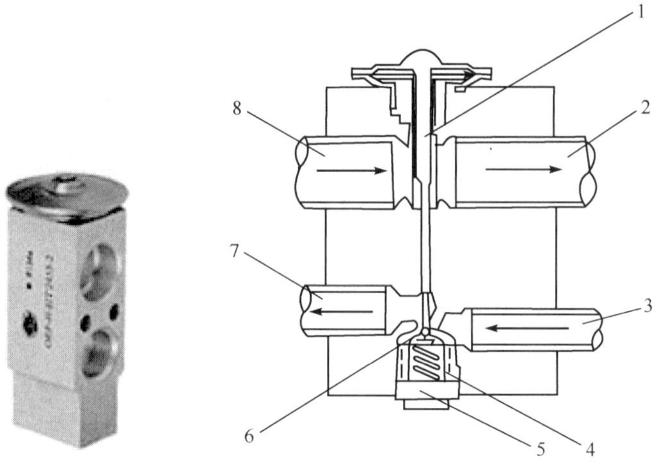

图 10-16　H 形膨胀阀

1—感温包；2—至压缩机；3—来自储液干燥器；4—弹簧；5—调整螺栓；6—球阀；7—蒸发器进口；8—蒸发器出口

（三）蒸发器

蒸发器的作用是将经过节流降压后的液态制冷剂在蒸发器内沸腾汽化，吸收蒸发器表面周围空气的热量而降温，鼓风机再将冷风吹到车内，达到降温的目的。

汽车空调蒸发器有鼓管片式（图 10-17）、管带式（图 10-18）、层叠式图（17-19）三种结构。

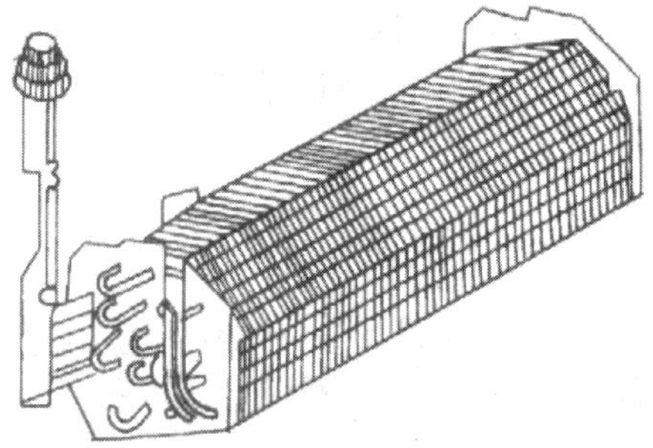

图 10-17　鼓管片式蒸发器

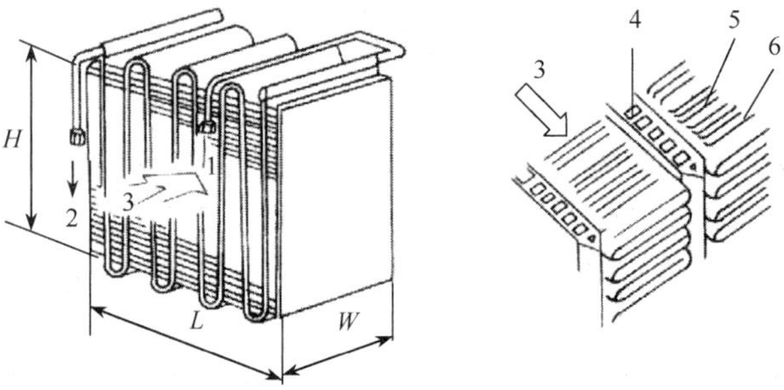

图 10-18　管带式蒸发器

1—进口；2—出口；3—空气；4—管子；5—翅片；6—散热器

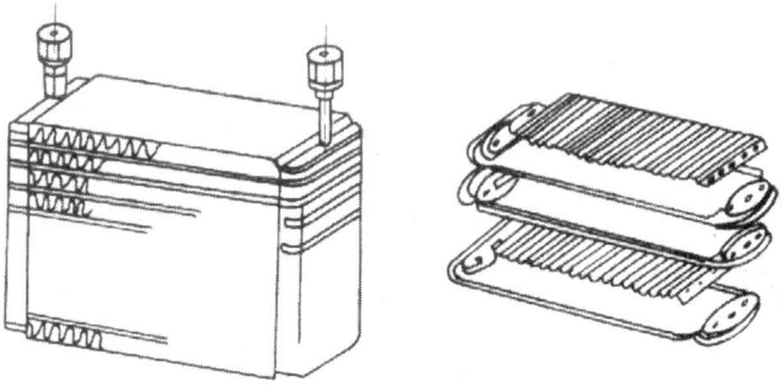

图 10-19　层叠式蒸发器

（四）冷凝器

汽车空调冷凝器的作用是把压缩机排出的高温、高压制冷剂气体，通过冷凝器将热量散发到车外空气中，从而使高温、高压的制冷剂气体冷凝成较高温度的高压液体。

汽车空调冷凝器有管片式（图 10-20）、管带式（图 10-21）及平行流式（图 10-22）三种结构形式。

（五）干燥装置

干燥装置主要作用是去除制冷系统中的水分。干燥装置一般有两种，储液干燥器和积液器，下面分别予以介绍。

1. 储液干燥器

储液干燥器（图 10-23）应用在有热力膨胀阀的制冷系统中，安装在冷凝器与膨胀阀之间，属于高压管路侧。储液干燥器在制冷系统中有以下作用：

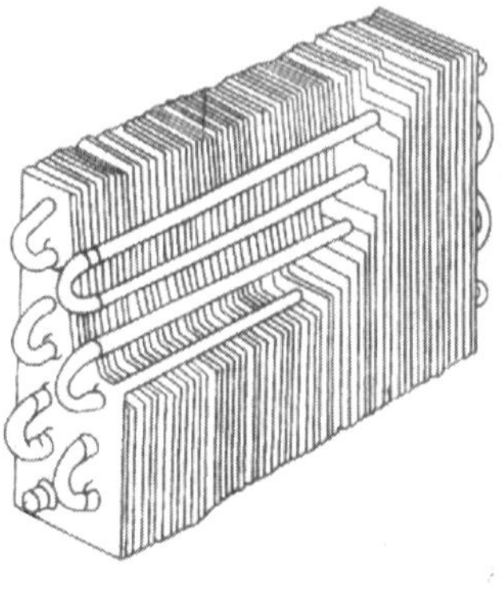
图 10-20　管片式冷凝器

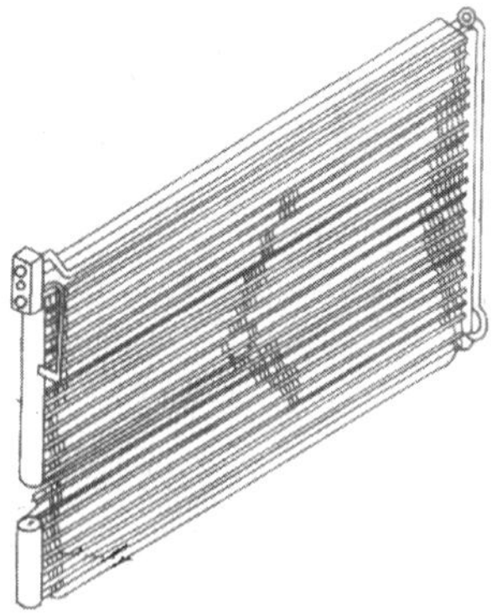
图 10-21　管带式冷凝器

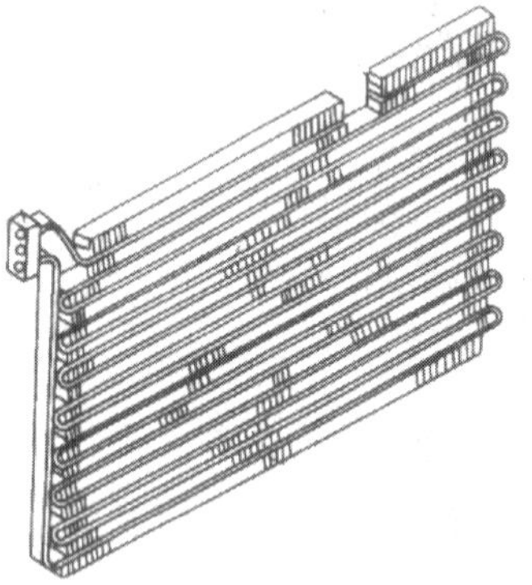
图 10-22　平流式冷凝器

① 存储一定量的制冷剂，当系统需要时适当的补充释放制冷剂，以满足制冷需要；
② 过滤系统中的杂质，保证系统畅通；
③ 吸收系统中的水份，防止冰堵现象。

储液干燥器上有观察窗，可以随时观察系统中制冷剂的状况，对维修空调系统有一定的帮助。此外，在储液干燥器上还装有易熔塞，是由低熔化金属制成，当系统中高压侧的压力到达2.9MPa，温度到达 95℃时，易熔塞熔化，将制冷剂释放到大气中已达到保护系统元件的目的。

2. 积液器

积液器（图 10-24）用于使用孔管作为节流装置的制冷系统中，安装在蒸发器和压缩机之间，属于低压管路侧。它要具有特殊的功能，即只允许润滑油流过，而把液体留在器皿中。其作用如下：用于回气管路中的气液分离，并储存过剩的液态制冷剂防止压缩机液击现象。

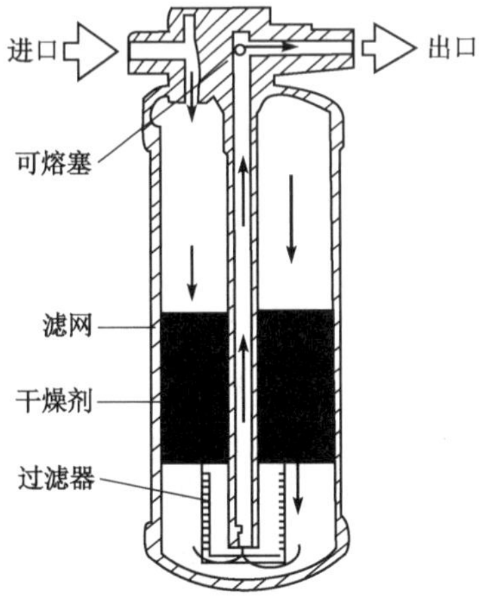

图 10-23　储液干燥器

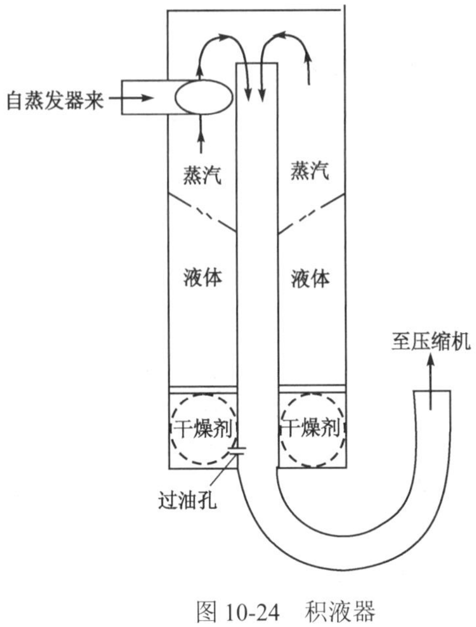

图 10-24　积液器

（六）鼓风机

鼓风机安装在蒸发器前端，将蒸发器周围的冷空气送入车厢内，它分为离心式和轴流式。由于离心式可直接与电动机连接，结构紧凑且振动小，使用较为广泛。

鼓风机的转速可以调节，一般有二、三、四、五速四种，最常见的是四速，通过改变风机开关与调速电阻的接通方式可使风机以不同转速工作。如图 10-25 所示，风机开关处于 I 位置时，至电动机的电流须经过三个电阻，风机低速运行；开关调至Ⅱ位置，至电动机的电流须经两只电阻，风机按中低速运转；开关拨至Ⅲ位置时，至电动机的电流只经过一个电阻，风机按中高速运转；选定位置Ⅳ时，线路中不串任何电阻，加至电动机的是电源电压，风机以最高速运转。

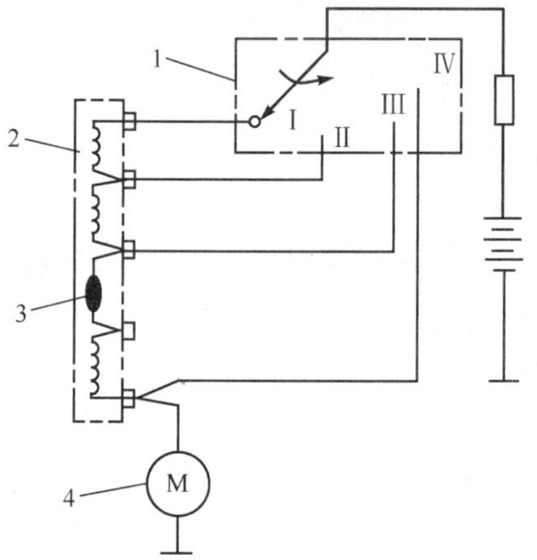

图 10-25　风机调速控制电路

1—风机开关；2—调速电阻；3—限温开关；4—风机

（七）风扇

汽车空调制冷系统与汽车的散热系统共用风扇，安装在冷凝器后方，帮助冷凝器散热。

（八）空调制冷系统控制装置

空调制冷系统控制装置可以保护系统元件，维持车内设定温度。控制装置可使制冷系统适时、适度的进行工作。

1. 电磁离合器

电磁离合器可控制压缩机是否工作，安装在压缩机前端。受 A/C 开关、压力开关、恒温开关、环境温度开关、水温、除霜开关的控制。

电磁离合器的主要结构是电磁线圈固定在前缸盖，嵌在带轮的凹槽内，如图 10-26 所示。前缸盖凸缘压装轴承，而带轮装在轴承上。衔铁和前压板用三片弹簧铆接，当电磁线圈通电时，磁场吸引衔铁，并克服弹簧力，将前压板也吸引结合在一起，紧贴带轮，压板上的轴套套装在压缩机主轴键上，这样，带轮带动衔铁、压板，再驱动主轴转动，压缩机开始工作。当电磁线圈断电时，没有了磁场引力，压板在弹簧片弹力作用下，使衔铁脱离带轮，轴套也脱离键槽，压缩机停止工作，带轮空转。

2. 制冷系统压力开关

空调制冷系统分为高压侧和低压侧，系统需要在安全压力范围内工作，因此压力开关属于保护装置，可以控制电磁离合器是否接通。压力开关分为高压开关和低压开关。

① 高压开关：控制制冷系统的最高压力，当系统由于堵塞或制冷剂过多等原因造成压力异常时高压开关就会断开电磁离合器电路起到保护作用。高压开关安装在压缩机至冷凝器的高压管路上。一般高压开关控制的压力范围在 2.83～3.10MPa 时断开，在 1.03～1.73 MPa 时接通。

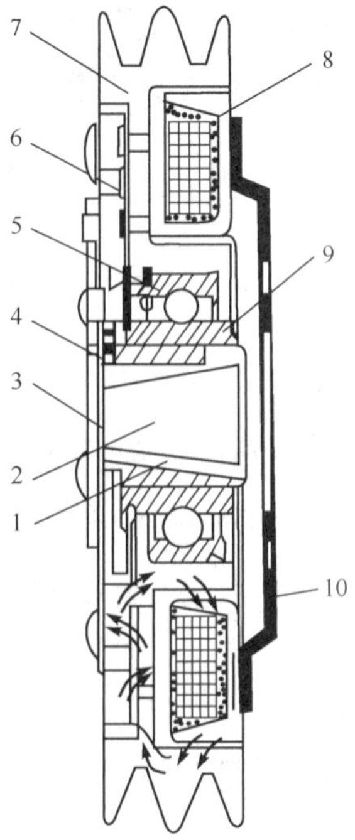

图 10-26　电磁离合器结构

1—键；2—主轴；3—压板；4—帽轴套；5—滚动轴承；6—衔铁；7—带轮；8—电磁线圈；9—前缸盖凸缘；10—固定板

② 低压开关：控制制冷系统的最低压力，当系统由于制冷剂缺失过多而造成压力过低时其开始工作，切断电磁离合器线路，是压缩机停止工作。低压开关一般安装在高压侧的高压回路上，当压力低于 80～110kPa 时断开，230～290kPa 时接通。

③ 高低压组合开关：一般安装在储液干燥器上，综合以上两个开关的作用，在这里不再赘述。

3. 恒温开关

恒温开关是空调系统中控温元件，直接感受蒸发器表面温度，控制压缩机是否工作。恒温开关控制的温度范围是由人为设定的，当于设定温度时压缩机进入工作，当低于设定温度时压缩机停止工作，但它通过控制的电磁离合器的线路实现。恒温开关有三种：双金属片式、波纹管式和热敏电阻式。

4. 旁通电磁阀

旁通电磁阀一般安装在储液干燥器与压缩机的入口处，其目的是当系统中温度过低时减少进入蒸发器制冷剂量，使多余的制冷剂直接回到压缩机，可以防止蒸发器结霜，如图 10-27 所示。

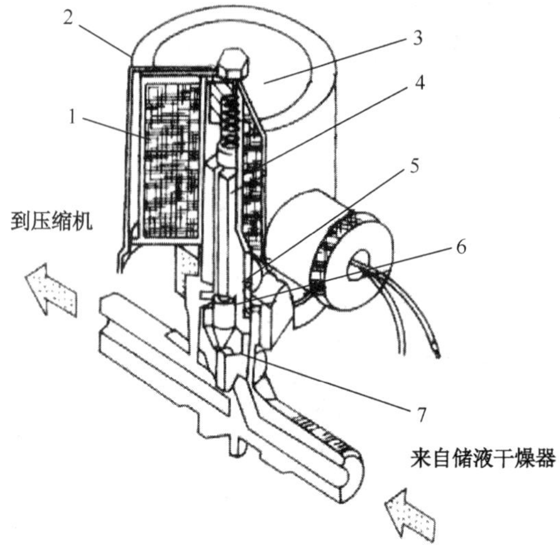

图 10-27　旁通电磁阀

1—线圈；2—线圈套；3—回动弹簧；4—动心；5—阀杆；6—阀心；7—主阀

旁通电磁阀的线圈通常与压缩机的电磁离合器线圈接在同一开关上，压缩机启动时，电磁阀通电打开阀孔；停止时，电磁阀立即关闭，避免了大量的液态制冷剂进入蒸发器，从而防止了再启动时，压缩机冲缸，起到安全保护作用。当蒸发器出口温度低于设定温度时，旁通电磁阀打开，使制冷剂直接流回到压缩机中，当温度到达设定温度时，电磁阀关闭，恢复正常的制冷剂流向。

5. 蒸发器压力调节阀

蒸发器压力调节阀的目的是防止蒸发器结霜并保持车内所设定的温度值。它仍然是通过控制压缩机是否工作来调节制冷剂的流量来达到最终控制目的的。蒸发器压力调节阀有吸气节流阀（简称 STV 阀）、先导阀控制的绝对压力阀（简称 POA 阀）、蒸发器压力调节阀（简称 EPR 阀）和罐中阀。

6. 其他控制开关

① 过热开关：一种温度与压力的感应开关，安装在压缩机盖中。当压缩机温度过高时，过热开关中感温管中的气体膨胀并带动膜片，这时过热开关闭合，使热力熔断器电路接通。

② 热力熔断器：与过热开关配合工作，当其电路接通后，电流会给其自身的熔断器加热直至熔断，这时电磁离合器的电路会被切断，压缩机停止工作。

③ 水温开关：当发动机水温过高时，水温开关切断电磁离合器的线路使压缩机停止工作。

④ 环境温度开关：为了防止冬天时的误操作，空调制冷系统中设有环境温度开关，当环境温度低于 4℃时，压缩机不工作。

⑤ 除霜开关：检查蒸发器表面温度，当温度过低时切断电磁离合电路，使压缩机停止工作。

7. 发动机怠速控制装置

由于空调制冷系统中的动力元件压缩机需要消耗发动机一部动力，因此在发动机低速旋转或怠速工作时为了保证汽车的正常行驶，系统中的控制元件将使压缩机退出工作或使发动机的转速提升。下面分别介绍这两种不同的控制方式。

① 怠速继电气。

怠速继电气如图 10-28 所示，其功能是当发动机处于怠速工况时，自动切断电磁离合器电路，停止发动机驱动压缩机来稳定发动机怠速工况的装置。这种装置是利用点火线圈的脉冲数作为转速控制信号，并将信号输入怠速继电气的电路中。汽车空调系统的怠速继电气在点火线圈的初级低压负极上。

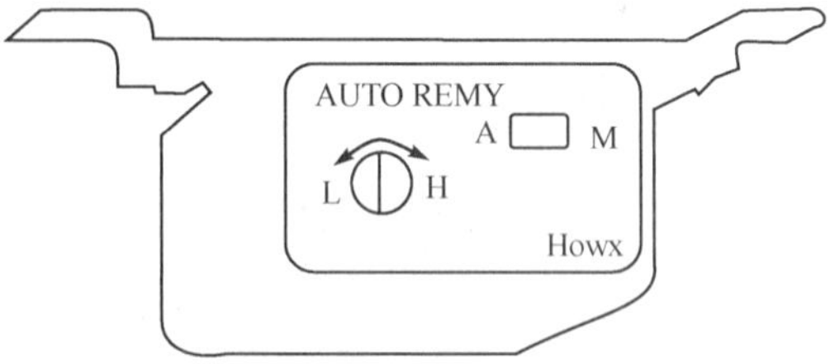

图 10-28 怠速继电气

② 怠速提高装置。

怠速转速提高装置是一种自动装置，它能在汽车低速行驶和停车怠速运转时，当发动机仍然在驱动压缩机的情况下，自动提高发动机转速，一般转速增加 200～300r/min 来保证压缩机继续工作，而汽车仍然维持在无功率的输出状态。若这时空调压缩机不运行（当空调总控制电路断开），发动机仍能按原来调定的转速下进入怠速工况，而不必重新调定怠速油门开关。怠速提高装置一般有真空转换阀（VSV）怠速转速提高器、微机控制怠速系统、转速提高器等。

8. 加速切断装置

汽车在加速或超车时，发动机需要输出最大功率，如果启动空调，会消耗发动机功率，降低汽车的加速性能，同时会使压缩机超速损坏。加速切断装置的作用是在汽车加速或超车时暂时切断压缩机离合器电路，提高汽车的加速性能，同时保护压缩机。加速切断装有机械式、真空式和微机控制式三种形式。

二、汽车空调制冷系统基本工作原理

打开汽车空调 A/C 开关，发动机通过压缩机电磁离合器驱动压缩机工作，在压缩机的作用下制冷剂在空调系统中进行循环，主要经历以下几个过程：

① 压缩机将从蒸发器吸回的制冷剂进行加压，以提高制冷剂温度，并将制冷剂变为高温高压汽态制冷剂。

② 高温高压汽态制冷剂进入冷凝器后，由于温度高于外界环境温度，所以向环境散热，将制冷剂变为中温高压液态制冷剂。

③ 中温高压液态制冷剂出冷凝器后进入储液干燥器进行过滤及水分吸收，同时将一部分制冷剂储存在此处。

④ 经过过滤的制冷剂经过节流装置，进行减压。此时的制冷剂为低温低压液态制冷剂。

⑤ 低温低压液态制冷剂进入到蒸发器中。由于蒸发器中的空间突然间增大使得压力降低，制冷剂此时压力更低温度更低，由于远远低于环境温度，因此吸收环境温度使制冷剂汽化的同时将经过蒸发器外部的空气降温，通过鼓风机送入到汽车车厢中。

此时，空调制冷系统完成一个制冷循环。制冷系统周而复始地使制冷剂如此循环下去以达到制冷的目的。图 10-29 为空调制冷系统工作原理示意图。

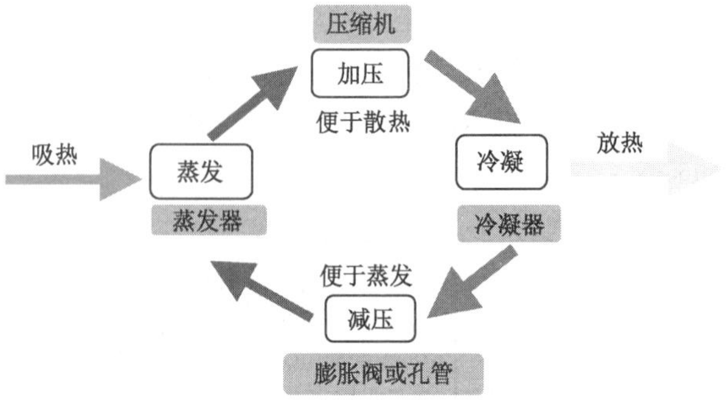

图 10-29 空调系统工作原理示意图

三、汽车自动空调

汽车自动空调系统分为半自动空调系统和全自动空调系统，但它们的基本工作元件和手动空调基本相同，在这里不再赘述。

1．半自动空调系统

半自动空调系统与手动空调系统的主要区别在于该系统采用了程序控制，执行机构是由伺服电动机或控制模块控制工作。一般包括以下几部分：

① 控制器总成，即在驾驶室的控制面板上可以看到更精确的控制开关或指示。

② 程序装置：程序装置接收控制器总成输送来的信号，对送风方式和大小进行控制。另外，次装置还接收各个传感器传来的信号对空调系统的工作状况加以调整。程序装置也可称为伺服机构。

③ 传感器：在半自动空调系统中装有车内温度传感器、车外温度传感器，有些汽车上还装有阳光传感，其主要目的是增加空调控制的准确性。温度传感器一般采用热敏电阻，分为正温度系数和负温度系数两种。阳关传感器一般采用光敏二极管。

2．全自动空调系统

全自动空调系统装有一个空调电脑，电脑使空调的控制更加精确且具有自我诊断功能，为空调维修提供参考信息。全自动空调系统中包括车内温度传器、车外温度传感器、水温传感器、蒸发器温度传感器、空气质量传感器、烟雾传感器等，这些传感器的信号全部传输给空调电脑，使空调控制更加精确智能化，各传感器作用如表 10-7 所示。

表 10-7 全自动空调传感器位置及作用

序 号	传感器名称	安 装 位 置	作 用
1	车内温度传感器	安装在送风道出风口处	影响出风口空气温度、出风量、模式门的位置，以及进气门的位置。车内温度传感器一般采用负温度系数热敏电阻，即随着温度的降低，电阻值不断增加

续表

序号	传感器名称	安装位置	作用
2	车外温度传感器	一般安装在汽车的最前端，如熔断器杠附近或水箱前端	准确感受到车外真实温度。它影响的内容与车内温度传感器相同，并且还能决定压缩机是否能够工作
3	阳光传感器	一般安装在仪表台前挡风玻璃的下端	对照射到车内的阳光进行检测。作为空调系统的修正信号，主要对混合门位置和鼓风机转速有影响。采用光敏电阻，阳光越强，电阻值越小
4	蒸发器温度传感器	安装在蒸发器的表面	用手修正混合门位置，控制压缩机工作状态
5	水温传感器	一般安装在暖风装置中	防止发动机温度高时压缩机仍继续工作，修正混合门的位置，并能控制鼓风机的工作
6	空气质量传感器	安装在汽车的最前端	主要检查空气中的水份含量、环境温度以及空气被污染程度。主要控制进气门位置
7	烟雾传感器	在后空调装置中	感受环境情况，并将信号传输给电脑，当空气中烟雾含量较高时，电脑控制送风机电动机低速旋转

课题三　汽车空调暖风系统与通风系统

学习目标

1. 掌握汽车空调暖风系统的作用及分类；
2. 掌握汽车空调通风系统的通风方式。

知识结构

汽车空调暖风系统与通风系统知识结构如表10-8所示。

表10-8　汽车空调暖风系统与通风系统知识结构

暖风系统	暖风系统的作用及分类
通风系统	汽车常用的通风方式； 汽车净化装置的工作原理

案例导入

一天，小刘乘坐朋友的汽车时发现朋友在开暖风的时候也将空调制冷系统的A/C开关也打开了。于是，小刘问他为什么这样操作，朋友说：“不开A/C开关暖风怎么工作”？小刘说：“不用开暖风照样工作。”小刘的朋友不明白这是为什么？

一、汽车空调暖风系统

1. 汽车暖风系统的作用

汽车空调取暖系统主要作用是能与蒸发器一起将空气调节到乘员感觉舒适的温度；在冬季向车内提供暖气，提高车内环境温度；当车上玻璃结霜和结雾时，可以输送热风用以除霜和除雾。

2. 汽车暖风系统按的能量来源的分类

汽车空调取暖系统按暖气设备所使用的热源不同，可分为发动机余热式和独立燃烧式；按空气循环方式不同，可分为内循环、外循环和内外混合循环式；按照载热体不同，可分为水暖式和气暖式。

（1）余热式取暖系统

① 水暖式暖风装置。

如图 10-30 所示，轿车、载货汽车和小型客车经常利用发动机冷却循环水的余热供热，将其引入热交换器，由鼓风机将车厢内或车外部空气吹过热交换器而使之升温。水暖式暖气装置工作原理是通过发动机上的冷却水控制阀 4 将分流出来的一路冷却水送入暖风机的加热器芯子 1，放热后的冷却水经加热器出水管 2 流回发动机；冷空气被加热器鼓风机 13 强迫通过加热器芯子，被加热后，由不同的风口吹入车厢内，进行风窗除霜和取暖；另一路冷却水通过水箱进水管 5 进入水箱 8，降温后经水箱出水管 11 回到发动机。通过控制冷却水控制阀的开闭和流水量大小，可调节暖风机的供热量。

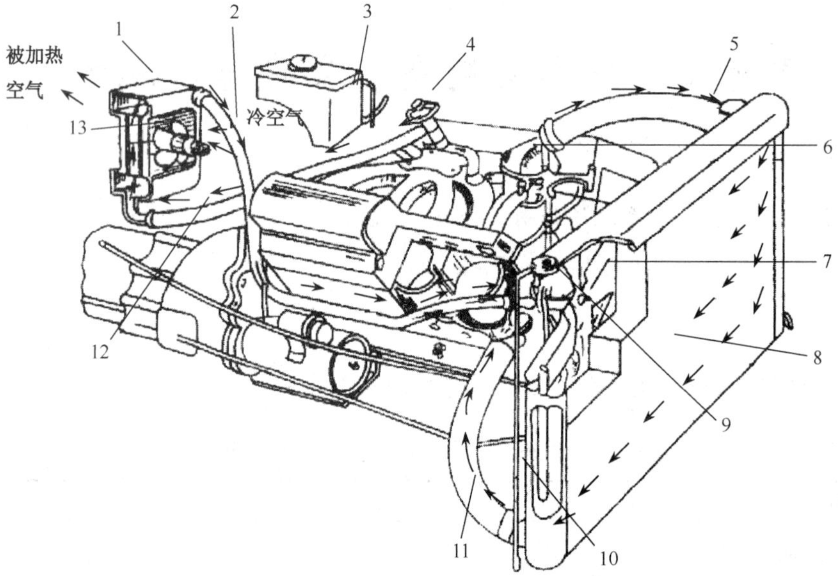

图 10-30　水暖式暖风装置

1—加热器芯子；2—加热器出水管；3—膨胀水管；4—冷却水控制阀；5—水箱进水管；6—恒温器；7—风扇；8—水箱；9—水源；10—水箱溢流管；11—水箱出水管；12—加热器水管；13—加热器鼓风机

② 气暖式暖气装置（图 10-31）。

利用发动机排气管中的废气余热或冷却发动机后的灼热空气作为热源，通过热交换器加热空气，把加热后的空气输送到车厢内取暖的装置，称为气暖式暖气装置。基本原理：在发动机排气管装一段肋片管，管外套上外壳，废气通过肋片传热，加热夹层中的空气，在鼓风机作用下，将空气加热后送入车内。

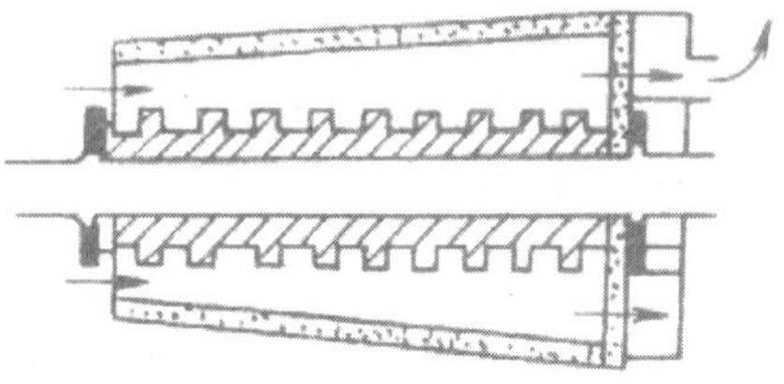

图 10-31　气暖式暖气装置

（2）独立燃烧式取暖系统

目前大客车普遍采用独立燃烧式取暖装置，其热容量大，热效率可达 80%。一般可使用煤油、轻柴油作燃料。

① 基本结构如图 10-32 所示。这种装置通常由燃烧室、热交换器、供给系统和控制系统四部分组成。供给系统包括燃料供给系统、助燃空气供给系统和被加热空气供给系统三部分。其中燃料供给系统由燃料泵、电动机、燃油电磁阀、油箱和输油管组成。控制系统有手动和自动两种方式，用来控制电动机、电磁阀、点火装置及自动控制元件的工作。

② 工作原理：该暖气装置工作时，燃油由电路电磁阀和液压泵来控制。当打开暖气开关时电磁阀打开，电动机工作，与其同轴的燃料泵 2 工作，燃油从油箱经滤清器进入燃料分布器 3，在离心力作用下飞散雾化，并与供给燃烧的空气混合进入燃烧室 5。火花塞 4 通电点火，使混合气点燃燃烧，燃烧后的高温气体在与新鲜空气换热后，由排气管 16 排向大气。另一方面，在电动机轴前端安装的暖房空气送风机 17 向内送入空气，经换热器加热后由暖气排出口 8 进入车室的管路和送风口。

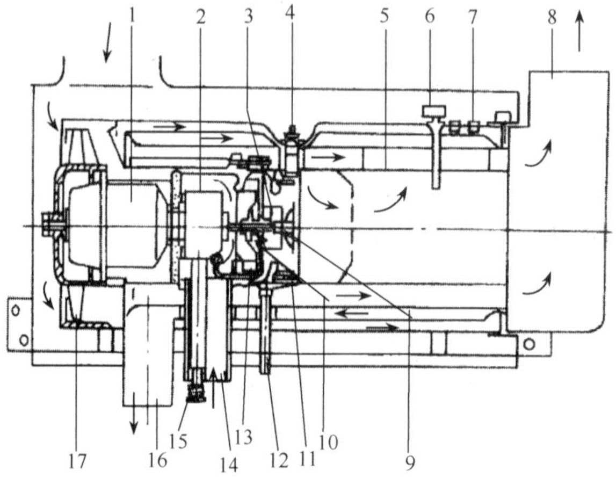

1—电动机；
2—燃料泵；
3—燃料分布器；
4—火花塞；
5—燃烧室；
6—燃烧指示器；
7—热熔器；
8—暖气排出口；
9—分布器帽；
10—油分布器；
11—燃烧环；
12—排气管；
13—燃烧空气送风机；
14—燃烧室空气吸入管；
15—燃料吸入；
16—排气管；
17—暖房空气送风机

图 10-32　独立燃烧式取暖系统

二、汽车空调通风系统

1．通风装置

将新鲜空气送进车内，取代污浊空气的过程，称为通风。汽车空调的通风方式一般有动压通风、强制通风和综合通风三种。

① 动压通风。

动压通风也称自然通风，它利用汽车行驶时对车身外部所产生的风压为动力，在适当的地方开设进风口和排风口，以实现车内的通风换气目的。轿车的进风口设在车窗的下部正风压区，而且此处都设有进气阀门和内循环空气阀门，用来控制新鲜空气的流量。排风口设置在轿车尾部负压区，动压通风时，车内空气的流动如图 10-33 所示。由于动压通风不消耗动力，且结构简单，通风效果也较好，因此，轿车大都设有动压通风口。

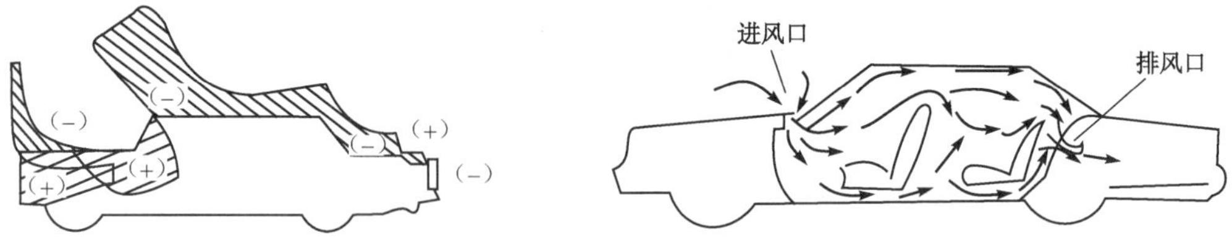

图 10-33　动压通风时，车内空气的流动图

② 强制通风。

强制通风是利用鼓风机强制将车外空气送入车厢内进行通风换气的通风方式。在冷暖一体化的汽车空调上，大多采用通风、供暖和制冷的联合装置，将外部空气与空调冷暖空气混合后送入车内，此种通风装置常见于高级轿车和豪华旅行车上。

③ 综合通风。

综合通风是指一辆汽车上同时采用动压通风（自然通风）和强制通风两种通风方式。最简单的综合通风系统是在自然通风的车身基础上，安装强制通风扇，根据需要可分别使用和同时使用。

2．空气净化装置

汽车空调系统采用的空气净化装置通常有空气过滤式和静电集尘式两种。空气过滤式空气净化装置在空调系统的送风和回风口处设置空气滤清装置，它仅能滤除空气中的灰尘和杂物。其结构简单，只需定期清理过滤网上的灰尘和杂物即可，故广泛用于各种汽车空调系统中。静电集尘式空气净化装置则是在空气进口的过滤器后再设置一套静电集尘装置或单独安装一套用于净化车内空气的静电除尘装置。它除具有过滤和吸附烟尘等微小颗粒的杂质作用外，还具有除臭、杀菌、产生负氧离子以使车内空气更为新鲜洁净的作用。空气净化流程如图 10-34 所示，静电集尘式空气净化装置净化原理如图 10-35 所示。

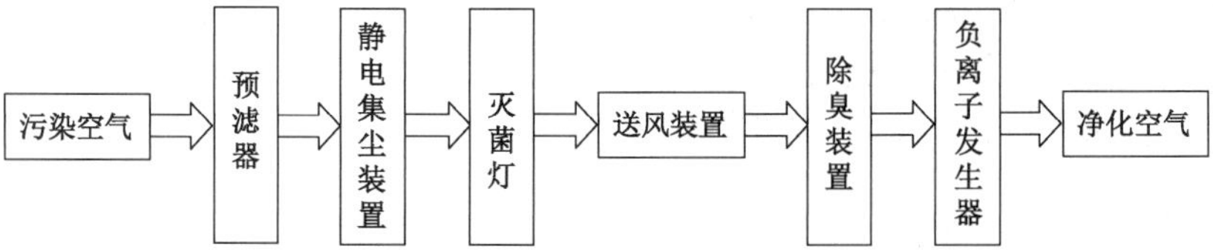

图 10-34　空气净化流程

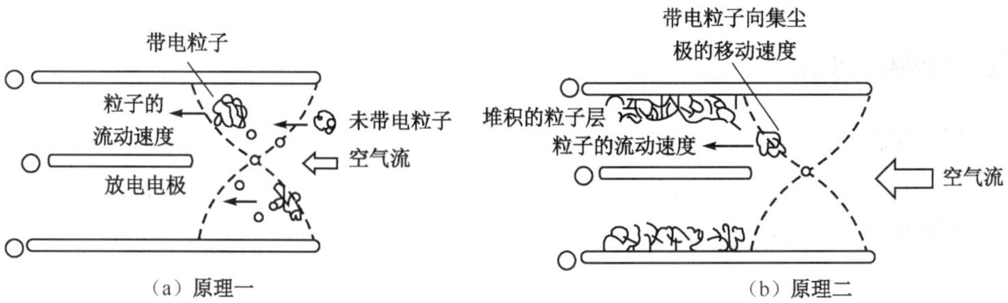

图 10-35　静电集尘式空气净化装置净化原理

课题四　汽车空调制冷系统的常规保养及常用维修设备的使用

学习目标

1. 掌握汽车空调制冷系统常规保养项目；
2. 了解汽车空调制冷系统的使用注意事项及正确使用方法；
3. 掌握汽车空调系统常用维修设备的使用。

知识结构

汽车空调制冷系统的常规保养及常用维修设备的使用知识结构如表10-9所示。

表10-9　汽车空调制冷系统的常规保养及常用维修设备的使用知识结构

常规保养	（1）正确使用及注意事项； （2）常规保养项目及内容
常用维修设备	维修专用工具、歧管压力表组、制冷剂注入阀、真空泵、快速检修阀、制冷剂检漏仪、制冷剂加注、回收多功能机等

案例导入

某公司李经理的捷达每年在进入夏季之前都要去4S店对空调系统进行保养检修，所以在炎炎的夏日其车的空调总是制冷效果极好。那么汽车空调制冷系统的常规保养都做哪些项目，又使用哪些设备呢？

一、汽车空调的正确使用

由于汽车空调制冷系统内部工作环境是个密闭的循环系统，并且制冷系统中的一些孔管式元件很容易因系统中存在杂质或水分而造成堵塞。除此之外，为了降低汽车空调制冷系统的工作压力，正确的使用也是非常必要的。

1．注意事项

① 确保系统中不混入水气、空气和脏物；
② 防止腐蚀；
③ 防止高温高压；
④ 保护好控制系统。

2．正确使用

① 非独立式空调的正确使用。

a．启动发动机时，空调开关应处于关闭位置，发动机熄火后，也应关闭空调，以免蓄电池电量耗竭。

b．夏日应避免直接在阳光下停车暴晒，尽可能把车停在树荫下，在长时间停车后车厢内温度很高的情况下，应先开窗及通风；用风扇将车内热空气排出车厢，再开空调，开空调后车厢门窗应关闭，以降低热负荷。

c. 不使用空调的季节，应经常开动压缩机，避免压缩机轴封处因油干而泄漏，也避免转轴因油干而咬死。

d. 长距离上坡行驶，应暂时关闭空调，以免水箱开锅。超车时，若本车空调无超速自动停转装置，则应关闭空调。

e. 使用空调时，若风机开在低速挡，则冷气温度开关不宜调得过低。否则易使蒸发器结霜，产生风阻，而且容易出现压缩机液击现象。

f. 在空调运行时，若听到空调装置有异常响声，如压缩机响、风机响、管子爆裂等，应立即关闭空调，并及时请专业维修人员检修。

② 独立式空调的正确使用。

对于安装独立式空调的汽车，应严格按使用说明书的规定启动和运行空调，因这类空调通过遥控装置控制辅助发动机的启动和运行，启动方法要比非独立式空调复杂。一般使用时的注意事项与非独立式大体相同，但由于辅助发动机有时有单独的油箱，因而还要经常注意检查油箱的储油情况，并要检查发动机水温、油压情况。

二、汽车空调制冷系统的常规保养

汽车空调制冷系统的常规保养是保证系统良好工作和延长使用寿命的前提。及时认真地保养可以降低故障发生率，使其处于良好的工作状态。同时，还可以消除故障的隐患，做到及时排除。

1．主要检查与保养内容

在对系统进行检查时，应将汽车停放在通风良好的场地上，如果需要开动压缩机，则应保持压缩机转速为2000r / min左右，空调风机开最高速，车内空气为外循环。

① 制冷剂是否存在泄漏。采用测漏仪器进行检测。

② 制冷量是否正常。可通过储液干燥器的观察窗进行判断。

③ 各控制元件工作是否正常，电路是否能接通。

④ 冷凝器外表面是否有脏东西堵塞，是否通畅，有没有明显污垢、杂物。

⑤ 制冷软管是否正常，各连接处连接是否牢靠。

⑥ 压缩机皮带张力是否正常。

⑦ 系统运行时是否有异常响声和气味。

2．检查项目及内容

汽车空调制冷系统主要通过看、摸、听、测进行检查。看，即观察系统各个元件的外表面是否有破损，通过观察窗看制冷剂状态是否正常；摸，通过温度的改变，判断个别元件是否工作正常；听，主要针对压缩机的工作状态进行检查，听，是否有噪声或杂音；测，借助仪器对系统进行检擦。表10-10列出了需要检查的项目及检查内容。

表10-10 检查项目及内容

检查项目	检查内容
压缩机	工作声音及温度，是否有振动
散热器（蒸发器、冷凝器）	外表面是否有脏堵，内部是否畅通

续表

检 查 项 目	检 查 内 容
储液干燥器	外表是否有破裂 内部是否有堵塞
制冷系连接管路	裂纹、鼓包、油迹，是否老化，是否会碰到尖物、热源或运动部件
电磁离合器	工作是否可靠
高低压开关	是否能够根据温度的变化进行工作
怠速调节装置	工作是否可靠
连接线路	是否有短路、断路和虚接现象存在
压缩机皮带	是否有裂纹，张紧度是否符合要求
制冷剂状态	是否充足，是否有气泡存在
风扇及鼓风机	旋转是否顺畅
冷冻机油量	是否符合要求

三、汽车空调制冷系常用维修设备的使用

（一）维修专用工具

汽车空调维修中所用到的专用工具主要是针对空调管路维修的一些工具，包括割管刀，如图 10-36 所示；管端加工工具，如图 10-37 所示；胀管器，如图 10-38 所示；弯管器，如图 10-39 所示。

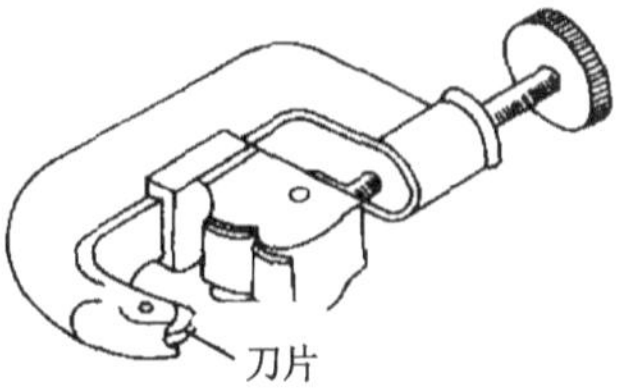

图 10-36　割管刀

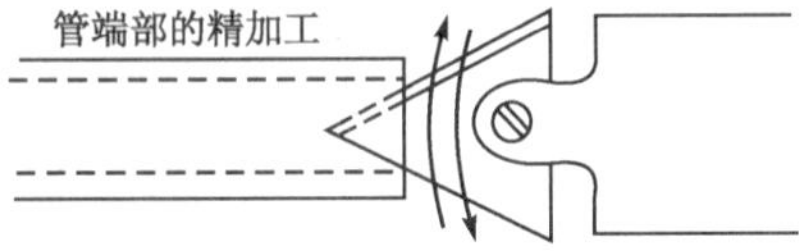

图 10-37　管端加工工具

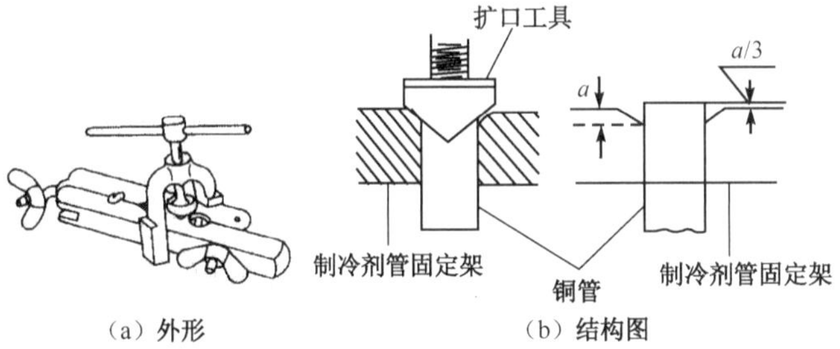

图 10-38　胀管器

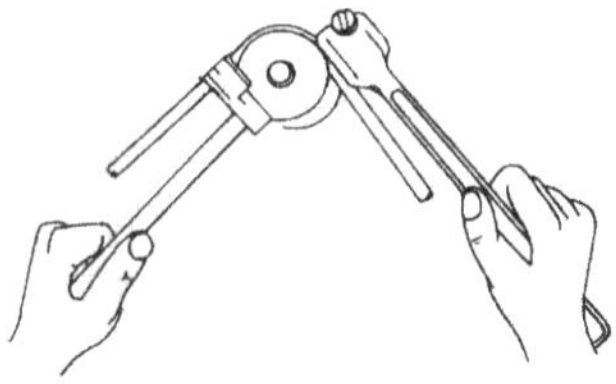

图 10-39　弯管器

（二）汽车空调制冷系统维修专用设备

1. 歧管压力表组

歧管压力表组是维修空调制冷系统最常用的专修工具，它可以完成释放制冷剂、抽真空、加注制冷剂及冷冻机油的作用。具体流程如表 10-11 所示。

表 10-11　制冷剂加注流程

步　骤	内　容
1	释放制冷剂
2	系统抽真空并保持一定时间
3	补充冷冻机油（与放出量相同）
4	进行液态制冷剂加注（高低压阀门同时打开，当发现压力表指针不增长时，关闭高压阀门）
5	进行气态制冷剂加注（启动发动机打开空调），加注到规定值时关闭低压阀门

歧管压力表组由高压表头、低压表头高低压控制阀、观察窗和高压软管、低压软管及多用途软管组成，如图 10-40 所示。表组中的高压管连接在高压侧的专用连接口上，此口一般在高压管路上，有些设置在储液干燥器上；低压管连接在低压管路的专用连接口上，此口在低压管路上；多用途软管可连接真空泵，用于系统抽真空；与制冷剂添加罐相连，用于添加或补充制冷剂或直接与大气相连，释放制冷剂和冷冻机油。歧管压力表组可以用于系统的抽真空、制冷剂的添加与排放、添加冷冻机油及系统压力的检测。在使用压力表组时应注意以下几点：

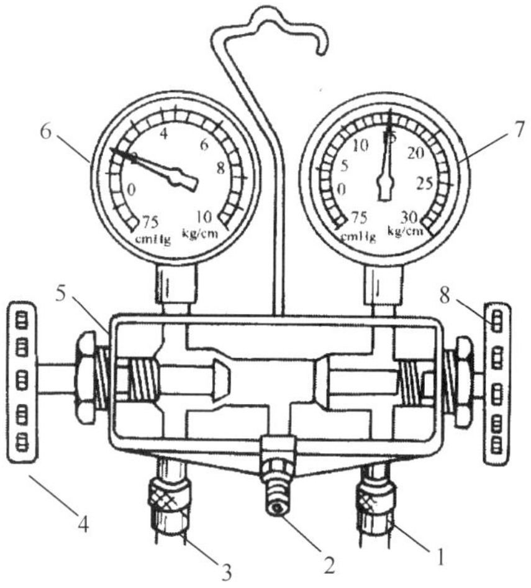

图 10-40　歧管压力表组

1—高压工作阀接口；2—加注抽真空接口；3—低压工作阀接口；
4—低压手动阀；5—阀体；6—低压表；7—高压表；8—高压手动阀

① 连接管路时带上手套、护目镜等保护装置，防止冷媒外泄，避免冻伤；

② 注意高低压管不能颠倒连接；

③ 表组软管与系统连接头相连时只能用手拧紧，不得使用工具；

④ 使用时应把管内气体排空；

⑤ 由于表组属于精密仪器，使用时应轻拿轻放，使用完毕后清洁干净并妥善保管。

（1）释放制冷剂

用于制冷系统零部件的更换或系统有泄漏时要将制冷剂从系统中释放（如使用冷媒加注机则管路中的至冷剂可以回收经过再生后继续使用），其步骤如表 10-12 所示。

表 10-12　释放制冷剂步骤

步　骤	内　容
1	将压力表组（岐管压力计）正确连接到制冷系统相应的检修阀上，如果是手动检修阀应使阀处于“中位”
2	将中间注入软管出口端放在干净的软布上。如果空调能够开动，则让其在最大冷却位置使空调运转 10～15min
3	缓慢将压力表组（岐管压力计）上的低压手动阀拧开，让制冷剂从中间注入软管中流出
4	观察布片上是否有油迹，如有则说明释放速度太快，应关小阀门开度，如果发现带出的压缩机冷冻油较多，则应把中间软管放进量杯中，测量出被带出的油量，以便再加注同体积的冷冻油
5	当两个压力表指针均指向零位时，说明制冷剂已经放空，这时可卸下岐管压力计，把各接口重新盖好，避免灰尘污染制冷系统

（2）抽真空

当系统释放完制冷剂后，要对系统进行抽真空作业，连接方法如图 7-41 所示，抽真空的步骤如表 10-13 所示。

表 10-13　系统抽真空步骤

步　骤	内　容
1	将制冷系统、压力表组（岐管压力计）以及真空泵按图 10-41 所示连接好，压缩机高、低压检修阀处于微开位置，压力表组（岐管压力计）上的高低压手动阀处于闭合状态，拆除真空泵吸、排气口护盖，压力表组（岐管压力计）上的中间软管和真空泵进口相连接
2	打开压力表组（岐管压力计）的高低压手动阀，启动真空泵、观察低压表指针，应有真空显示
3	操作 5min 后低压表应达到 33.6kPa（绝对压力），高压表指针应略低于零刻度，如果高压表指针不能低于零刻度，表明系统内有堵塞，应停止，清理好故障，再抽真空
4	真空泵工作 15min 后观察压力表，如果系统无泄漏，低压值应达到（20.05～13.28kPa）的绝对压力
5	如果达不到此数值，应关闭低压侧手动阀，观察低压表指针，如果指针上升，说明真空有损失，要查泄漏部位，进行检修后才能继续抽真空，这一步也就是真空试漏法
6	抽真空总的时间不少于 30min，关闭低压手动阀后，即可向系统中充注制冷剂

（3）高压侧注入液态制冷剂

液态制冷剂可以从制冷系统高压侧维修阀注入，连接方法如图 10-42 所示，其加注方法如下：

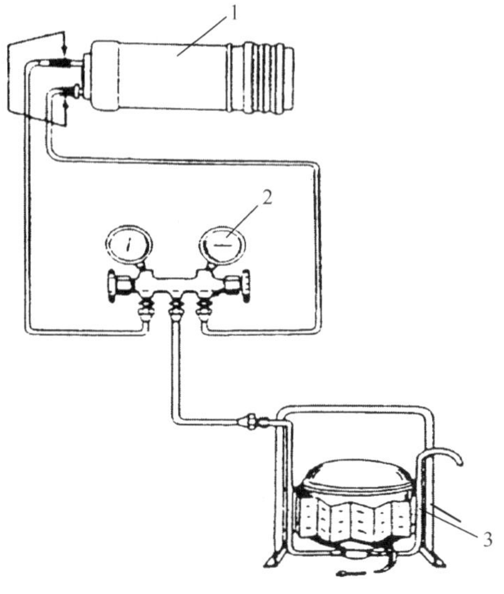

图 10-41　抽真空

1—压缩机；2—压力表组；3—真空泵

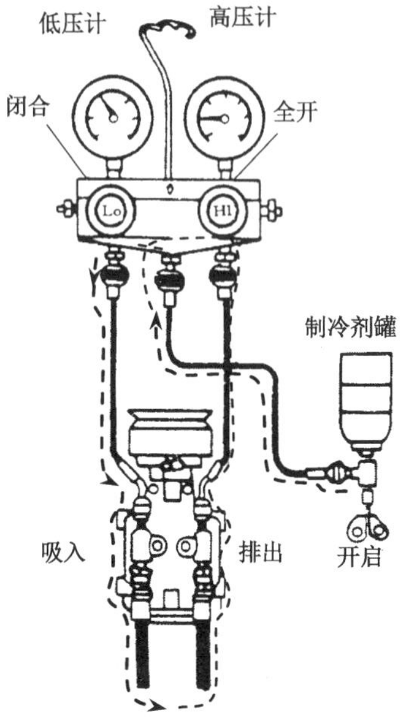

图 10-42　从高压侧注入液态制冷剂

① 抽真空作业完成后，将中间注入软管从真空泵上卸下，改接到制冷剂注入阀接口上，装好制冷剂罐并用注入阀打开制冷剂罐，然后将与压力表组（岐管压力计）相连接的中间软管接头稍微松开一些，直到听到嘶嘶声后再拧紧，以排出中间注入软管内的空气。

② 打开压力表组（岐管压力计）高压侧手动阀，制冷剂便经高压侧注入软管进入系统高压侧，这时观察低压表指针是否随高压表指针一起升高，若低压表指针不回升或回升很慢，说明系统内部有堵塞处，应停止充注并进行检修。若低压表指针随高压表一起正常回升，可将制冷剂罐倒立，使制冷剂呈液态进入系统。

注入规定量的制冷剂后，关闭高压侧手动阀和注入阀后，即可进行检漏或试运行。

从高压侧注入一定量的液态制冷剂（一般为 200g 左右）一般在抽真空后，初步检漏之前进行，以使制冷系统有一定量的制冷剂并保持一定的压力，便于用卤素检漏仪进行检漏作业。另外应注意，采用这种方式充注制冷剂时，不允许打开岐管压力计上的低压手动阀，也绝不允许运转压缩机，否则，有可能造成制冷剂罐爆裂的危险。

（4）从低压侧注入气态制冷剂

气态制冷剂一般从制冷系统低压侧检修阀注入，用于初步检漏后充足制冷剂量或给系统内补充制冷剂，连接方法如图 10-43 所示，其加注步骤如表 10-14 所示。

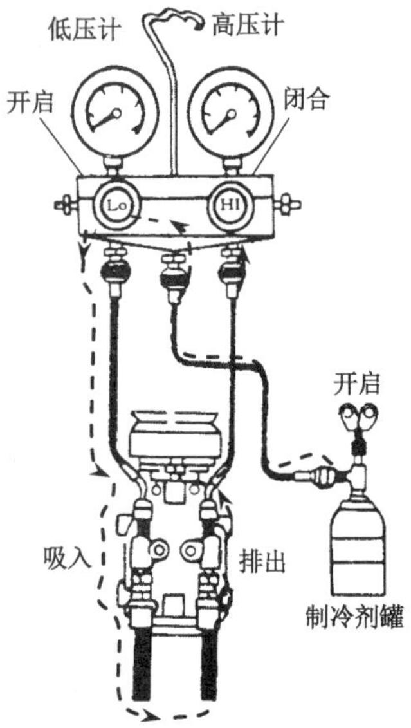

图 10-43 低压侧加注制冷剂

表 10-14 从低压侧注入气态制冷剂

步 骤	内 容
1	将压力表组（岐管压力计）连接于制冷系统检修阀上，中间注入软管与制冷剂注入阀和制冷剂罐连接好，若是补充制冷剂，需排出三根注入软管内的空气，方法是打开压力表组（岐管压力计）上高低压手动阀并拧松与注入阀连接的中间注入软管的连接螺母数秒钟，注入软管内的空气被排出，然后关闭压力表组（岐管压力计）上的高低压手动阀
2	启动发动机并使之保持在（1500～2000）r/min 转速下运转，接通空调 A/C 开关使压缩机工作，鼓风机以高速旋转，温度调节推杆或旋钮调至最大冷却位置
3	用注入阀打开制冷剂罐并保持罐体直立，缓慢打开压力表组（岐管压力计）低压手动阀，气态制冷剂便由制冷剂罐经注入软管、低压侧检修阀被压缩机吸入制冷系统低压侧。同时调节低压侧手动阀开度，使低压表读数不超过 4.2kg/cm^2（411.6kPa）。为加快充注速度，可将制冷剂罐直立放在温度为 40℃左右的温水中，以保证制冷剂罐内的液态制冷剂具有一定的蒸发速度
4	若使用的是小容量罐，在加注一罐后仍需加注时，可关闭岐管压力计上的低压侧手动阀，从空罐上卸下注入阀，把它装到待用的制冷剂罐上，排出中间注入软管内的空气后，再继续加注到适量为止
5	充注完毕后，关闭压力表组（岐管压力计）低压侧手动阀，关闭注入阀，关闭空调 A/C 开关和鼓风机开关，让发动机熄火，卸下岐管压力计即可

（5）制冷系统制冷剂的补充

岐管压力表组还可应用制冷剂的补充。补充制冷剂是汽车空调系统维修工作中最为常见的一项内容。汽车空调在使用过程中由于制冷剂本身的渗透性及各个连接口微小的渗漏，长时间的积累会造成系统制冷剂不足，因此要进行补充作业。具体步骤如表 10-15 所示。

表 10-15　补充制冷剂流程

步　骤	内　容
1	将高低压手动阀关闭
2	将多用途软管与制冷剂罐相连
3	排除管中的空气。当多用途软管与制冷剂罐连接好后，缓慢打开高压阀，当听到“嗤嗤”的声音时，快速将接口与系统接口连接，然后关闭高压阀，此时高压管中气体排泄完毕。用同样的方法排出低压管路中的空气
4	关闭高压阀，打开低压阀，将制冷剂罐正立，启动发动机，打开空调 A/C 开关，调到最高挡位，并将车门打开
5	达到加注量后关闭低压阀，完成补充作业

（6）添加冷冻机油

当系统进行制冷剂的释放时会有冷冻机油同时被放出，这时要用量杯测量被放出的冷冻机油量，再用歧管压力表组将等量的冷冻机油加入到系统中，步骤如表 10-16 所示。

表 10-16　添加冷冻机油

步　骤	内　容
1	如图 10-44 所示，将歧管压力表、真空泵、注油器等连接起来
2	打开真空泵、低压手动阀，关闭高压手动阀和注油器放油阀
3	将注油器内加满足够量的冷冻机油
4	运作真空泵，当系统真空度大于 95kPa 时，打开注油器放油阀，利用真空把油吸到系统中
5	当加注量到达时，关闭所有阀门，加注完毕

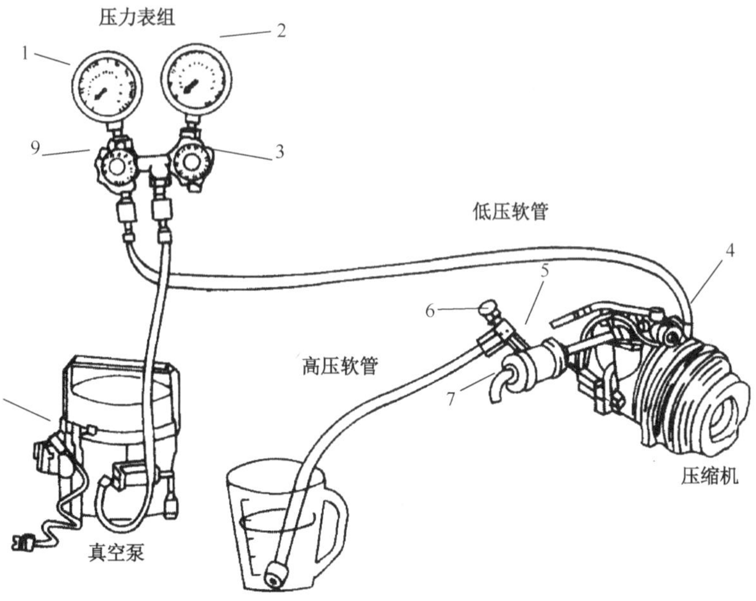

图 10-44　冷冻机油加注方法

1—低压表；2—高压表；3—高压手阀；4—低压检修阀；5—高压检修阀；6—辅助阀门；7—高压管路；8—真空泵；9—低压手阀；10—冷冻机油

2．制冷剂测漏仪

汽车空调在使用过程中会出现泄漏的故障，因此要借助测漏仪找出其泄漏位置。测漏仪有两种，卤素灯测漏仪（图 10-45）和电子测漏仪（图 10-46）。与卤素灯相比，电子测漏仪灵敏度更高，检测更准确。两种测漏仪的原理及使用方法如表 10-17 所示。

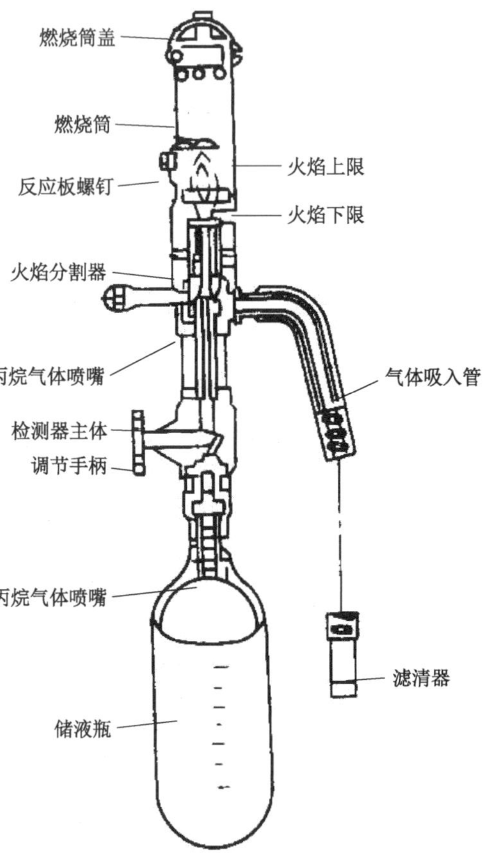

图 10-45　卤素灯测漏仪

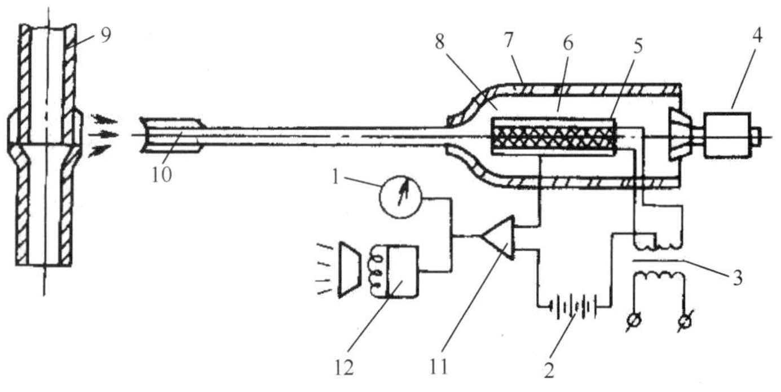

图 10-46　电子测漏仪示意图

1—微安表；2—电源；3—变压器；4—风扇；5—阳极；6—阴极；7—外壳；8—电热器；9—管道；10—吸气口；11—放大器；12—音频振荡器

表 10-17 测漏仪的原理及使用方法

名称	原理	使用方法
卤素灯测漏仪	是一种丙烷气体作燃料的喷灯，它的原理是当制冷剂进入到喷灯里后，火焰颜色会改变化学反应完成测漏。卤素灯测漏仪可测出空气中含量为0.1%制冷剂的泄漏位置	确保储液瓶内液体丙烷充足
		将储液瓶与检测灯主体相连
		缓慢打开控制阀门，使丙烷气体溢出，同时用准备好的火种将其点燃
		当反应板被加热至红后，将火焰调小。火焰越小其灵敏度越高
		将吸管末端靠近被检查部位，并细心观察火焰变化情况。当到达某部位火焰颜色改变时，说明此处有泄漏。可以根据火焰的颜色判断泄漏量。当泄漏量很小时，火焰颜色呈浅绿色；泄漏量稍多时，呈浅蓝色；泄漏量较多时，呈紫色；泄漏量很多时，火焰中会有烟气产生甚至熄灭
电子测漏仪	利用制冷剂气体进入到两极板后，会有阳离子射向阴极板，从而有电流产生，放大器将这一电流放大输出，并通过蜂鸣器发出声响。可根据发出声音的快慢及大小判断泄漏程度	打开检测开关
		按下复位键，对仪器进行精度设置
		将传感器头对准需要检测部位

3. 冷媒加注机的使用

冷媒加注机（图 10-47）可对汽车空调系统制冷剂进行回收与再生，对汽车空调系统抽真空和对汽车空调系统进行冷媒的添加。在使用冷媒加注机前应进行以下操作：检查真空泵的润滑油观察孔，油面应当超过标线；将真空泵的空气排放阀盖取下；将冷媒罐放到电子称上，并将加注阀与回收阀打开；将加注机操作面板上的冷媒选择开关选到相应的制冷剂上；将高低压管路连接到汽车空调管路上；打开冷媒加注机的电源开关。

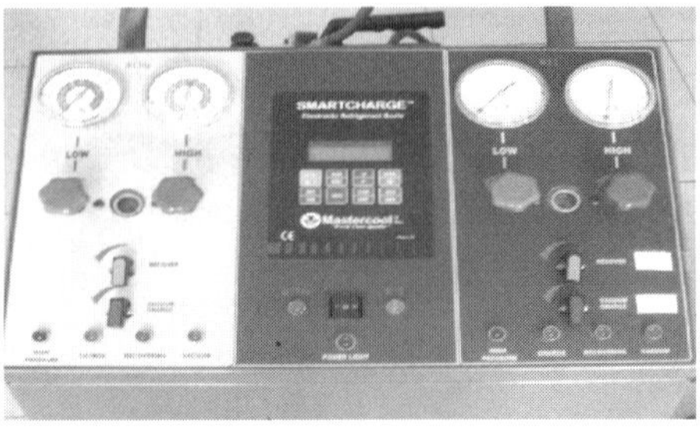

图 10-47 冷媒加注机

① 冷媒的回收（表 10-18）。

表 10-18 使用冷媒加注机回收制冷剂

步骤	操作内容	屏幕显示
1	打开操作面板高（图 10-47 图中圆形红色阀门）、低压阀门（图 10-47 中圆形蓝色阀门）	
2	将操作面板的回收阀打水平位置	
3	打开冷媒加注机背面的回收阀门（从垂直位置变为水平位置）	
4	按 MODE/RESET（方位/复位）键，选择 SCALE（称重），然后按下 ZERO 键清零（图 10-48）	
5	按 MODE/RESET（方位/复位）键选择 RECOVER（回收）	
6	按 ENTER/YES（确认）键	RECOVER（回收）X.XXX KG（千克） START— GO?（开始回收吗？）

续表

步　骤	操 作 内 容	屏 幕 显 示
7	按 ENTER/YES（确认）键	RECOVER（回收）X.XXX KG（回收过程中瓶的总重量）　X.XX（分、秒）　X,XXX KG（实际回收重量）
8	冷媒回收完毕	RECOVER（回收）　X.XXX　KG（千克）　DOWN!（完成）　X.XXX　KG
9	回收完毕，关闭操作面板的回收阀和高低压阀门以及机器背面的回收阀门	
10	缓慢打开机器下方的放油阀门，通过观察刻度记录放出的冷冻机油的数量	

注：当采用人工控制时，当压力表达到负压 10～15 英寸/汞柱时。可按 MODE/RESET 键结束或停止回收；采用自动控制时，回收称重 10min 内没有发生变化，机器自动停机，冷媒回收完毕。

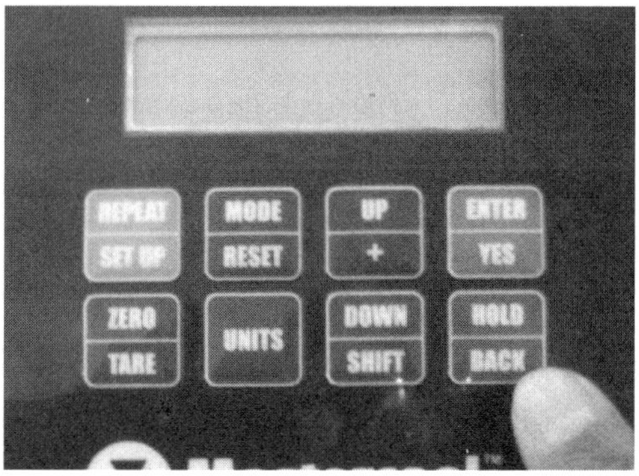

图 10-48　冷媒加注机键盘

② 空调系统抽真空（表 10-19）。

表 10-19　空调系统抽真空

步　骤	操 作 内 容	屏 幕 显 示
1	打开操作面板高、低压阀门	
2	打开操作面板的抽真空/加注阀到水平位置	
3	关闭操作面板上回收阀到垂直位置	
4	关闭机器背后的回收阀到垂直	
5	按 MODE/RESET 键	VACUUN（抽真空）　X.XXX　KG
6	按 ENTER/YES（确认）键	VACUUN（抽真空） POWER　ON?（需要供外接电源吗？）　YES（是）
7	按 ENTER/YES（确认）键	VACUUN（抽真空） TEME　（时间）　X.XX
8	按 DOWN/SHIFT（前翻页/移动光标）键，选择时间位，用 UP/+（后翻页/加）改变时间数字，一般情况设先置 5～10min	
9	按 ENTER/YES（确认）键	VACUUN（抽真空） TEME　LEFT　X.XX
10	当到达时间后，机器自动停止	VACUUN（抽真空） DOWN!（完成）

续表

步　骤	操 作 内 容	屏 幕 显 示
11	按 MODE/RESET 键，结束抽真空	
12	关闭操作面板的真空/加注和高低压阀门	
13	观察高压与低压压力表，如果低压表的指针在 10min 内没有返回，表明系统密封良好，继续抽真空 30min。 如果表针返回表明系统有泄漏，需要维修后再进行抽真空工作	

③ 冷媒的加注（表 10-20）。

表 10-20　冷媒的加注

步　骤	操 作 内 容	屏 幕 显 示
1	打开操作面板的高低压阀	
2	打开控制面板的抽真空/ 加注阀门到水平位置	
3	缓慢的打开机器上部的新冷冻机油的加注阀门，加入与排出数量相同的冷冻机油	
4	在 SCALE（称重）状态下，按 ZERO/TARE（清零/皮重）键，清零	
5	按 MODE/RESRT 键	CHARGE　X.XXX　KG
6	按 ENTER/YES(确认)键	CHARGE（加注）　X.XXX　KG POWER ON?（需要外接电源吗？）　YES?
7	按 ENTER/YES(确认)键	SELECT（选择二者之一）MANUAL（人工设置加注量）FLNIT（由数据库提供加注量） 可按 DOWN/SHEFT 移动光标，选择加注方式，一般我们选择（M）人工加注
8	按 ENTER/YES(确认)键，可按 DOWN/SHEFT 键和 UP/+键选择设置数字，输入加注量	MANUAL（人工设置加注量）　X.XXX　KG
9	按 ENTER/YES(确认)键，加注指示灯亮，重量逐渐减少，直到屏幕显示	CHARGE　X.XXX　KG　DOWN　0. 00　KG 此时，制冷剂加注完毕。在制冷剂加注过程中，从操作面板的观察孔中可以看到液态的制冷剂在流动
10	关闭操作面板的高低压阀；关闭控制面板的抽真空/ 加注阀门到垂直位置	

课题五　汽车空调系统故障诊断及维修

学习目标

1. 掌握汽车空调系统检测的常用方法；
2. 掌握利用歧管压力表组检测汽车空调系统故障；
3. 了解汽车空调系统常用见故障及排除方法。

知识结构

汽车空调系统故障诊断及维修知识结构如表 10-21 所示。

表 10-21　汽车空调系统故障诊断及维修知识结构

汽车空调系统故障诊断及维修	1. 常见故障检查方法	利用看、听、摸、测等手段对系统进行检查
	2. 歧管压力表检查制冷系统故障	根据不同压力状况判断系统故障原因
	3. 空调故障检及查方法	（1）空调系统故障有制冷系统、暖风系统、电气及电路、机械方面及制冷剂和冷冻机油； （2）利用排除法判读故障

案例导入

李女士的车已经开了四五年了，但从来没有对空调系统进行过检修。由于天气热，李女士打开了空调，开始的时候还有冷风，过一会就没有了，关了空调一段时间再打开，冷风又有了。这是怎么回事？于是李女士将车开到 4S 店进行检查，维修人员告诉李女士她的空调制冷系统中有很少量的水存在。可是李女士怎么也想不通，为什么会出现这样的现象呢？4S 店是怎么检查出来的呢？

一、汽车空调系统故障检查方法

空调按其功能分为：制冷系统、暖风系统、送风系统、电路系统，这些便是故障的发生点，除此之外还有各个元件的机械故障。空调系统故障检查一般利用眼看、手摸、耳听及设备测量为主要手段，如表 10-22 所示。

表 10-22　空调系统一般故障检查方法

步　骤	方　法	检查内容
1	看	用眼睛对空调系统进行观察。首先，查看系统元件外表面是否有破损，冷凝器、蒸发器表面是否有脏东西堵塞，散热翅片是否有变形，这些都会影响到散热效果，从而影响到制冷效果；其次，通过观察储液干燥器检查窗内制冷剂情况判断系统制冷剂是否正常
2	听	听有两方面，一方面要听车主描述的故障现，在其中查找线索，再有防止因人为维修所造成的故障；另一方面要听系统工作的声音，主要听压缩机是否有异响
3	摸	由于空调系统是利用制冷剂压力的变化产生制冷效果，而压力与温度是成正比的，利用这一关系可以通过温度判断系统故障点所在。可以用温度计，也可用手摸的方法进行检查
4	测	对于以上几种方法只是粗略地对系统进行检查，要想准确无误地判断出故障点还要借助相应的仪器。电路系统的故障主要是利用万用表进行检测。系统的压力要通过压力表组或专用综合仪器进行检查，通过数据进行故障分析和排除

友情提示

1. 如图 10-49（b）所示，透过检视窗观察，正常的制冷剂应该是清晰透彻的，如果有气泡存在说明系统中还有水分；如果是泡沫状，说明系统制冷剂不足；如果有机油条纹说明系统中冷冻机油过多；如果有污浊，说明系统中含有杂质，如图 10-49（a）所示。

2. 冷凝器入口处温度一般为 70～90℃，出口温度为 50～65℃；储液干燥器外表面温度在 50℃左右；蒸发器在不结霜的前提下温度越低越好。

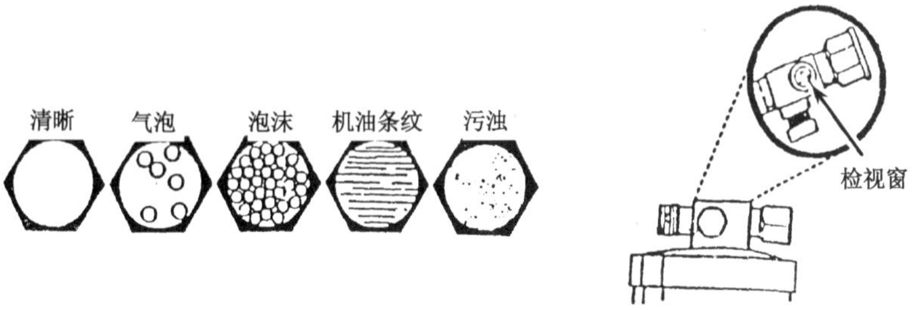

（a）制冷剂性状　　（b）透过检视窗观察

图 10-49　观察制冷剂

二、利用歧管压力表组检查系统故障

歧管压力表组除了在前介绍的作用外还能对系统的压力进行检测，所测出的压力值对分析系统故障非常重要，下面介绍几种常见的压力异常现象及造成现象的原因，如表 10-23 所示。

表 10-23　压力检查故障分析及排除表

压力检查情况	故障现象	可能原因	故障点判断	排除方法
空调运转时低压侧压力时而正常时而近乎真空	断断续续制冷	系统中有少量的水，由于循环制冷在孔管处结冰造成系统堵塞，低压侧无压力。当温度升高冰堵处融化，压力恢复正常	① 膨胀阀处有冰堵塞； ② 干燥装置中的干燥剂处于饱和状态无法吸收系统中水分	① 对系统抽真空，重新加入制冷剂； ② 更换干燥装置
高低压压力均偏低且储液罐与冷凝器间管路有结霜现象	制冷不足	储液罐中有杂物堵塞了制冷剂的流通	储液罐堵塞，使制冷剂无法正常循环	① 更换储液罐； ② 抽真空后重新加注制冷剂
高低压压力均偏低，透过储液器检测窗能看到气泡，且制冷不足	制冷不足	制冷剂缺失，系统有泄漏	查看各个连接口，查找泄漏地方	利用测漏仪测漏，确定泄漏点后将释放制冷剂，针对泄漏点重新做密封，之后，抽真空，重新加注制冷剂
高低压均过高，减低压缩机转速也无法从观察窗口看到气泡	制冷不足	制冷剂过多，造成蒸发器、冷凝器处散热不良	系统中制冷剂过多	释放制冷剂
高低压均高，但降低压缩机转速能看到气泡	制冷不足	系统散热不良，主要发生在冷凝器处	冷凝器外表面物堵塞	清洗冷凝器
高低压均高很多，指针摆动，观察窗外偶有气泡	制冷不足	系统中进入空气	空气在系统中循环	对系统反复进行抽真空后，重新加入制冷剂
高低压压力均高，且低压管路有结霜现象	制冷不足	系统低压管路处有堵塞或系统制冷剂调节不当	膨胀阀堵塞或感温包故障致使制冷剂释放出现问题	更换故障元件，抽真空后重新加注制冷剂

续表

压力检查情况	故障现象	可能原因	故障点判断	排除方法
高压侧压力很低，而低压侧压力很高	几乎没有冷气	系统的高低压分界处可能堵塞	压缩机内部堵塞，造成制冷剂无法通过致使高压低低压高	更换压缩机，抽真空后重新加注制冷剂
高低压均偏低或几乎没用压力	没有制冷	系统严重缺失制冷剂	制冷系统严重泄漏	找到故障点进行为修后抽真空，重新加注制冷剂

友情提示

测试条件：蒸发器处环境温度为30～35℃，发动机转速为2000r/min。正常压力为高压侧压力应为（1.421～1.470）MPa，低压侧压力应为（0.147～0.196）MPa。

三、空调系统故障及检查方法

现在空调系统不再是单一的工作系统，因此出现故障点也不只是存在于制冷系统中。但无论故障出现在哪一方面都要要根据系统的工作原理和工作特性进行分析，利用排除法找到故障点并排除故障。

1. 制冷系统故障（图10-50）

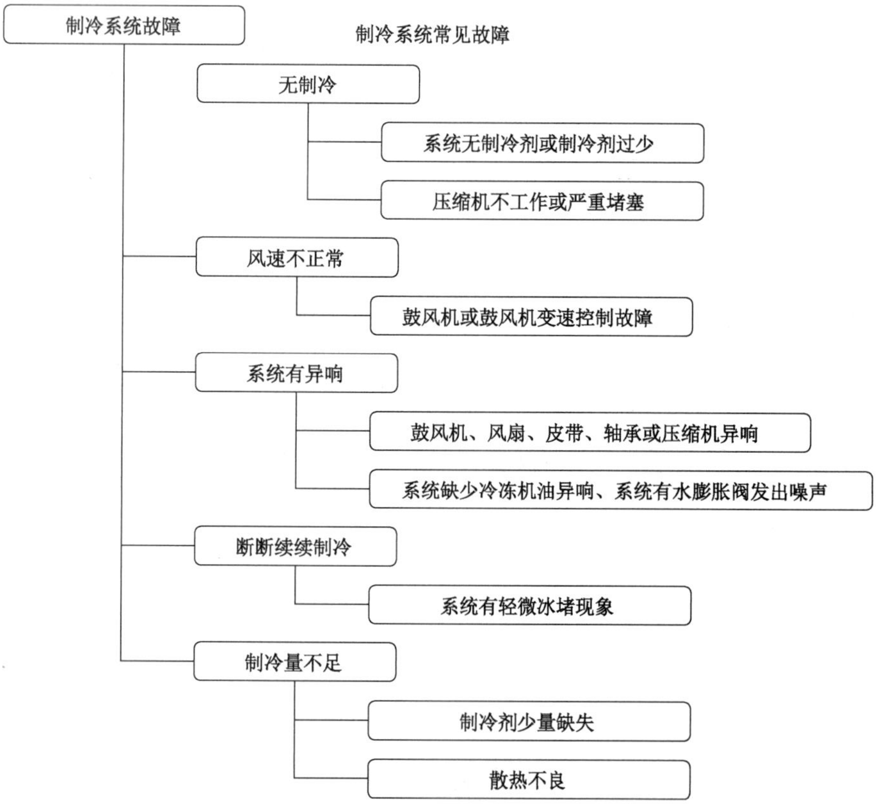

图10-50　制冷系统故障图

图 10-51 为一个制冷系统故障排除流程，其他故障依然按照原理和工作特性利用排除法进行查找。

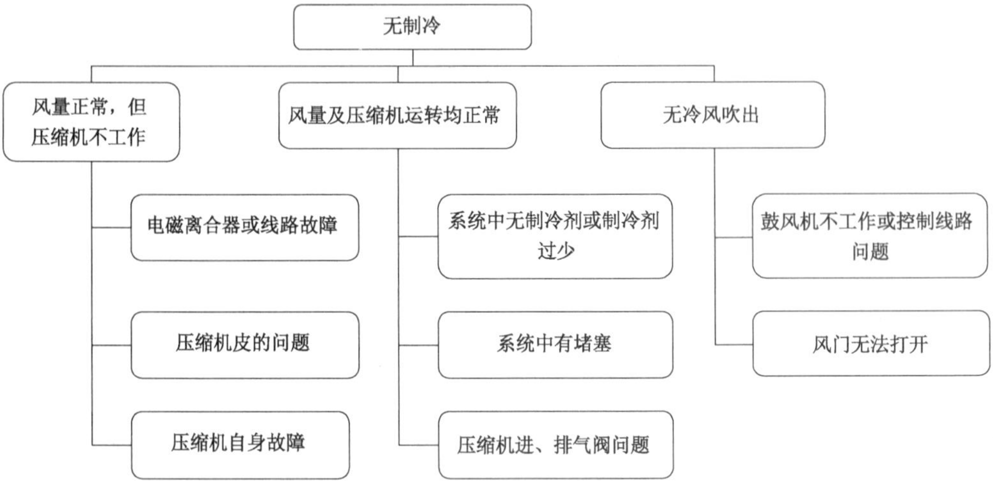

图 10-51　制冷系统无制冷故障排除流程

2．暖风系统故障（图 10-52）

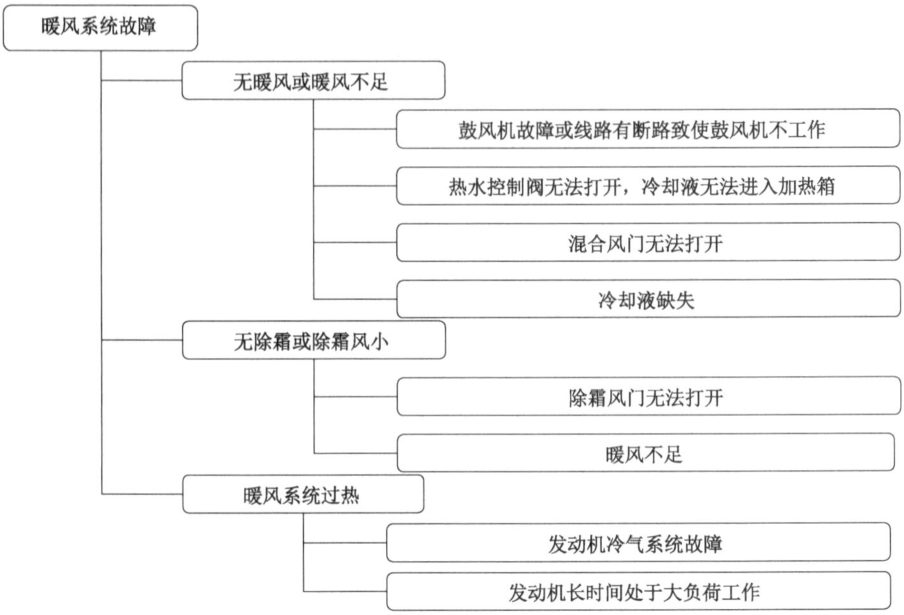

图 10-52　暖风系统故障诊断图

3．电路控制系统故障

电路控制系统故障主要为熔丝烧断、继电气失效、电路短路断路和接触不良，这些故障利用万用表采用一般电气线路检查就能完成，在这里不再赘述。

4．自动空调故障排除

在采用自动空调系统中有单独的空调控制系统，这个系统具有自诊断和存储故障信息的能力，因此在对自动空调维修前要首先进入系统调取故障信息作为找出故障的参考信号和帮助资料。在维修过程中基本系统维修同样是根据其工作原理及工作特点进行排除法分析。自动空调与手动空调最大的区别在于控制系统的全面性和精确性。因此维修自动空调时要有一定的数据作为维修依据，即要对系统的数据流分析之后才能确定故障点，这就要求要有车辆数据资料。自动空调的车辆最好到专修店进行维修。

四、空调系统故障举例

1. 出风口喷出热风，空调不制冷

出风口喷出热风，空调不制冷故障维修实例如表 10-24 所示。

表 10-24　出风口喷出热风，空调不制冷故障维修实例

序　号	项　目	内　容
1	故障现象	桑塔纳 2000GLi 型轿车，装用 AFE 型发动机，行驶里程为 40000km。驾驶员反映，打开空调开关，出风口喷出热风，空调不制冷
2	故障原因	膨胀阀有故障导致制冷剂循环受阻
3	故障诊断与排除	将压力表与膨胀阀以及制冷剂罐连接起来，将膨胀阀的感温包浸入水温可调的容器中，如图 10-53 所示，系统恢复正常，为感温包问题。即由于感温包失效无法正常反馈温度信息导致制冷剂量控制出现问题

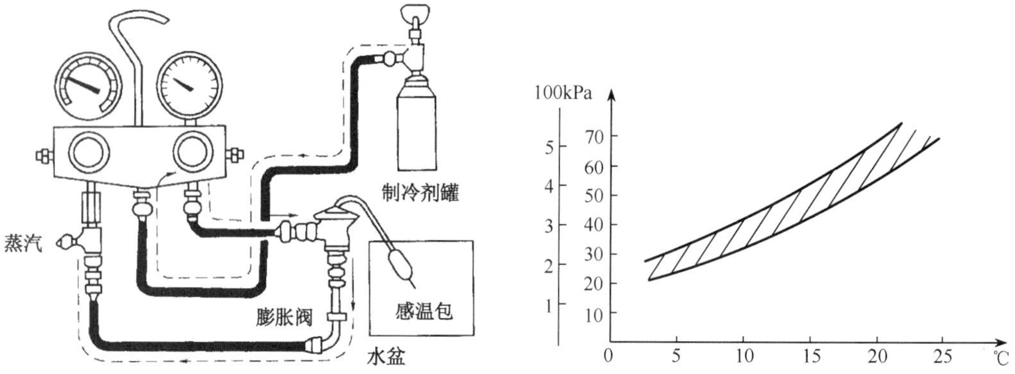

图 10-53　检查膨胀阀

2. 打开空调时，冷却风扇不转动，空调制冷效果差

打开空调时，冷却风扇不转动，空调制冷效果差故障维修案例如表 10-25 所示。

表 10-25　打开空调时，冷却风扇不转动，空调制冷效果差故障维修案例

序　号	项　目	内　容
1	故障现象	桑塔纳 LX 型轿车，装用 JV 型发动机，行驶里程为 90000km。驾驶员反映，打开空调时，冷却风扇高、低速均不转动，致使空调制冷效果差
2	故障原因	风扇继电气损坏
3	故障诊断与排除	桑塔纳轿车冷却风扇由专用电动机带动，其空调电路图如图 10-54 所示，风扇的转速与曲轴转速无关，即使发动机熄火，它仍能转动。万用表测量其线路发现打开空调开关后风扇继电气前有电而继电气后却没有电，取下继电气将线路短接风扇能够转动，更换继电气后故障消失

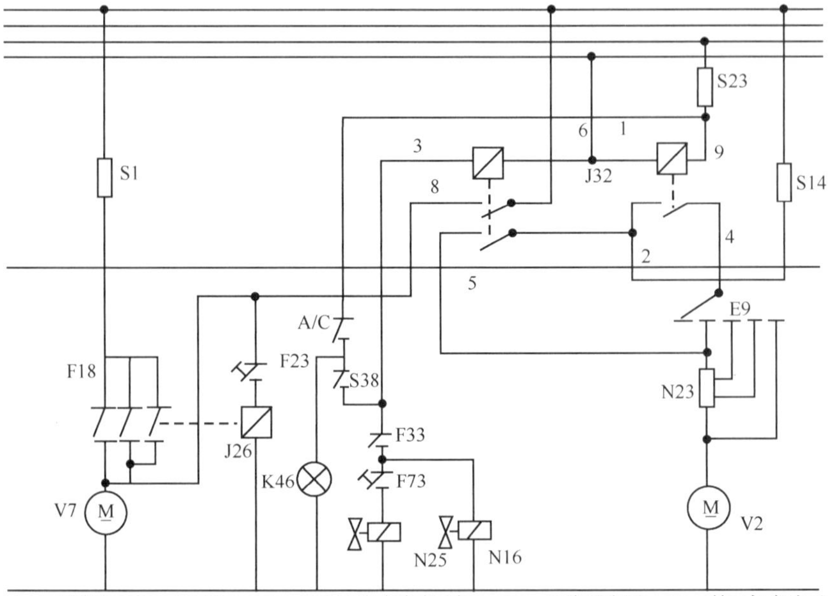

F18—风扇电动机温控开关；V7—双速风扇直流电动机；J26—风扇继电器；E9—鼓风机变速开关；N23—鼓风机变速电阻；V2—鼓风机电动机；J32—组合继电器；A/C—空调开关；F38—环境开关；F73—低压保护开关；K46—空调指示灯；N25—压缩机电磁离合器；F33—蒸发器温控开关；N16—怠速电磁阀；F23—高压保护开关

图 10-54 普桑空调电路图

思考题

1．汽车空调制冷系统的主要组成有哪些？

2．空调制冷系统的工作原理，如何实现制冷？

3．空调制冷系统的主要组成元件及组成元件的作用，并描述安装位置。

4．空调系统维修常用的工具及典型设备有哪些？

5．歧管压力表中作用是什么？

6．检查空调系统故障常用方法有哪些？

7．描述通过储液干燥器观察窗制冷剂在系统中的正常状态，有哪些状态不正常，属于那种原因？

思考题答案

1．汽车空调制冷系统的主要组成有哪些？

答：制冷系统是由压缩机、冷凝器、储液干燥器、膨胀阀、蒸发器、制冷管道、鼓风机、风扇和制冷剂等组成的。

2．空调制冷系统的工作原理，如何实现制冷？

答：（1）压缩机将从蒸发器吸回的制冷剂进行加压，以提高制冷剂温度，并接制冷剂变为高温高压液态制冷剂；

（2）高温高压液态制冷剂进入冷凝器后，由于温度高于外界环境温度，所以向环境散热，将制冷剂变为中温高压液态制冷剂；

（3）中温高压液态制冷剂出冷凝器后进入到储液干燥器进行过滤及水分吸收，同时将一部分制冷剂储存在此处；

(4) 经过过滤的制冷剂经过节流装置，进行减压。此时的制冷剂为低温低压液态制冷剂。

(5) 低温低压液态制冷剂的制冷剂进入到蒸发器中。由于蒸发器中的空间突然增大使得压力降低，制冷剂此时压力更低温度更低，由于远远低于环境温度，因此吸收环境温度使制冷剂气汽化的同时将经过蒸发器外部的空气降温，通过鼓风机送入到汽车车内。

此时，空调制冷系统完成一个制冷循环。制冷系统周而复始的使制冷剂如此循环下去已达到制冷的目的。

3．空调制冷系统的主要组成元件及组成元件的作用，并描述安装位置。

答：如表 10-26 所示。

表 10-26　空调制冷系统的组成元件、作用及安装位置

元件名称	基本作用	安装位置
压缩机	改变制冷剂在系统中的压力，建立制冷前提条件，帮助制冷剂在系统中循环	发动机前端，由发动机外围皮带带动
膨胀节流装置	节流降压；调节和控制制冷剂的流量；防止液态制冷剂进入压缩机	蒸发器的入口管路上
蒸发器	空调制冷系统中另一个热交换器，其作用与冷凝器相反，是将经过节流降压后的液态制冷剂在蒸发器内沸腾汽化，吸收蒸发器表面周围空气的热量而使之降温，风机再将冷风吹到车室内，达到降温的目的	
干燥装置	吸收水分、储存制冷剂、滤除杂质； 用在所有使用膨胀阀的制冷系统中	冷凝器出口与蒸发器入口之间
	防止液态制冷剂进入压缩机； 用在所有使用节流管的制冷系统中	蒸发器出口到压缩机进口之间的低压侧
冷凝器	将高温高压的气体冷却液化（工作温度约为 60℃）	散热器前方（水箱前）
鼓风机	将冷风吹入驾驶室	蒸发器前端
风扇	帮助冷凝器散热，降低制冷剂压力	发动机前端
控制装置	保证空调系统正常安全工作； 保证空调系统按照设定温度工作； 保护空调系统元件	

4．空调系统维修常用的工具及典型设备有哪些？

答：维修专用工具、歧管压力表组、制冷剂注入阀、真空泵、快速检修阀、制冷剂检漏仪、制冷剂加注、回收多功能机。

5．歧管压力表中的作用是什么？

答：检测管路中压力，释放制冷剂，补充制冷剂，添加冷冻机油。

6．检查空调系统故障常用方法有哪些？

答：看、摸、听、测。

7．描述通过储液干燥器观察窗制冷剂在系统中的正常状态，有哪些状态不正常，属于哪种原因？

答：正常的制冷剂应该是清晰透彻的，如果有气泡存在说明系统中还有水分；如果是泡沫状，说明系统制冷剂不足；如果有机油条纹说明系统中冷冻机油过多；如果有污浊，说明系统中含有杂质。